韓國鈞研究新获

郑世卿 主编
徐涛 等 著

上海辞书出版社

本书受中国历史研究院“兰台青年学者计划”项目（2024LTQN607）资助，

特此致谢！

序一

与时偕行的开明士绅

熊月之

韩国钧（1857—1942），江苏海安人，字紫石。出身贫苦农家，幼年失怙，赖姑母抚育成人。6岁入塾，12岁习时文，23岁中举。以后四赴会试，皆不售。33岁，应大挑得一等，始登仕途。这是其人生转折的第一步，至为关键。大挑为清代特有任官制度，乾隆朝始创，嘉庆朝以后成为定制，每九年一次，于三赴会试而未中之资深举人中，由钦派王大臣面试，拣选若干名直接任官。挑中者分两等，一等以知县用，二等以教职用。一等名额各届有所不同，1889年这届，为候选人的百分之十五。应选者无须另外参加笔试，全依王大臣面试考察而定。入列一等的共同特点是，年力强壮，相貌方正，应对得体。大挑相隔时间如此之长，入选一等者比例如此之低，挑选程序如此富有主观性，紫石能脱颖而出，在传统命理学看来，若非祖上行善积德，遗泽子孙，何来如此大幸？

紫石从晚清到民国，历任知县、民政长、巡按使、省长等行政官员，迭任矿务、交涉、练兵、商务等富有近代特点的专职官员，驰骋官场三十余年。他自知，官能尽一分心，即民少一分屈，地方少生一分事。故每司一职，必惟恪惟勤，尽心尽责，亲民廉洁，成就斐然，百姓呼其为“青天”，朝廷赞其为能臣，同僚称其才识深稳，练达勤明。

紫石视野宏阔，通才博学。其所处时代，正值所谓“三千年未有之大变局”，大而言之对外交涉、洋务新政，细而言之矿藏开采、新学开办、地图绘制、鼠疫阻抗，均前所未遇，素所未习。他何以能够仕途顺遂、应对裕如？无他，全在于洞明大势，与时偕行，脚踏实地，善于学习。这方面，值得单独论列的，是其对于上海建市的卓绝努力。1925 年，作为江苏省省长，他审时度势，力排众议，着手将上海从江苏划出，独立建市。此举既是为了让上海免遭军阀混战之兵燹，也是顺应中国城市近代化建设之内在需求。此事虽然进展不顺，一波三折，但两年之后，即南京国民政府成立以后，终成现实。上海城市日后发展神速，虽由多种合力所致，但独立建市为重要因素。韩国钧在上海城市发展史上，留下了浓重一笔。

紫石饱受儒学熏陶，恪守传统道德，待人诚，处事敬，责己严。他曾严拒洋商之私下贿赂，捍卫了国家的权益。他严守忠德，但忠而不迂。就个人而言，慈禧太后、光绪皇帝于他均有大恩，他对太后、皇帝亦忠心耿耿。但清廷覆灭以后，他并不去做遗老，而是顺应时变，拥护共和。盖此前之忠，并非忠于君主个人，而是忠于国家，以民为本，此后拥护民国，依然是忠于国家，以民为本。所以，在武昌起义后，他以其所辖之地处在日、俄两大列强之间，力诫青年以国家利益为重，切勿轻举妄动。民国时期，他身居要职而手无重兵，不得不奔走于军阀当中，折冲于权贵之间，劝说各派体恤民瘼，止戈息武。乡居期间，他热心水利，兴办实业，关注教育，造福桑梓。抗日战争时期，以衰病之躯，挺立于抗日行列，拥护国共合作，支持新四军东进抗战，拒绝日本、汪伪拉拢，直至以死相抗。

紫石晚号止叟。“止”义来源，为《大学》“止于至善”“知止而后有定”，老子《道德经》“知止可以不殆”。知止，为中国传统修身特有的圣贤境界，其意象为方向有定、进退合度、收放得体、体用兼赅。紫石以此自期，一生如临如履，惕厉自儆，实已臻于此境。由晚清而北洋而南京国民政府时期，他迭经变乱，踪迹遍及大半个中国，频遭灾荒、疫疠、战乱，独能屡膺重任，卓然挺立，世道弥浊，其志弥贞，且宦迹所至，颂声必如影随形。这实在是近代官宦史上的一大奇迹。

紫石忠于国家，以民为本，是为仁；识时明势，善学知变，是为智；反抗侵略，刚正不阿，是为勇。三德兼备，可谓大贤。他是大变动时代的明白人，旧士绅中走出的新官僚，中华文化孕育的真豪杰。其历史地位，近可比肩张季直，远可伯仲李鼎铭。

海安出了韩国钧，为海安之荣，更为海安之幸。海安为其塑像建馆，述其勋业，彰其大德，既是对伟大乡贤的礼敬，也是淑世化俗的德政。此举必将随韩国钧之大名而永垂史册，也必将赢得后人的赞许与礼敬。

（作者系上海社会科学院研究员、上海市文史馆研究馆员）

序二

韩国钧研究是个富矿

吉加明

韩国钧先生是海安人民敬仰的先贤，也是具有全国影响的历史人物。他的一生爱国忧民，忠于职守，勤政廉明，不懈求知，与时俱进，立功立言立德，在江苏乃至全国赢得了各阶层人民的普遍尊重。

韩公馆是韩国钧先生的故居，建于1906年，建筑面积近2000平方米，由正厅、西花厅、对照厅、签押房、过厅、后堂、小花厅和后花园等几部分组成，馆内青砖小瓦，穿堂四进，厅庑廊轩齐全，火巷回廊如旧，具有徽派、扬派建筑相结合的显著特征，是苏中地区保存完好的一组晚清建筑群。

韩公馆有着天光朗照的岁月，20世纪20—40年代，这里谈笑有鸿儒，高朋稀客来来往往。1921年夏秋，韩国钧与张謇合力抗击苏北重大水灾，8月26日，张謇经过兴化、东台来到海安，当晚下榻韩公馆。吃罢晚饭，张謇在灯下书写报告，向江苏省省长王瑚说明应对苏北水灾的过程和化解困难的最佳方案。1922年4月，中央政府任命韩国钧为山东省省长，离开官场已经七年的韩国钧力辞不就。6月，山东省各派政治力量都很希望韩国钧到山东赴任，组成一个请愿团，赶到海安，来到韩公馆，面请韩国钧立即前往济南。就在韩国钧处于两难之际，中央政府于6月16日又飞来一道命令，任命韩国钧为江苏省省长，改调原江苏省省长王瑚任山东省省长。韩国钧知道江苏的政治局面和经济环境都很糟糕，省长很难有所作为，于是他仍拒绝了任命。江苏上下听到这个消息纷纷表示惋惜和不甘。从6月初到7月上旬，韩公馆大门的门槛，几乎被达官贵人们的鞋底磨去了一截。在此过程中，韩国钧确切地感受到，江苏的军阀势力正处于消长之际，为避免武人操控江苏省政，他经过反复权衡，最终以66岁的高龄走出韩公馆，走向荆棘丛生的"二掌江苏"之路。1940年10月9日，陈毅率领新四军指挥部机关及直属部队进入海安。入城仪式一结束，陈毅就直奔韩公馆，拜访了韩国钧。两人相见恨晚。韩国钧坚决支持中国共产党团结抗日的主张。在陈毅的支持下，韩国钧主持召开了苏北抗敌和平会议，并向全国署名发表了呼吁团结抗日的通电。这期间，在韩公馆留下屐痕的党政军要人还有刘少奇（化名胡服）、黄克诚、曾三、粟裕、陈丕显、陶勇、姬鹏飞、管文蔚、朱克靖……真是群贤毕至，将星闪烁。陈毅感慨于八路军与新四军胜利会师，苏中抗战局面顺利打开，在韩公馆西花厅赋就了他的著名诗篇："十年征战几人回，又见同侪并马归。江淮河汉今谁属？红旗十月满天飞。"1941年2月，日军第二次侵占海安，韩国钧在海安镇西北徐庄避居。其间，他写下的文字，说出的话，都传递出一个坚定的信念：中国的抗战必定胜利！他虽身处海安一隅，但对抗战全局了然于心。他写道，抗战之初"吾国节节败退，不意武汉既破，政府西移，转形稳定。此由前路节节败退，后路节节建设，当轴先事预定之故……实有还我山河之望"。他看懂了中国抗战已经形成了正面战场与敌后战场两个战场相互策应，共同抗击日本侵略者的大棋局，并且对抗战的前景充满信心。他甚至已经展望，抗战胜利后，中国要建立强大的海军，"内国江河不应有外人行驶权，全中国七千里海岸线必有海军往来巡缉。军舰构造需时，海军人才绝非仓卒可得，此节应先着手"。其时，大半个中国国土已经沦入敌手，韩国钧虽身处敌后，但随时都有被日寇发现并杀害的危险。就是在这样的背景下，韩国钧已然在解析和欣赏中国人民抗战的大方略，并构建和憧憬着民族复兴的"中国梦"。9月，韩国钧住所被日寇侦知，日伪包围了徐庄，威逼利诱他出任伪职，他严词拒绝，不屈而死，用生命谱写出他人生最为壮烈辉煌的乐章，被陈毅誉为“民族抗战之楷模”。我们可以看出他的精神世界多么丰富：他不停顿地追求进步，他关心国家命运，他看事深刻、全面、准确，他对中华民族传统文化有着强烈的自信心，他身上有一股威武不屈的浩然之气。由此可知，韩国钧研究这块领地是一个富矿，可以挖掘的题材很多，深入探究，可以在道德理念、价值准则、审美风范、历史文化等多侧面、多方位采撷到丰富甜美的文化果实。

现在，韩公馆（与海安市博物馆互为一体）是江苏省第一批免费开放的公共博物馆、纪念馆和爱国主义教育基地之一，成为新时期海安对外交流的重要名片。2013 年，韩公馆被国务院列为第七批全国重点文物保护单位。

我在韩公馆工作多年，也因机缘巧合，2021 年荣膺海安市博物馆馆长之职，既要与同事们共同努力，做好韩公馆的维护、建设和对外宣传、接待工作，也要参与推进韩国钧研究的深入开拓，任重道远，不敢怠慢。2021 年，为创建国家 4A 级旅游景区，韩公馆内部展陈再次进行改造提升。这次改造工程得以与上海社会科学院合作，中国史学会原副会长、中国城市史研究会原会长、上海社会科学院研究员熊月之先生领衔，徐涛研究员、郑世卿副研究员等组建课题组，使这一次改造不同凡响，对韩国钧的研究，无论是在深度还是在广度上都提升了一个台阶。专家们指导下的展览内容文本，令人耳目一新，也让韩国钧研究者们大呼过瘾。在这个文案基础上的展陈，得到广大受众的普遍好评。现在，我们应读者、研究者们的要求，征得专家们的同意和支持，对《海安市博物馆创建 4A 级旅游景区人文资源研究报告》重新修订印发，书名冠以《韩国钧研究新获》，是为永远怀念韩国钧先生之意。

最后，感谢各位专家、学者的参与和指导！感谢一直钟情于韩国钧研究的朋友们的热情呼应！感谢社会各界对韩国钧研究工作的关心以及对韩公馆的关爱！

是为序。

（作者系海安市博物馆馆长）

序三

永忆紫老　不负时代

韩莉华　韩忠言

紫石公少时家贫失怙，力学萧寺，除夕不归；喜辞赋恶八股之枯索无味，科考止于举人；大挑入仕，自晚清到民国，由知县至封疆，从“晚清名臣”到“民族抗战之楷模”。特别是2015年8月24日，中国人民抗日战争暨世界反法西斯战争胜利七十周年之际，紫石公入选经中共中央、国务院批准，民政部公布的第二批600名著名抗日英烈和英雄群体名录，这是紫石公莫大殊荣。但遗憾的是，目前对紫石公事功的记载与研究相对显得冷清。

手捧散发着油墨清香的《韩国钧研究新获》书稿，作为紫石公后人，心情十分激动，对上海社会科学院诸位专家表示由衷的感激之情。我们后辈生也晚，相差几个月，未能见到紫石公。读《韩国钧研究新获》书稿，原来断续听长辈所述公之事迹，由模糊而明晰，对公的理解也进一步加深。

史学泰斗熊月之先生为本书写的序言，以简练的笔墨鲜明地勾勒出紫石公一生行迹；叙公应大挑脱颖而出，令人动容。由于历史的原因，我们后辈都未能接受完整的教育；但从不气馁，以公自励，在各自领域为国家做出一定贡献。熊序高度赞颂公为官惟恪惟勤，尽心尽责，亲民廉洁，茹苦含辛，忠于国家，誉隆朝野。身处时代剧变之际，洞明大势，与时偕行。紫石公晚号止叟，文中对“止”的意蕴进行了精彩深刻的阐释。“知止，为中国传统修身特有的圣贤境界。”谓公“实已臻于此境”。并谓公智、仁、勇三德兼备。对公之生平、人格、操守进行了高度评价。熊序谨言而无脱略，读之已能了解全部内容与作者意旨。

本书特别指出紫石公值得单独论列的，是其对于上海建市的卓绝努力。1925 年 1 月 31 日，公作为江苏省军政首长，着手将上海从江苏省划出，宣布上海为“特别市”。这与当时军阀割据，争夺地盘，刀光剑影，戕害百姓的恶德败行判若云泥。作者认为，“此举既是为了让上海免遭军阀混战之兵燹，也是顺应中国城市近代化建设之内在需求……韩国钧在上海城市发展史上，留下了浓重一笔”。这是以往研究紫石公的文献中从未提及的，表现了作者杰出的史才、史德与史识。

紫石公顺应时变，追求进步。全民族抗战初期，紫石公对中国共产党的政策方针还不甚了解，曾将抗战的希望寄托于国民党政府。但目睹国民党实行片面抗战路线，节节败退，国土沦丧，痛心疾首。看到中国共产党开辟广大敌后抗日根据地，又听闻陈毅、粟裕率新四军挺进苏南敌后抗日，且屡战屡胜，思想开始逐渐变化，欣喜地说“新四军有希望”。通过与陈毅、刘少奇直接接触，他进一步加深了对中国共产党及其政策方针的认识和理解，特别是为共产党团结抗战的诚意所感动，也有感于陈毅、刘少奇的人格魅力，更坚定了拥护中国共产党的立场。1940 年冬，紫石公手书一联“天心已厌玄黄血，人事难评黑白棋”赠陈毅。上联是对国民党消极抗战、积极反共，使人民受虐行径的厌恶；下联表露了自己早先对国共两党都缺乏认识，不能对其中是非曲直作出正确判断的内疚，流露出对共产党、新四军的钦佩之情。

紫石公这种思想转变的过程，也深刻地影响了家人。莉华父韩忠训是紫石公的嫡长孙，从小到大一直追随祖父膝下，杖履相从、亲承色笑、聆听教诲。紫石公不希望儿孙们涉足官场，训教后人：韩家子弟可经商、可农耕，唯独不可没有气节。韩忠训铭记祖训，一生专心研学技术，曾在中华工程公司、播磨重工业公司、美国西兰公司从事技术工作，后在四十八万吨级油轮管理机械、电气设备，任轮机长职。他技术精湛、宽宏大度、待人以诚，是颇得上司器重、同仁好评的优秀轮机长，堪称事业卓然有成。

莉华母袁杏芬解放前在江苏省政府缮写室做抄写工作（当时无打字机，人工抄写），倾向中共。1949 年初，不少人纷纷渡海逃台，当时一票千金难求，袁杏芬也得到一张船票。但她于 1949 年 1 月 3 日登船前毅然放弃赴台机会，乘火车转投在南京开展中共地下工作的姨妈。1951 年，她从华东人民革命大学毕业，被分配到西安西北区人民银行工作，后又被调到新疆人民银行、西北区计委工作。她业务能力强、文章写得好、字写得漂亮，是公认的才女，曾担任科、处级职务，多次参加国家计委召开的会议。后她曾被下放到边境城市伊宁，也毫无怨言。1943 年，韩家掩护的共产党地下工作者、新四军侦察参谋胡俞轩被日伪捕获。韩柳娴（紫石公二女儿）以全家人的性命担保不成，后倾家中所有，又借若干金条才将胡参谋赎保。后来有人认为胡是叛徒，袁杏芬宁可受委屈也不认同。做到了紫石公“待人诚，处事敬，责己严”的忠德。

《韩国钧研究新获》体闳而义密，博采约取，辞采精拔，跌宕昭彰。深入具体时空，述往事，思来者，以深邃的历史哲学眼光求取研究对象的真实性，并随着时代的前进而有新的关注，激发读者志气与真情。全书精心结构，闪耀着智慧的光芒，江淮柱石、抗疫先驱、在苏言沪、抗日楷模等十章，记事详备而不烦冗，“语时事则指而可想，论怀抱则旷而且真”。“韩国钧的朋友圈”一章，讲述当时政治、军事、经济、文化、教育界不同类型、不同层次，上到总统、下到塾师的各色人物及其言论行动、政治取向、生活作风等，多角度、全方位地展现了时代背景、史事源流，信息密集，从而为历史、为时代做佐证，复活历史，自成一种历史书写的风格。

《韩国钧研究新获》一书图文并茂，重现百年前的历史现场，使人有身历其境之感。书中还有多张表，将众多复杂的史事和人物关系，用简明的表展现出来，使人一目了然。研究韩国钧，是研究中国近现代史的组成部分，是新时期建设精神文明的一项任务。《韩国钧研究新获》无疑是紫石公研究中的巅峰之作，开辟了紫石公研究新境界。期待以此为契机，涌现更多更好的研究成果。

掩卷沉思，心情久久不能平静。在新的历史时期，我们决心以紫石公为榜样，在现代化建设的征途中，为祖国贡献出自己的一切，不负紫石公对晚辈的期望，不负于伟大的时代。

（作者韩莉华系韩国钧嫡长曾孙女、韩忠言系韩国钧族侄孙）

目　录

一、江淮柱石：韩国钧其人其事

韩国钧（1857—1942），字紫石，江苏泰县海安镇（今南通海安市）人，清末举人，历任河南镇平、祥符、武陟、永城、浚县知县，河北矿务局总办、交涉局会办，奉天交涉局兼开埠局局长，广东省督练公所参议兼兵备处总办，奉天交涉使兼葫芦岛商埠督办，吉林民政使，吉林保安会副会长等职。任内他忠君尽职，维护主权，善治民生，是著名的晚清贤臣。

辛亥革命后，他历任江苏民政长、安徽民政长、安徽巡按使，后辞湖南巡按使职返乡。1922 年 7 月出任江苏省省长，1924 年 12 月兼任督办江苏军务善后事宜，旋去职返乡，致力于盐垦及运河水利工程。其间，他以解救民众疾苦为己任，周旋于动荡混乱的岁月，是中国近代史的见证人。

全民族抗战爆发后，他接受中国共产党团结抗日的主张，为联络苏北各界爱国人士抗日而奔走呼吁，两次在家乡主持召开苏北停止内战、一致抗日的协商会议。1941 年海安沦陷，他避居乡下，日伪多次威逼其出任伪江苏省省长，均被严词拒绝。1942 年，韩国钧在日伪监视下，因积愤成疾去世。其因崇高的民族气节和爱国主义精神，被新四军代军长陈毅誉为“民族抗战之楷模”。

韩国钧的一生是中国近代史的缩影。本章扼要展示韩国钧的曲直人生，以资鉴往知来。

图 1-1　韩国钧像

韩国钧生平事略①

少年孤苦发奋图强

1857 年（清咸丰七年），韩国钧生于江苏泰县海安镇。祖父韩凤翔，开设“义兴恒”酒行，兼有土地，为人仗义。道光年间，苏北大水，曾拆屋换米赈济灾民。父韩希彭，继承祖业，爱好文学，待人和气；母亲李氏。

① 该事略为江苏省海安市韩国钧故居（人称“韩公馆”）馆陈所采纳文字，在此致谢。笔者根据研究进展，亦有修订。其中引文均出自《永忆录》与《止叟年谱》。

1862 年（清同治元年），韩国钧虚岁 6 岁入私塾，爱词赋，喜作画。9 岁亡父，12 岁丧母，家道中落，幸得二姑母抚养成人。13 岁起，韩国钧在西寺寄读五年，孤苦伶仃中刻苦攻读，广涉杂学。魏源《海国图志》中“以实事求实功，以实功从实事”的思想，对他影响极大，在他单纯的博取功名、光宗耀祖的思想中注入了经世济民的成分。

读书仕进屡试不第

1879 年（清光绪五年），年仅 23 岁的韩国钧参加江南乡试中举，位列第九十六名举人。随后十数年间，韩国钧的读书仕进之路，却颇为坎坷，1880 年、1883 年、1886 年、1889 年，四度赴京参加会试，全都落第。这并不是因为韩国钧读书不够刻苦，他虽然精于诗赋，却不擅长八股文写作，“每一题至起承转合，余必有枯索无味之句调，千篇一律”。

直到 1889 年，韩国钧应大挑，得一等，才得到朝廷任用，开启仕途。晚年回忆时，韩国钧自述道：“余少不学，非不学也，学非所学也，学非所学则不如不学矣。”韩国钧坎坷的科举生涯，可以佐证科举取士制度延续至晚清已不能与现代社会需求相吻合。

中举入幕五任知县

韩国钧乡试中举后，积极准备入京会试、博取更大功名的同时，自 1880 年起，随中举房师先后于江苏如皋、甘泉、六合、金陵、昭文等县幕，任教读 10 年。其间，他学习现代科学，广泛接触社会，为日后从政奠定了坚实的基础。1887 年，黄河于郑州决口，他开始研究水利，绘出《历代黄河变迁图》。《历代黄河变迁图》问世后，各地广为流传，后列入《扬人笔记》卷首。

韩国钧获大挑一等后，入河南学使吴树棻幕，继而先后任河南镇平、祥符、武陟、永城、浚县知县。步入仕途后，他注意考察地方利弊，认真审案缉匪，测地治田，政声卓著。当地百姓都称韩国钧为“韩青天”。

总办矿务拒贿维权

1902 年，韩国钧任河北矿务局总办兼交涉局会办。英国福公司（Pekin Syndicate）为购地建道清铁路，欲以四万元贿赂韩国钧，遭其斥责。福公司又以原办矿合同有怀庆“左右”和“官办”字样，无理要求索取怀庆“左”边的彰德和“右”边的济源，企图强霸河北三府之矿。韩国钧执定原约中“怀庆”二字，据理力争，并提出怀庆矿产亦应允许人民开采。英国福公司几次电报英驻华公使，要挟清政府外交部，韩国钧坚不动摇。经过三年交涉，终使矿界仅限于怀庆，而且开始有了“民办”采矿。

韩国钧因其“交涉得体”“办事出力”，被河南巡抚推举送部引见，奉旨受嘉奖。

远赴日本调查实业

在与外国交涉中，韩国钧认识到“五洲中国外，若英、美、德、法诸邦，无一不争先恐后，苟不自强，则必为所吞噬”。1905 年，韩国钧决意东渡日本，考察实业。在日本三月余，韩国钧马不停蹄地调查了日本实业的开展情况，并关注到了日本教育的发达。

他在回国后撰写的《实业界之九十日》中，深刻地总结了日本的长处和中国的不足，内容翔实，体裁丰富。在这本书的序言中，他写道：“既抵日，躬之所周历，耳目之所见闻，一一笔之。乃知所谓兴盛者在民不在国，在实不在虚。国以人人不知教育为忧，民以人人不知食力为耻……吾国于此亦知所以致力矣。”回国后，韩国钧就积极投身于实业和教育业，造福了不少百姓。

粤省练兵成效显著

1907 年，韩国钧赴粤练兵，奉命担任督练公所参议兼兵备处总办。

在广东期间，韩国钧亲力亲为，广泛调查广东的军事要地，并制定军事规划。练兵过程中，他因地制宜地在军中开展新式军事教育，亲自训练组建一个混成旅。海军大臣载洵[①]南下考察时，韩国钧亲自领兵至香港翊卫。此

① 爱新觉罗·载洵，字仲泉，号痴云，满洲镶白旗人，醇亲王奕谖第六子，光绪帝之弟，之后出继为瑞郡王奕志的后人。

外，韩国钧还大胆提拔后进。军中有骨干青年如赵声者，在他的提携下成长起来，后来成为辛亥革命期间重要领导人之一。

正是因为韩国钧在粤省练兵成效显著，颇受好评，1908 年秋，他得到了闽浙总督松寿①的奏报，在通过钦差大臣的考验后，获得了入京觐见慈禧太后和光绪帝的机会。

觐见慈禧获得褒奖

考验韩国钧的钦差大臣在复奏时称他："博通经史，深谙时务，根底之学，迥非流俗，历办外交，能持正论，才长心细，体用兼赅，堪备远大之任。"1908 年 10 月 9 日（农历九月十五日），韩国钧入颐和园仁寿殿，得到慈禧太后与光绪帝的召见。

慈禧太后询问了广东军情等相关事宜后，称赞韩国钧："汝居官甚好，以后好为国家出力。"光绪帝则只说了句："汝下去吧。"韩国钧后来在与维新派领袖梁启超的接触中，深知光绪帝的处境，并寄予深深的同情。他忠君爱民的思想与光绪帝维新治国的梦想一脉相承。

保安吉林见证共和

1911 年（清宣统三年）夏，韩国钧就任吉林民政使，奉赏头品顶戴。是年 10 月 10 日，武昌起义爆发，中国各省纷纷响应、宣布独立。貌似强大的清廷统治一触即溃，土崩瓦解。多次与外国列强打交道的韩国钧力持镇静，以"吉林处日俄二强之间，与他省情形不同，不如仍旧以观其变"，主张"以维持现状为要，不致大乱"。在韩国钧"竭力劝诫"下，吉林虽未第一时间光复，但也免受外国列强的乘机干预。

辛亥革命胜利后，中国废除帝制，创建了亚洲第一个共和制国家。韩国钧辞去官职，决意返回家乡。

---

① 松寿，字鹤龄，佟佳氏，满洲正白旗人，清末闽浙总督。

图 1-2　韩国钧故居前广场上的雕像

首掌苏政造福地方

韩国钧为官勤廉为民，每署一地，政声卓著。1913 年 9 月，韩国钧就任江苏民政长。任前复电袁世凯："请先定军民权限，并财政系统"，希望造福地方，有益百姓。任内，他弭兵灾、治河流、限粮赋，使混乱的江苏初步安定。

张勋、冯国璋，民初先后任江苏都督。张勋兵掠南京，临去索饷，为安定大局，韩国钧不得不"礼送"他。韩国钧曾受袁世凯之托为冯国璋证婚，却因财权属于民政为冯不容，转任安徽巡按使。

顺应民意反对帝制

1915 年，袁世凯帝制闹剧方演正酣，韩国钧坚辞湖南省职不就，以在野之身致函江苏省国民代表大会，反对帝制："民意共和而代表意君宪，天下鲜见。"江苏巡按使齐耀琳密呈中央，韩国钧受到侦查监控。1916 年 6 月

6 日，袁世凯在全国人民的声讨中忧惧而死。韩国钧受侦查之事随之俱消，他由此笃信：天地之间，终存浩然之气。

江浙战争息兵保民

1922 年，在苏省人士要求“苏人治苏”的情势下，韩国钧辞山东省省长不就，再主苏政。他主张“与民休息”，并深知江浙战争非江浙人的战争，力劝苏督齐燮元“毋为天下先”。江浙战争给国家和人民带来了无穷的灾难。韩国钧个人的力量无法与军阀势力抗衡，再掌苏政让他留下了无尽的遗憾。

海陵丛刻史海留迹

乡居期间，韩国钧潜心考订，旁征博引。他以史家的严谨，探寻者的勇气，跋涉在地方历史文化的山水之间。长期的苦心探究，使他成为许多方面的专家。他编纂了《海陵丛刻》，还任《续泰州志》总纂，使江海文化流传有绪。

热心水利心系民生

韩国钧深知水利是民生的根本，一生热心水利事业。1931 年，长江中下游遭遇特大洪水，里下河倒灌，发生飓风、湖啸和运河大决堤。在危难之际，韩国钧被推为水利协会主席和善后工程处副主任委员。为救灾和修复运堤，他以古稀之年，亲往灾区考察。为筹集资金，他奔走大江南北，途中曾两次跌倒，唇破齿落，血流满面。

兴办学校造福桑梓

韩国钧热心教育，勤于办学。早在河南为官时就创办了蚕桑专门学校，开我国职业教育先河。主政苏省时直接关心东南大学等学校的建设，乡居时倡办紫石中学、端本女子学校。紫石中学现已发展为江苏省海安高级中学。

创办实业开发滩涂

韩国钧深受张謇“父教育，母实业”救国思想的影响，1919 年，韩国钧创办的泰源盐垦公司落户东台安丰场，将传统的制盐业和新兴的围垦种植业结合起来，实行“三成留煎（盐），七成领垦”。张謇、韩国钧等筹集民族资本，以先进的生产和资源组织方式进行盐垦开发，促进了黄海滩涂的发展。

心忧国事奇耻难抑

1937 年 7 月，日寇全面侵略中国。韩国钧身居乡里，心忧国事，愤激陈词，慷慨捐款，声援抗战，振奋民心。在上海抗战中牺牲的空军陈锡纯烈士灵柩途经海安时，韩国钧商请地方各界人士特设公祭，表示哀忱，动员各界民众奋起抗战。

1938 年 3 月，日军由上海北上侵犯南通、如皋，并派飞机空袭海安，造成百姓伤亡。19 日韩国钧带着家人到兴化坂伦避难。韩国钧以日军侵略海安为自古未有之奇耻大辱，悲愤难抑，发出“家在哪里？国在何方？”的仰天长叹。

杖国抗敌相知陈毅

新四军对日寇的坚决抗战坚定了韩国钧的信心。1940 年春，陈毅派专人给韩国钧送信，请韩国钧支持新四军抗日。韩国钧当即复信，并亲书一联赠陈毅，称：“注述六家胸有甲，立功万里胆包身。”表示对新四军抗战救国的信任和拥护。陈毅接信后，复以一联书赠韩国钧：“杖国抗敌，古之遗直；乡居问政，华夏有人。”赞扬韩国钧的爱国精神。继而，陈毅秉承中共中央抗战团结之政策，于大小事务征询紫老意见。紫老知无不言，言无不尽。陈毅也言必信，行必果，彼此均感相从日浅，相知甚笃。

联合座谈调停息争

1940 年 9 月中旬，韩国钧主持召开“联合抗日座谈会”。并与黄逸峰、朱履先及如皋、泰兴、泰县等八县代表联合通电各方面军事长官，提出“停战息事，一致抗战”等五条建议。韩国钧见韩德勤无团结抗日的诚意，又与陆小波、黄逸峰、朱履先、黄辟尘等联合苏北绅商学各界致重庆二电，要求国民党当局：急电韩德勤停战息争，整顿军旅，改善省政，挽救危局；急电韩德勤改善统制粮食，保证内地流通，调节民食，以纾民困。

“曲塘和会”再促抗日

1940 年 10 月，韩国钧接受陈毅的建议，与李明扬发起在曲塘召开“苏北抗敌和平会议”，会议就苏北党政军民合作抗敌，实现抗日民主政治等问题，提出七项意见。由韩国钧、李明扬电报国民党政府。陈毅亦将“曲塘和会”情况报告毛泽东、朱德、王稼祥等，后由叶剑英将韩国钧、李明扬电报抄呈蒋介石，引起了蒋介石的震惊。

关注革新参政议政

1940 年 11 月，刘少奇（胡服）由皖北到海安，由陈毅、朱克靖陪同拜访韩国钧，韩国钧称赞胡服“非凡”，为之设宴洗尘。中旬，在刘少奇、陈毅领导下，于海安召开苏北临时参议会，韩国钧不顾高龄亲自参加会议，并被公推为名誉参议长。会后，他为建立“三三制”民主政权，扩充地方武装，发动群众抗日做了大量的工作。

1941 年 2 月，日军第二次侵占海安，韩国钧带着家人至徐庄避难。他以“黑白未分棋未了，鸟囚至死不忘飞”的诗言志，时时关心抗战形势。

9 月 13 日，日伪突然包围徐庄逼韩国钧出任伪江苏省省长，并将指挥刀、手枪摔于桌上相威胁。韩国钧严词拒绝道：“老朽是中国人，宁死不当一天亡国奴。”五日后，日军南浦襄吉旅团长、汪伪清乡委员会李士群秘书长等赶来徐庄韩宅，再次施压，韩叱道：“吾八十老翁，死何足畏，谄敌图生，誓不为也，请即动手！”日伪气丧色沮，转以请其移居海安故宅相诱，韩国钧厉声答道：“垂死之人，不愿再见海安惨状！”南浦襄吉见状只得作罢，遂布兵将韩国钧武力软禁。此后韩国钧外遭迫胁，内怀愤忧，成病而渐笃。

1942 年 1 月 23 日，韩国钧自知病重难返，口授致重庆国民参政会电文。下午四时弥留之际，吩咐家人：“抗日胜利之日，移家海安，始为余开吊，违此者不孝。”言毕，长叹一声。晚八时，愤然辞世，终年 85 岁。

千钧一石万古流芳

韩国钧任事教育、民政、矿务、军事、外交、水利、卫生等方面，每司一职，均成效可观。为官为民，四十余载，恰逢晚清世变，又遇民国乱世，终其一生坚持民本思想，由忠君到殉国，既是历史的见证人，更是历史的推动者，异代各方，咸为嘉许，身后备极哀荣。

二、抗疫先驱：韩国钧与东北大鼠疫

1910年，韩国钧时任奉天劝业道，兼奉天交涉使、葫芦岛商埠督办。任内鼠疫肆虐东北，导致六万多人死亡，东北全境恐慌。日本、俄国乘机要挟，韩国钧据理陈词，挫败了日、俄阴谋。韩国钧不顾自身安危，深入疫区查访，还负责筹备近代以来我国第一次国际学术会议“万国鼠疫研究会”，并及时向大会提供他组织绘制的《东三省防疫图表》，展示了中国政府在此次抗疫中的作为与成就。为此，清政府传旨嘉奖韩国钧，日本亦赠予三等旭日勋章。

发生在1910年至1911年间的中国东北鼠疫，被称作人类历史上最严重的鼠疫之一。加之，这时日、俄两国对于东北之国土蠢蠢欲动，增加了此次抗疫的难度。韩国钧对外维护国家主权，对疫区采取科学举措，取得了此次抗疫的胜利。

（一）东北鼠疫的历史定位

鼠疫作为一种烈性传染病严重威胁着人类的生存，是造成人民生命财产重大损失的自然灾害之一。迄今为止，人类共经历了三次鼠疫大流行：第一次发生于公元6世纪，起源于中东，流行中心在近东、地中海沿岸，持续了五六十年，死亡近一亿人；第二次大流行发生于14世纪，即欧洲历史上著名的“黑死病”，持续近三百年，遍及欧亚大陆和非洲北海岸，造成欧洲

2 500 万人死亡；第三次大流行始于 19 世纪末，至 20 世纪 30 年代达最高峰，波及六十多个国家，死亡人数达千万以上，中国的云南、福建、广东以及整个东北地区都是此次鼠疫的重灾区。

1910 年 10 月至 1911 年 4 月发生在中国东北的鼠疫，亦称“宣统鼠疫”，是以旱獭为病源物的肺鼠疫型鼠疫。20 世纪初世界市场对动物皮毛的需求增加，人们对野生旱獭的滥杀导致了鼠间的鼠疫向人类传播。此次鼠疫疫源地在俄国境内西伯利亚一带，随着染疫劳工回国，鼠疫由俄境向中国东北境内传播开来，首先发生在满洲里，逐渐蔓延至东北全境（哈尔滨、齐齐哈尔、沈阳、长春、新民、吉林等），波及关内许多地区（北京、秦皇岛、天津、烟台、济南等）。疫情流行方向和线路大多是沿着铁路交通，呈现出由北向南的传播态势，肆虐半年之久，死亡人数达 6 万余人（占当时疫区实际人口的 5‰ 左右），仅东北地区死亡人数即达 51 155 人。由于当时缺乏根治鼠疫的治疗手段，所以死亡率极高，达 90% 以上。此外，由于交通断绝，此次疫情还直接导致市井萧条，各行歇业，商业不振。

面对这场灾难，清政府及各地方当局积极采取各种应对措施，包括组建各级防疫组织，颁布各种防疫法规，推行火葬，制定严格的疫情报告制度和查验隔离制度，加强与世界各国的防疫合作，召开国际鼠疫学术研讨会等。这些应对措施在很大程度上有效地避免了鼠疫灾难的进一步蔓延。

图 2-1　东北鼠疫死者

图 2-2　清末奉天街道

表 2-1　清末东北鼠疫传播地区及首个鼠疫病例发现时间表

地　区	时　间	地　区	时　间
西伯利亚（俄国境）	1910 年春夏之交	满洲里	1910 年 10 月 25 日
滨江厅	1910 年 11 月 8 日	呼兰府、龙江府	1910 年 12 月 15 日
奉天、双城	1911 年 1 月 2 日	长春府	1911 年 1 月 3 日
北京	1911 年 1 月 12 日	新民府	1911 年 1 月 14 日
永平府、天津府、烟台	1911 年 1 月 15 日	吉林府	1911 年 1 月 16 日
锦州府	1911 年 1 月 28 日	济南府	1911 年 2 月 15 日

（二）20 世纪最初十年的时代背景

1904—1905 年在中国东北领土上发生日俄战争，孱弱无力的清政府宣布局外中立。日俄战争后，日本成为最大的赢家，中国东北实际上成为日、俄两国的势力范围。东北南部成为日本的势力范围，而俄国势力则退到东北北部。南满、东清两条铁路分别在日、俄控制之下。日、俄在各自强占的铁路附属地内，不仅驻有大量军队，还设立市政管理机构，并以此为据点，不断寻找机会蚕食中国的主权。东北鼠疫爆发后，由于铁路是传播鼠疫的主要途径之一，因此加强对铁路的检查和控制就成为遏制鼠疫扩散的关键。这次防疫由谁来执行、怎么进行、如何合作等问题，从一开始就成为颇具外交争端性的问题，并且随着疫情蔓延而不断扩大。1910 年 12 月初，俄、日两国照会清政府外务部，以清政府无力控制疫情为名，要求独立主持北满防疫事宜。处于疫情之下的东北已然成为中外博弈的战场，备受国际瞩目。

恰是在这种内外交困的情况下，韩国钧开启了在奉天的第二段官宦生涯。1907 年 2 月至 5 月底，韩国钧曾应盛京将军赵尔巽的奏请，第一次赴奉天，充任交涉局兼开埠局局长，又兼农工商局副局长等职。在与日本人交涉时，韩国钧苦心孤诣周旋，较为成功地处理了一系列棘手事务，在一定程度上维护了国家尊严和民族利益。其中，在洽商安奉铁路事宜时，“日人态度较前强硬，盖前此日甫胜俄，一切有待经营，故交涉尚可以口舌。兹根基已固，日无所慑于我，故交涉以强权为主，稍不经意，彼即自由行动”。因此，韩国钧当时采取了“是惟度其可允者，立即施行；其不可者，苟不致牵动国际，则亦有时以强硬出之”的外交方针。① 第一次赴奉任职的经历与经验，为他第二次赴奉任职打下了基础。

1910 年初，韩国钧任奉天交涉使，兼葫芦岛商埠督办，至 1911 年 9 月接任吉林民政使，在此期间恰好见证了东北鼠疫由开始爆发到被逐渐扑灭的全过程。同时，他受东三省总督兼奉天巡抚锡良的委派，参与主持了奉天的鼠疫防治事务。韩国钧一方面采取各种手段防控疫情，另一方面积极对外交涉，周旋于各国驻奉领事之间，利用多方势力合作抗疫，在扑灭鼠疫的同时，也成功击退了列强企图侵夺中国主权的野心。

---

① 谢静：《韩国钧》，苏州大学出版社 2014 年版，第 73 页。

表 2-2　清末东北鼠疫期间中央和地方官员一览表

中央 / 地方	职　务	姓　名
中央	外务部右丞	施肇基
中央	邮传部尚书	盛宣怀
奉天	东三省总督兼奉天巡抚	锡良
奉天	交涉使	韩国钧
奉天	民政使	张元奇
奉天	锦新营口兵备道	周长龄
吉林	吉林巡抚	陈昭常
吉林	交涉使	郭宗熙
吉林	吉林东北路兵备道	王瑚
黑龙江	黑龙江巡抚	周树模
黑龙江	黑龙江瑷珲道	姚福升
直隶	直隶总督	陈夔龙
直隶	交涉使	王克敏

（三）韩国钧抗疫之种种举措

1. 审时度势，维护主权

1910 年 11 月，哈尔滨一带鼠疫流行之际，东三省总督锡良意识到瘟疫可能会因铁路交通便利而快速向南传播，因此立即派韩国钧等人与外国交涉，同时准备应对即将到来的疫情。1911 年 1 月初，奉天发现首个鼠疫病例，韩国钧立即函知英、日、法、德、美等国驻奉领事官，谓："督宪已饬民政司率卫生医院筹设临时病院，以备查验留治，及购办一切消毒药料，并饬巡警认真检查，以防传染。"① 韩国钧提前声明已经筹设临时病院，准备消毒药品，命令巡警查验，这样就等于明确告知各国：中国对于防疫一事，已有所准备，切勿干涉。

① 《奉天交涉司全宗》，辽宁省档案馆馆藏档案，JB16-3287。

图 2-3　滨江防疫第一疑似病院

图 2-4　防疫人员消毒

但是，日本始终以中方防疫不力为借口，企图干涉中国主权。1911 年 1 月初奉天出现鼠疫病例后，日本人迅速在南满铁路沿线的长春、奉天、大连等处进行强制性检疫，日本军队也在频繁调动和补充，已对东北构成军事威胁。1 月 24 日，日本驻奉领事小池张造赴交涉司署面见韩国钧，谓："奉省时疫现在日渐发现，若仅恃中国巡警查验，决难济事，此非独于敝国人民之生命有碍，亦于贵国人民之生命有绝大之关系。故本领事决意派日医日警先由日人居住之地及附近之华人商户实地察验，以防传染。”① 日本以保护日本侨民为借口，提出要派日本医生和警察对日人居住区附近的华人进行查验，实际上就是对中国主权的公然侵犯。韩国钧深知此事关系中国主权，故而当即严词拒绝。小池并未作罢，此后数次向韩国钧施压，韩国钧顶住压力，均予痛驳。小池又联络各国驻奉领事共同照会交涉司转锡良，“请督署迅速派医员防范（疫情），以免蔓延，如贵国无防疫之人，各领事拟即自由遴员严防”，言语间公然藐视中国政府的防疫能力。锡良下令各司使迅速采取行动，并照复各国领事“勿越俎代谋”。②

在双方僵持不下的局面下，日本关东都督大岛义昌于2月12日专赴奉天拜会锡良，向锡良提议设立中日联合防疫会。锡良对此心怀疑虑，本不想应允，但韩国钧认为这是制约日本侵犯中国主权的好机会。疫情爆发后，韩国钧为抗疫日夜奔走，但由于当时中国复杂的政治局势以及落后的医疗水平，他深感凭一己之力实现成功抗疫是极其困难且不可行的。鉴于此，韩国钧审时度势，变被动为主动，认识到在维护主权的前提下应借助多方力量合作抗疫，于是积极劝说总督锡良接受日方提议。韩国钧指出：“中日委员不妨公派，若执行则必由两国行政官各负其责，盖意见可以交换，权限不可混淆”，“警察权仍以国境为限，不相侵越，唯彼此查有遗漏之处，不妨互相指明”。③ 韩国钧的提议，反对日本侵犯中国主权的立场十分鲜明，申明中日双方合作抗疫的依据又非常充分。

2月28日，中日防疫会由奉天民政、交涉两司会同日本防疫人员共同设立，主导者为东三省总督锡良和日本关东都督大岛义昌二人，委员有交涉使韩国钧、民政使张元奇、日本驻奉领事小池张造、南满铁路理事久保田等。中日防疫会的办事地点即在韩国钧任职的交涉司署内，每星期开会两次。会议宗旨是以协议的方式讨论有关东北南部防疫措施问题。自成立后至4月14日撤会，先后共召开了八次会议，直至鼠疫疫情结束。前面两三次

---

① 《东省防疫与主权之关系》,《申报》1911年1月26日，第2版。

② 《东省防疫与主权之关系》,《申报》1911年1月26日，第2版。

③ 谢静：《韩国钧》，苏州大学出版社2014年版，第74页。

图 2-5　南满铁路沿线用火车车厢临时隔离鼠疫病患

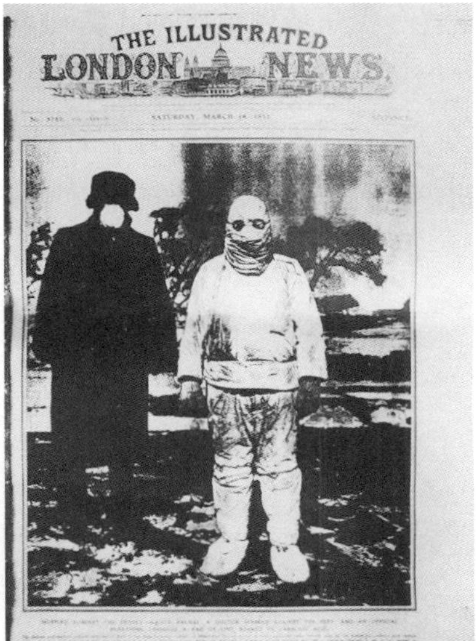

图 2-6　《伦敦新闻画报》(*The Illustrated London News*) 1911 年 3 月对东北鼠疫的报道

图 2-7　清末东北鼠疫期间东三省总督兼奉天巡抚锡良

会议中，日本对中国防疫不力的指摘颇多。后面四五次会议中，中国扭转局面，历指日方防疫不当之处。

韩国钧对日积极交涉，促成中日防疫会的召开，本质上是因为他意识到，在当时的政治局面下，只靠清政府单方面无法取得抗疫的成功，因此，有必要利用各方力量，实现合作抗疫。面对日方咄咄逼人的态势，他作为地方政府抗疫的领导者，不卑不亢，周旋应对，及时劝说上司主动出击，扭转局面。韩国钧审时度势，高瞻远瞩，既维护了中国的主权，又保证了抗疫的胜利。

2. 科学防疫，合作抗疫

作为防疫政策的具体实施者，韩国钧表现出善于接受新思想、雷厉风行的一面。他在对外交涉、与外国合作抗疫的过程中，接纳了科学防疫的新思想，在防疫政策的具体实施过程中，又表现出高效的组织力与执行力。韩国钧在抗击东北鼠疫中的成就，受到当时参与鼠疫防治的外国医生的赞誉。

当时，奉天集中了一大批具有国际背景的中外医师，其中很多都是韩国钧的交往对象。其中一位就是英国传教医生司督阁（Dugald Christie，1855—1936）。司督阁 1882 年至 1923 年在中国东北地区施医传教，是第一位将西方医学传入东北的传教士。在清末东北鼠疫期间，司督阁于 1911 年初被官方任命为医事顾问，与锡良、韩国钧等人有密切交往。司督阁在他的回忆录中对韩国钧评价颇高：

> 总督锡良知人善用，他任命的官员皆能力卓越。特别是交涉司使韩国钧，他主要负责防疫的具体实施。韩国钧虽然不懂外语，也没有接受过现代教育，但却阅读广泛，与时俱进。他组织能力极强，雷厉风行，乐于接受新观点。……奉天防疫局成立后，我与韩国钧等官员精诚合作，逐渐采取西方标准，准备对抗即将到来的疫情。据我所知，奉天的响应速度比中国其他疫区要快得多。①

① Dugald Christie, *Thirty Years in Moukden, 1883—1913*, London: Constable and Company Ltd., 1914, p.236.

鉴于鼠疫传染性极强，致死率极高，因此，韩国钧首先遴选中外医生，设立隔离所、临时轻重病院等。由于疫情突如其来，并没有充分时间去新建足够的防疫机构，所以，中外双方皆需临时征购土地、借用房屋作为防疫机构。奉天疫情爆发后，韩国钧积极与驻奉各国领事交涉，曾向驻奉德国领事发函，请求借用房屋作为临时隔离所："查三庆公司前以附近中国车站之处房屋一所抵偿德商瑞记洋行账下，现该屋空悬未有人住，殊堪暂借为防疫隔离之所。"德国领事和瑞记洋行均热心支持，将此房屋借与中国用作防疫隔离之所。英美烟草公司也曾提出愿将公司栈房出借用于防疫。韩国钧在给英美烟草公司的回函中指出，"本司查该处房屋现在尚无适当之用，将来或须借用，当即随时通告"，并对英美烟草公司的善意表示感谢。①

图 2-8　英国传教医生司督阁

但是，当时的人们非常惧怕隔离所和病院等防疫机构。韩国钧对此评论

图 2-9　司督阁回忆录中的奉天防疫

① 《奉天交涉司全宗》，辽宁省档案馆馆藏档案，JB16-3688。

图 2-10 清末东北鼠疫中停业的客栈用于防疫

道："民人畏隔离所如虎，患者、死者匿不以告，盖入病院者十人而死其十，入隔离所十死其七八，无足怪也。所谓病院，本无法治，不特吾国渺茫之医理不能指为何症，即西医之精者，亦唯于病院中分别轻重，重者听其立死，轻者延一二日亦无不死者。"① 可见当时中西医对于鼠疫治疗皆无有效技术手段，只能依靠隔离等强制措施，而当时民众对西方医学及防疫手段的抗拒也在一定程度上增加了防疫难度。鉴于此，当局对于隔离所有严格的戒严规定，"若有敢图潜脱者当即击毙，以杜后患"，即如果有潜逃者即当场击毙。②

韩国钧主持奉天防疫期间，奉天地方的防疫工作不仅起步早，而且也更为系统化。奉天省的防疫组织主要有：（1）奉天防疫局。该局筹设于 1911 年 1 月 14 日，附属于奉天省公署，由交涉司和民政司联合办公，以韩国钧和张元奇为总负责。同时，省内各厅、县署也相继设立防疫所、检疫所、隔离所等临时防疫机构 630 余处，参加防疫的医务人员、警察等达 3000 多人。奉天防疫局为奉天省防疫总机关，其职能有二：一是联络吉黑两省共同防疫；二是"严饬奉天各属堵截疫线，勿使滋蔓"。（2）奉天省城防疫事务所。自 1911 年 1 月 2 日在盛京（今沈阳）发现鼠疫病人之后，由省城警务局、卫生员共同禀请成立，到 1911 年 1 月 12 日初步成立，所址设于小西边

① 南通市江海文化研究会海安分会编，翟厚才、吉光校注：《永忆录校注》，中国文史出版社 2019 年版，第 55 页。

② 《隔离所之戒严》，《盛京时报》1911 年 1 月 19 日，第 5 版。

门外，为省城独立的防疫机关。（3）北部防疫分局。1911 年 2 月 12 日设立，“规定奉天以北怀德以南铁岭地方设立防疫分局，先将南北交通道路遮断，以防传播”。①

与此同时，奉天省还颁发了各种防疫法规，其中较为重要的如《奉天防疫事务处订定临时防疫规则》，其要目有“临时疫病院”“隔离所”“防疫委员消毒所规则”“病人户口调查队”“检诊队”“消毒队之组织”“死体埋葬队”等；再如《百斯笃预防及消毒法》（“百斯笃”即鼠疫 pestis 一词的日文音译），要目有“百斯笃预防须知”20 条，“除鼠的消毒方法及清洁方法施行手续”8 条 30 项，“消毒方法”7 条 29 项。通过这两部法规，可以大致管窥当时对鼠疫的认知程度及防疫水平。由于当时认为老鼠是此次疫情的疫源，因此，东三省各地纷纷处置老鼠，仅奉天省就处置了 8 万多只（虽然此次疫情的病源是旱獭，而非老鼠）。

韩国钧还负责协商防疫药品的购买事项。由于疫情惨烈，疫病患者较多，所需药品亦甚多，清政府不得不大举从各国购买防疫药品。韩国钧曾致函日总领事云：“关于防疫所需用之药品器具等项，前承贵总领事允向贵国代为购买，业经本司开单函请代购，兹尚不敷应用，特再开单，函恳并希分神电购，药价仍请从廉。”由于当时清政府须向日本购买防疫药品，且须由日本控制的大连港进口，因此韩国钧还多次给小池张造以及大连税务司等方面去函，希望可以廉价购进，尽快发货，并要求免除关税。②

3. 筹备万国鼠疫研究会

东北鼠疫逐渐扑灭之后，为了向世界各国学习防疫经验，研讨此次东北鼠疫流行的病理学及防疫经验等，清政府决定邀请各国医界代表齐聚奉天，召开万国鼠疫研究会（The International Plague Conference）。1911 年 4 月 3 日至 28 日，来自中、英、日、俄、德、法、美、意、奥、墨、荷 11 个国家

① 奉天防疫总局：《东三省疫事报告书》下册，辽宁省图书馆馆藏本 1912 年版，第 7 页。
② 《奉天交涉司全宗》，辽宁省档案馆馆藏档案，JB16-1586。

图 2-11　万国鼠疫研究会开幕代表合影

图 2-12　万国鼠疫研究会开会现场

的 34 位正式代表参加了这次会议。这是近代以来中国本土举行的第一次真正意义上的国际学术会议。会议以东北鼠疫为基点，明确了东北鼠疫的病源地和病源物、传播途径、病状诊断，认定了国际通行防疫方法（如隔离措施和戴面具、口罩等）的有效性和权威性，交流了各国在防治鼠疫及其他传染病方面的经验和成果，也加速了西医在中国的引进和普及。正如锡良在会议开幕式上所说："夫中国研求医理之书，溯厥源流，历代以来，颇多发明之处。施治内外各科疾病，亦未尝无效。惟鼠疫为中国近世纪前所未有，一切防卫疗治之法，自当求诸西欧。但恃内国陈方，断难收效。且医术与各科学并重，医术共文化俱新，并辔以驰，斯臻完备。物质科学，既为敝国所不可少，各国明哲所发明最新最精之医理，吾民又焉可阙焉不讲？"①

韩国钧作为奉天的地方官，主要负责万国鼠疫研究会的筹备工作，为会议提供财政支持。他曾说："……疫势日衰，政府请各国派专门医生在奉天开万国防疫委员会（即万国鼠疫研究会——引者按），计到奉者凡十国，公推俄博士扎巴罗尼（即 Danylo Zabolotny，1866—1929，俄国代表团团长——引者按）为代表，日百里博士（即北里柴三郎，1894 年在香港腺鼠疫中首次发现了鼠疫杆菌——引者按）亦与焉。外部特派施左丞肇基至奉招待，余则筹备供支，月余始竣。"② 韩国钧虽然并未以官方或医者身份直接参加万国鼠疫研究会，但他却为此次重要会议的事前筹备及成功举行提供了财

① 据陈垣撰《奉天万国鼠疫研究会始末》，载伍连德著，程光胜、马学博译：《鼠疫斗士：伍连德自述》（上），湖南教育出版社 2011 年版，第 62—63 页。

② 韩国钧：《止叟年谱》，沈云龙主编：《近代中国史料丛刊》第 1 辑，文海出版社 1966 年版，第 27 页。

力保障。这一点在伍连德（Wu Lien-teh，1879—1960）的自传中也有所描述：

> 奉天省主管全省财政的韩国钧大人是江苏人。过去几个世纪，江苏出了不少高官显宦、著名学者。他是位年过六旬的老人（韩国钧时年54岁，此处有误——引者按），来奉天就职前，已在他省为官多年。他留着白色短须，像多数地方官员一样，脑后拖着一条辫子。在批拨为推动扑灭鼠疫战斗所需经费时，他表现得非常慷慨大方，数额高达500万元。韩大人和锡良总督在官场中合作良好，然而如同朝廷大多数高级官吏一样，任期不会超过5年。因此政策的连续性难以维持，自然会使工作受损。①

伍连德是清末东北鼠疫抗疫过程中当之无愧的首要人物，也是万国鼠疫研究会的核心人物（大会主席）。伍连德祖籍广东新宁（今台山），生于马来亚槟榔屿，剑桥大学医学博士。1910年至1911年为防治鼠疫出任东三省防疫总医官。伍连德在与清末东北鼠疫的斗争中，不仅拯救了万千生命，也培养了大批防疫人员，为中国奠定了现代防疫事业的基础。他也因此成为当时的世界性新闻人物，被国际联盟卫生组织授予“鼠疫专家”的称号，在1935年成为诺贝尔生理学或医学奖的第一位中国候选人。事实上，正是时任外务部左丞的施肇基选中了伍连德。施肇基认为这场瘟疫不仅攸关千万人的生命，更关系到国家主权问题，因此一定要物色一位能够控制此次疫情的中国人。施肇基与韩国钧都将鼠疫防控视为捍卫国家主权的战场，中央和地方两个层面的官员对清末东北鼠疫防治的政治意义的认识达成了一致。

图 2-13　万国鼠疫研究会纪念章

伍连德上任后，首先确定了此次鼠疫乃肺鼠疫型鼠疫，通过人与人之间

① 伍连德著，程光胜、马学博译：《鼠疫斗士：伍连德自传》（上），湖南教育出版社2020年版，第55页。

图 2-14 “鼠疫斗士”伍连德

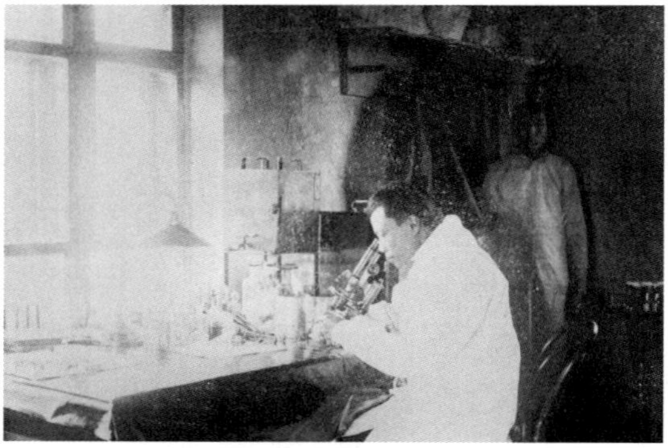

图 2-15 伍连德在做实验

的飞沫进行传播，因此首要措施就是对病人进行隔离。伍连德与其他一些中国医生共同发明了一种厚实的棉纱口罩，要求所有人佩戴，以防止可能性的飞沫。这种口罩不仅能有效地阻止病毒传播，还因为成本低廉，制作简单，利于大众普及，被认为是现代医用口罩的原型（即所谓“奉天口罩”或“伍氏口罩”）。此外，伍连德还提出了一些具体防疫措施，如征招足够数量的医护人员，将可使用的建筑物改建成隔离场所，对尸体进行统一火化处理，加强城镇卫生管理等。这些措施在东三省各地皆得以实施，奉天也是棉纱口罩

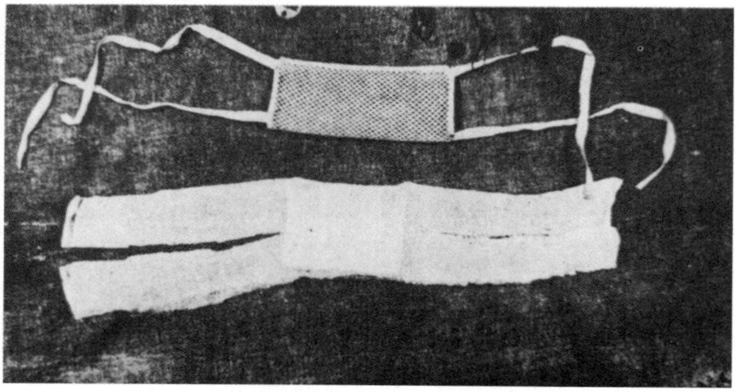

图 2-16 伍氏口罩制作法
用成卷的3英尺外科手术使用的、宽度适中的洁白纱布制作。两边各剪两刀，分成各长1英尺的3条缚带，保留中间部分不再剪切，折叠面积为6英寸×4英寸大小，裹住消毒药棉。

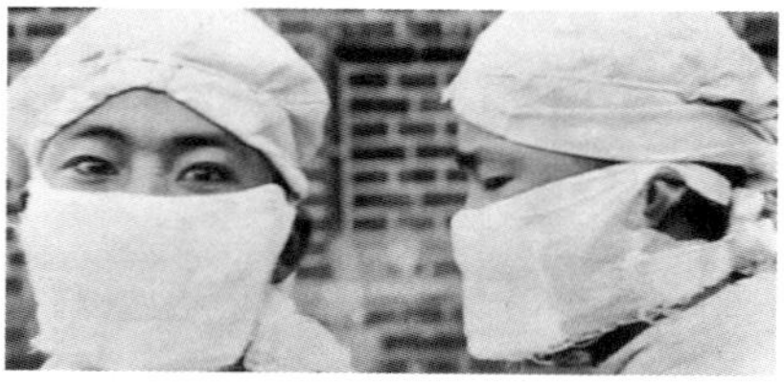

图 2-17 伍氏口罩佩戴法
佩戴时，上边的两条分别绕过耳朵上面，系于脑后；中间的两条分别绕过耳朵下面，系于脑后；最下面的两条向上绕，系于头顶。这种简易口罩是软的，可以调整，戴在脸上，与面部和脖子紧贴。

使用最为普遍的地方之一。

韩国钧对于万国鼠疫研究会的重要意义有非常精准的分析："此吾政府所邀请，亦以抵制日人也。"他认为，此次会议的召开可以展现中国政府在鼠疫防治中的成就与贡献，提高中国在国际事务中的地位，同时可以起到钳制日本在华影响力的作用。鉴于此，他向会议各国代表提交了《东省防疫图表》，"各国医员知吾国行政非无组织，不致有所偏徇，则斯会关系国际视听，重要可知矣"。这也体现出他对国际关系敏锐的洞察力以及作为地方官员的政治责任感。①

4. 舍生忘死，受到嘉奖

韩国钧见证了东北鼠疫从爆发到逐渐停止的全过程。当时《盛京时报》对韩国钧大为赞扬："(韩国钧)自到任以来，事必躬亲，日无暇晷，现因办理防疫尤加劳瘁，虽除夕元旦未尝稍安"，且闻其因"积劳成恙，常伴药炉"。②韩国钧《止叟年谱》中亦记录了他在清末东北鼠疫期间繁忙的公务行程，可见其与中外医生、官员之间就防疫问题的交往与交涉。

表 2-3 《止叟年谱》所载韩国钧在清末东北鼠疫期间的公务行程③

宣统三年正月
初六，见日医川久保初。
初九，见奥医魏德。④
十三日，关东都督大岛见锡军督（锡良），专商中日联合防疫事宜。
二十一日，议遮断交通。
二十三日，日中村总裁邀至车站隔离所参观。
二十七日，偕英医司督阁至东门勘视新修隔离所。

① 南通市江海文化研究会海安分会编，翟厚才、吉光校注：《永忆录校注》，中国文史出版社 2019 年版，第 56 页。

② 《交涉司力疾从公》，《盛京时报》1911 年 3 月 11 日，第 5 版。

③ 韩国钧：《止叟年谱》，沈云龙主编：《近代中国史料丛刊》第 1 辑，文海出版社 1966 年版，第 26—29 页。

④ 万国鼠疫研究会中，奥匈帝国唯一代表是尤金·沃雷尔（Eugene Worell），是此魏德与否，不能确定。

宣统三年二月
初十，泰晤士报馆英人马利生（George Ernest Morison，1862—1920）来谈，午后与英医司督阁及其下属四人、张珍午（张元奇）司使会议防疫应办各事，积极备办。
十七日，请锡军督派祁观察至山海关，禁止苦工出关。
二十三日，与英稽查伊尔德、英医司督阁会商车站验疫办法。

韩国钧全身心投入抗疫之中，将生死置之度外。韩国钧曾谓“疫盛时，哈埠日死八百余人，奉天日死三百人，无不人人自危”，描述了疫情之恐怖与惨烈。当时有些官员因处理防疫工作染病而死，也有外国医生亚瑟·杰克森（Arthur Jackson，1885—1911）因鼠疫而丧命。有官员劝说韩国钧要慎重行事，但韩国钧仍然义无反顾：“在奉天办防疫，几不保其生命，然余任此事时，固亦置生命于度外。英医嘉克森（即亚瑟·杰克森医生——引者按）既以染疫死，其他员司因办防疫而牺牲者不少。同官力劝慎重，余之不顾，卒亦无他。万国防疫会医学专家之研究，谓不染疫之人，血轮中有抵御力。……岂余亦有御疫之轮血耶？亦可异矣。”①

因韩国钧抗疫有功，锡良拟为特保，但韩国钧认为这样“耗国家之金钱、损人民之生命，若为个人升官地，自问疚心”，再三坚持不受。②后来，

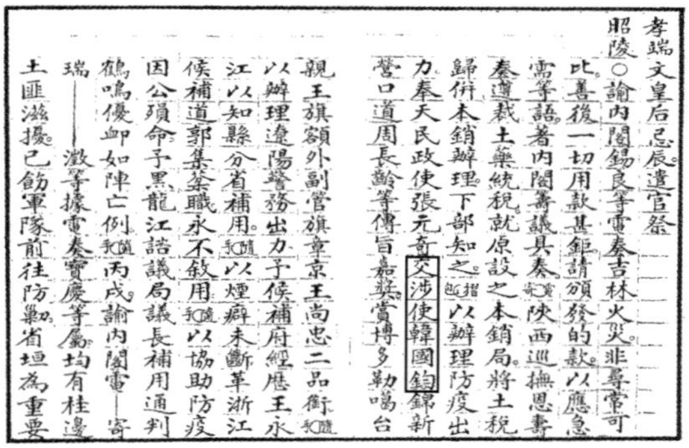
孝端文皇后忌辰。遣官祭
昭陵。○諭內閣。錫良等電奏吉林火災。非尋常可
比。善後一切用款甚鉅。請頒發的款。以應急
需等語。著內閣籌議具奏。陝西巡撫恩壽
奏。遵裁土藥統稅。就原設之本銷局。將土稅
歸併本銷辦理。下部知之。以辦理防疫出
力。奉天民政使張元奇。交涉使韓國鈞。錦新
營口道周長齡等。傳旨嘉獎。賞博多勒噶台
親王旗額外副管旗章京王尚忠二品銜。
以辦理遼陽警務出力。予候補府經歷王永
江以知縣分省補用。以煙癖未斷。革浙江
候補道郭集棻職。永不敘用。以協助防疫
因公殞命。予黑龍江諮議局議長補用通判
鶴鳴優卹如陣亡例。丙戌。諭內閣。電寄
瑞——澂等據電奏。寶慶等屬。均有桂邊
土匪滋擾。已飭軍隊前往防勦。省垣為重要

图 2-18　韩国钧受到清政府嘉奖（《清实录·宣统政绩》卷五十三）

① 南通市江海文化研究会海安分会编，翟厚才、吉光校注：《永忆录校注》，中国文史出版社 2019 年版，第 57 页。

② 韩国钧：《止叟年谱》，沈云龙主编：《近代中国史料丛刊》第 1 辑，文海出版社 1966 年版，第 27—28 页。

锡良向朝廷奏请“出力人员，照军营异常劳绩褒奖。其病故者，依阵亡例优恤”，得到清政府批准。疫情结束后，清政府论功行赏，传旨嘉奖韩国钧等人。据《清实录·宣统政绩》卷五十三载：“以办理防疫出力，奉天民政使张元奇、交涉使韩国钧、锦新营口道周长龄等，传旨嘉奖。”此外，日本亦赠予韩国钧三等旭日勋章，奏准佩戴。

（四）韩国钧抗疫之历史意义

在抗击东北鼠疫的过程中，清朝各级政府组建起比较完善的防疫体系来应对这场灾难，韩国钧即代表了地方官员在抗疫中的行动和努力。在韩国钧的带领下，东北的防疫工作在组织管理、措施实施、医疗救护、防疫检疫等方面都取得了非常显著的成就。韩国钧在抗疫过程中表现出非常高超的政治韬略，非常高效的执行能力，以及舍生忘死的家国情怀，既维护了中国的主权，又利用多方势力互相制衡，实现了中外合作抗疫，快速且成功地扑灭了鼠疫，在很大程度上保证了地方社会的经济、政治和人民生活的稳定。

清末东北鼠疫不仅是近代中国对抗传染病的一场战役，更是抗击以日、俄为代表的列强侵犯中国主权的一场战争。韩国钧作为地方官员，在中外防疫合作、商借防疫场所、防疫物品进口等对外交涉过程中，不卑不亢，多谋善辩，原则性与灵活性相统一，积极促成中日防疫会、万国鼠疫研究会等重要事项，展示出中国地方官员的政治风范和爱国思想，赢得了外国人的尊重，取得了抗疫的胜利。

三、在苏言沪：韩国钧主导上海建市

上海自古以来是吴地，之所以能在近代得以独立建市，开路指引之人是韩国钧。

自晚清至民国，上海已然崛起为世界一流城市，但行政隶属上仍被两千多年前的郡县制束缚，由江苏省管辖，是北洋政府沪海道署所在地。在中国，上海华界居民最早开展自治运动，但上海由县到市的转型尝试却皆以失败告终。1924 年，北洋军阀混战之江浙战争贻害江南。1925 年初，时任江苏省省长兼督办江苏军务善后事宜的韩国钧致电上海市公所总董李平书，令其成立上海特别市筹备委员会，宣布上海为“特别市”，以求此举能使上海规避乱世。1927 年 7 月 7 日，上海特别市政府成立，直属南京国民政府，标志着上海华界原先各自为政、互不统属的分隔局面宣告结束，华界的行政权真正统一，而现代之市、区两级行政体制也就此在上海确立。今日我们熟知的直辖市设置就是从民国时代的特别市演变而来的。

（一）长江三角洲上矗立的一座近代都市

中国长江中下游的城市群落始终存在一个中心城市主导、其他城市作为卫星城联动的空间格局。唐宋以前，这里在经济、社会、文化等方面全面落后于北方；唐宋时期，逐渐从经济社会相对落后的地区发展为中国的财赋重地；元明清时期，更是一跃而成为当时中国经济、社会、文化、科技最为发

图 3-1　1849 年上海外滩情形

达的区域；近代以来，又最先受到近现代文明的沐浴，至今其社会经济发展水平始终走在全国前列。历史上，其中心城市由扬州、至杭州、至苏州（一说在苏州之前为南京），最终至上海。

上海自 1292 年（元至元二十九年）置县以来，依托其枕江滨海的地理优势，以港兴商，以商兴市，逐渐发展成为东南地区的一大商埠。经过数百年的发展，明清时期的上海已由“区区草县”变成“东南壮县”。不过，从行政区划角度看，上海长期以来一直只是江苏省松江府隶属的一个县城。按照海外学者比较乐观的估计，上海在 1843 年（清道光二十三年）开埠以前，其规模远在北京、苏州、广州、武汉、杭州、成都、福州、西安、南京等城市之下，可以排进中国城市的前 20 名，但排不进前 10 名。

1843 年上海被设为通商口岸以后，以超常的速度膨胀、发展，人口在 1900 年超过百万，1915 年超过 200 万，1930 年突破 300 万，1949 年初达 546 万，一百多年中增加 20 多倍；城市体量（含经济、社会、文化、空间等方面）急剧增长，成为中国最大的城市、远东第二大城市，也是仅次于伦敦、纽约、东京、柏林的世界第五大城市。作为中心城市，上海的影响大略分为以下几个方面：

近代化起步最早、程度最高。19 世纪 50 年代开始，上海开始有了比较规范的市政管理，是全国市政近代化程度最高的城市，各种先进的市政设施，如煤气灯、电灯、自来水的使用，不但远比内地城市早，比其他通商口岸也早得多。她是世界最新科技文化输入国内的窗口，是多种文明交汇的前沿、融合的基地。中西不同的物质文化、制度文化（包括政治制度、经济制度、社会制度、教育制度等）、精神文化（包括思想意识、伦理道德等），在这里交流、融合，并从这里走向长江中下游地区，乃至整个中国。

当之无愧的多功能经济中心。上海率先取得全国航运中心的地位，到19世纪70年代，已形成远洋、长江、南部沿海、北部沿海等比较齐全的航线，成为中国与外部世界的最大物流通道。到20世纪初，上海已形成内河、长江、沿海和外洋四大航运系统，出入上海的轮船和吨位都占全国总数的20%以上。1931年，上海港进出口船舶吨位已名列世界第七，上海继而取代广州，成为中国外贸中心。1860—1900年，上海进出口总值平均占全国一半以上，1864年占57%，1900年占55%，其中进口通常占六成以上。至20世纪二三十年代，上海一直是全国对外贸易和对内埠际贸易的特大中心，其外贸在全国外贸总额中占40%左右，1936年达55%。1936年，上海

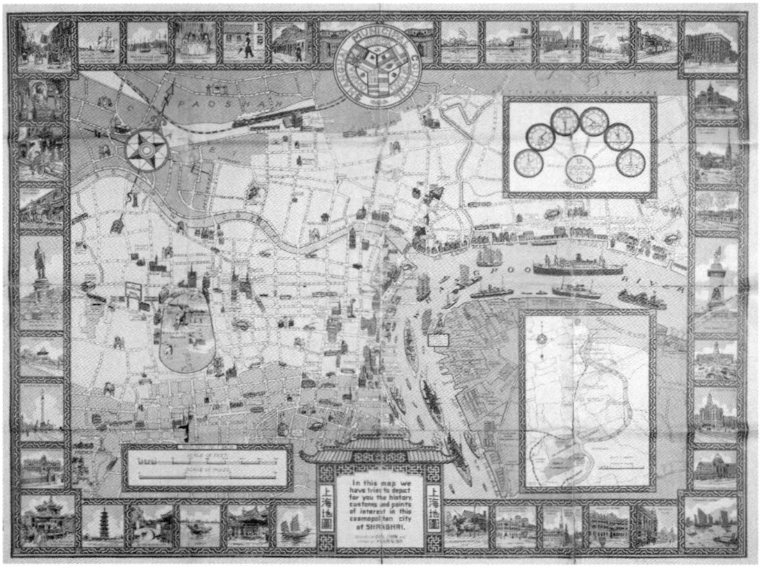

图3-2　上海外侨克劳（Carl Crow，1883—1945）设计的一张1935年的上海地图

埠际贸易值包括转口贸易值为 8.9 亿元，占全国各通商口岸埠际贸易总值的 75%。到 19 世纪后期，上海成为全国的金融中心，不但银行数量为全国之首，而且功能齐全，资金融通量大。20 世纪 20 年代以后，中国银行、中央银行、交通银行和农业银行等一批重要的银行相继把总行从北京移到上海。到 20 世纪 30 年代，上海拥有外国对华银行业投资 80% 的份额，设有中国几乎所有主要银行的总部，通过资金联系影响辐射到全国各地。最后，上海还是中国的工业中心。她是民族资本最为集中的地方，到 20 世纪 30 年代，上海工业已占全国半壁江山，1948 年工厂数、工人数占全国一半以上。在 1949 年之前，上海发展成为集航运、外贸、金融、工业、信息、交通于一体的多功能经济中心。

全国文化中心。上海在 19 世纪中后期成为西学在中国的传播中心，到 20 世纪二三十年代发展成为中国文化中心。首先，上海的文化事业非常繁荣。上海是全国出版中心，也是中国各种学校相当集中的地方。美术、戏剧、电影方面，上海或在全国占据半壁江山，或为主要部分。一部近代电影史，大半本是由上海写成的。文化团体之多，影剧演出场所之繁，更是在全国首屈一指。其次，上海的文化人才密集。上海在开埠以后二三十年中新型知识分子群体逐渐形成，加之后来许多留学人员回国活动，大批的人才会聚上海，他们当中产生了许多中国杰出的教育家、出版家、翻译家、记者、文学家、律师、政治家等。①

最大的政治舞台。上海最初设有英租界、美租界、法租界，1863 年，英美租界正式合并，初名“洋泾浜北首外国租界”（Foreign Settlement North of Yang-King-Pang Creek），为区别于洋泾浜南岸的法租界，也被习称为“英美租界”。直到 1870 年 6 月 13 日，工部局董事会上决定，今后所有官方文件中停用“英美租界”，改用“上海公共租界”（Shanghai International Settlement）。在中国近代史上，上海的外国租界开辟最早，存在时间最长。其中公共租界和法租界的总面积是中国其他 23 个租界总面积之和的 1.5 倍

① 熊月之主编:《上海通史》(第 1 卷　导论)，上海人民出版社 1999 年版，第 15—25 页。

之多。巨大的异质文化城市空间，注定了上海特殊的政治地位，为各派政治力量所必争。在戊戌变法、辛亥革命、五四运动、五卅运动、抗日战争、解放战争等一系列重大事件中，上海都充当了极其重要的角色，登高一呼，全球震动，演出了一幕幕威武雄壮的活剧。

典型的移民社会。近代上海的城市人口大多来自中国其他地区，包括江苏、浙江、安徽、福建、广东等18个省区。这座城市的客籍，即非上海籍的人口远远多于上海本地人口。据上海1885年以后历年的人口统计，公共租界非上海籍的人口通常占80%以上，华界非上海籍的人口通常占75%以上。据1950年1月统计，全市非上海籍人口占85%，上海籍人口仅占15%。寓沪居住的新移民中另有数量可观的外国人。沪上外侨国籍最多的时候达58个，包括英国、美国、法国、德国、日本、俄国、印度、葡萄牙、意大利、奥地利、丹麦、瑞典、挪威、瑞士、比利时、荷兰、西班牙、希腊、波兰、捷克、罗马尼亚等。1910年以前，一直是英国人最多，其次是美国人、法国人、德国人、日本人、葡萄牙人等。1915年以后，日本人跃居第一。1942年，在沪日本人达94 768人，超过所有其他外侨的总和。典

图 3-3　20 世纪二三十年代上海外滩鸟瞰图

型的移民社会造就了上海开放、创新、包容的鲜明品格和“海纳百川、追求卓越、开明睿智、大气谦和”的城市精神。

（二）上海由县到市的艰难探索

自秦始皇在全国范围内实行郡县二级制的行政区划体系后，两千多年间，中国一直只存在这一种政区模式，城市始终不是行政区划的一种。中国古代的城市最先是作为各级行政区划的中心存在，如州治、郡治、县治等，这些城市既是行政中心，也是经济中心。宋代以后，工商业经济发展较快，在各级行政中心以外又出现了不少经济发达的城镇，方才形成经济中心与行政中心分离的二元化倾向。明清时期又涌现了更多的工商业城镇，有的在经济实力上甚至超过其上级行政中心的县城或府城。但是直至清末，经济再发达的城镇也未能冲破封建的躯壳，在体制上始终要受其上级府县的管辖。既然传统中国没有将城市作为独立的治理单位，自然就没有明确的城市治理主体为城市发展负责。上海就是其中最典型的代表。19 世纪末，黄浦江畔的这块弹丸之地虽然已是百万人口的巨埠大邑，经济实力、文化影响、政治作用早已超过了一省的规模，仍被框定在“县”这样一个全国最小的行政建制之中。

上海之得名，始于名叫“上海浦”的小河。“上海浦”之名何时形成，不详，在北宋有关文献中，已有此名。1074 年（北宋熙宁七年）置上海镇。1292 年，元朝中央政府以上海镇为县治设县，定名上海县。明清以来，上海县有知县一人，县丞一人，主簿一人，典史一人，教谕、训导一人，巡检司三人，阴阳学、医学、僧会司、道会司各一人，负责管理。其中知县掌管全县的行政、法令；县丞、主簿分掌粮马、征税、户籍、巡捕等事宜；典史掌监察狱囚；教谕、训导则为学官；巡检司掌捕盗贼；阴阳学、医学、僧会司、道会司各负其责。

与其他县城稍有不同的是，1731 年（清雍正九年），上海县城又成为分巡苏松太兵备道（简称“苏松太道”）的治所，行政组织稍有改变。如下图：

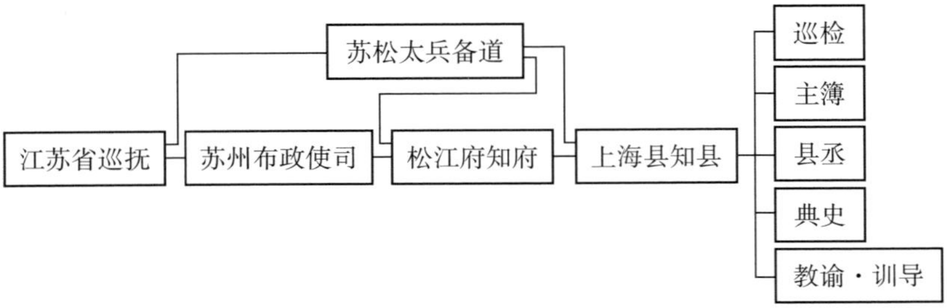

图 3-4　1731 年苏松太道移驻后的上海行政组织体系

清代的道是省以下、府以上的机关，道台主管钱谷刑名等事务，到了近代又兼海关监督，负责与洋人打交道，地位远比知府、知县为高。苏松太道治所设在上海，故而又称上海道、沪道等，这是上海地位日益重要的标志，但并没有实质上改变郡县制的属性。

至 19 世纪末，上海已经跨越式发展为中国最大的城市，全国的经济、文化中心，却依然没有现代市政机关管理。沿袭了两千年之久的地域型行政区划体制严重地束缚着城市的发展，已经到了非改不可的地步。受到外国租界市政管理、建设的影响和刺激，以商、学两界为主的上海地方绅商主动发起和积极推行旨在参与政权、改革社会的地方自治运动。

1895 年，在同仁辅元堂董事曹寄耘等人的推动下，上海南市马路工程局正式成立。该局算是上海最早的市政机关，而实际上只承担了现代型市政机关中工程处的部分功能。相比于已经建立起的规模巨大且崭新的两个外国租界，上海县城仍被城墙圈住，破败而拥塞，城内与城外宛如两个完全不同的世界。上海南市马路工程局以修筑马路、建设市政、缩小华界与外国租界的差距为工作重点，华界的第一条现代马路于 1896 年 7 月 13 日正式动工，工程结束后，马路工程局改为南市马路工程善后局，成为市政治理机构。

1905 年，清政府为挽救几欲崩坏的局势，着手推行立宪，出台许多新政措施。在全国推广地方自治就是清末新政的一项重要内容。是年，郭怀珠、李钟珏、叶佳棠、姚文枬、莫锡纶等人，因“惕于外权日张，主权寖落”，“道路不治，沟渠积淤”，市政衰败，集议创设“上海城厢内外总工程局”，以整顿地方，立自治之基，并就此晤商苏松太道袁树勋。袁树勋对此极力赞赏，当面予以鼓励，上海绅商的地方自治运动走向第一波高潮。《上海城厢内外总工程局总章》规定，总工程局的宗旨是“整顿地方一切之事，助官司之不兴，兴民之大力，分议事办事两大纲，以立地方自治之基础”，主要事务包括编查户口、测绘地图、推广埠地、开拓马路、整理河渠、清洁街道、添设电灯、推广警察、举员裁判等，并申明“未尽事宜随时议办”。①

1909 年 1 月 18 日，清政府颁布《城镇乡地方自治章程》。依据该章程，城、镇、乡要在地方自治层面实行分治，城市首先要在自治层面成为独立于周边乡村的治理单位，这是中国实行城乡分治、城市获得独立治理地位最早的顶层设计。根据《城镇乡地方自治章程》，上海城厢内外总工程局转变为上海自治公所。1905—1909 年，上海南市的自治运动共计修路 100 多条，筑桥 60 多座，建造码头 6 个，新辟、改建城门 9 座，制定了各种各样的市政管理条例。这些举措有利于改善华界的市政设施，缩短华界与租界的差距。

晚清上海外国租界的市政机关分为公共租界工部局与法租界公董局，华界的市政机关也并不统一，处于分治时代。除了上海县城有自己的市政机关外，闸北地方，逼近租界，初由地方绅商筹款建筑桥路，嗣以商力不济，呈请官办。1904 年，两江总督周馥派道员徐乃斌设立“闸北工程总局”，后改名为“闸北工巡总局”。黄浦江入海口的吴淞地区开埠更早，1898 年就有两江总督刘坤一奏准开办“督办吴淞开端口工程总局”。另外，1906 年，在一江之隔的浦东地区，上海知县王懋琨批准高行、陆行两乡绅商申请，设立“浦东塘工善后局”，名义上像是水利工程机关，实际上的设置系属市政范围。详情参见下表：

---

① 《上海城厢内外总工程局总章》，杨逸纂：《江苏省上海市自治志（三）》（影印本），《中国方志丛书 · 华中地方 · 第 152 号》，成文出版社有限公司 1974 年版，第 1013—1014 页。

表 3-1　1898—1914 年上海地方自治机构变化表①

设立年份	南市	闸北	浦东	吴淞
1895 年	南市马路工程局			
1897 年	南市马路工程善后局			
1898 年				督办吴淞开端口工程总局
1904 年		闸北工程总局		
1905 年	上海城厢内外总工程局			
1906 年		上海北市马路工巡捐总局	浦东塘工善后局	
1907 年		上海北市巡警总局		
1909 年	上海自治公所			
1911 年	上海市政厅	闸北自治公所		
1912 年		闸北市政厅		
1914 年	上海工巡捐总局	上海工巡捐分局		

1911 年 10 月 10 日，武昌起义爆发。陈其美等人在上海组织革命党人起兵响应，并得到有“上海地方自治第一人”之称的李平书等人的支持。11 月 3 日，陈其美、李平书等宣布上海反清独立，并率领商团、敢死队等向江南制造局、上海道台衙门进攻。11 月 6 日，上海自治公所、商务总会、商团等各界代表，在上海县城小东门旧海防署集会，共同推定陈其美担任沪军都督，组建沪军都督府（也称“上海军政府”），统率军政、民政。原上海自治公所总董李平书被推任为上海民政总长，后改组设立上海市政厅，暂设市长一人、副市长一人。闸北光复后，巡警总局改为民政总局，后改称闸北自治公所，继续办理自治事务。以上两机构皆归沪军都督府统辖。

辛亥革命由地方到中央自下而上取得节节胜利，使得甫一独立的地方政府也开始敢于对城市发展发表自己的意见。革故鼎新之际，江苏省临时议会

① 上海市地方志办公室、上海市历史博物馆编：《民国上海市通志馆》第 2 册，上海古籍出版社 2019 年版，第 341—371 页。

于1911年岁末之前推出《江苏暂行市乡制》。① 这一法规在仿效《城镇乡地方自治章程》的基础上又有一点重要不同，即它规定凡县治城厢地方为市，其余市、镇、村、庄、屯、集等地方，人口满5万以上者为市，不满5万为乡。江苏省领先全国，首先采用"市"这一名称统一取代了"城""镇"，但未实际成为国家的一级行政区划，学界一般不认为就此标志着中国市制的正式诞生。

上海此时虽暂不受江苏省统辖，但上海县原来的城自治区域，仍从这时起改称上海市。原来新闸区以北的部分被划进城自治区域里，这时又重行划分出来，成为独立的自治区域之一部，称闸北市。原来蒲松镇自治区域，除改称蒲松市外，其区域照旧。东泾镇自治区域原来合并洋泾、塘桥、陆行、高行而成为独立部分，现在重新划分，将原来的洋泾区按旧有境域改称洋泾市，其他均改称乡。原来的十二乡自治区均沿用旧称。经此划分以后，上海县全境计有十九个市乡。②

上海十九市乡之所以遵循《江苏暂行市乡制》改制，是因为沪军都督府自成立伊始便自认为是临时机关，陈其美等革命党人未有实质上脱离江苏省的打算。《沪都督致张勋书》中，陈其美即表示"本军政府仍当以江省兵权属之"；《沪都督复江苏教育会唐君文治等函》中，陈其美再次表态"苏省敉平后，民政各事，自以程都督统辖为宜"。③ 中华民国临时政府于南京成立之后，1912年2月11日，陈其美公电大总统《呈请取消沪军都督》："夫上海属隶江苏，地居县治，都督之称，何以副实？当时曾力驳固辞，而众意以为都督之设，非原官制，非关地域，但因革命事实而发生此特设之官；且以战事方新，急宜策应，借此以扶大局，以系人心。责任所在，暂效驰驱。迨江苏光复后，再辞不许；临时政府成立后，三辞未准。伏思受任沪军都督，本

① 《江苏暂行市乡制》，董修甲：《市政学纲要》附录八，商务印书馆1927年版，第69—91页。

② 十九个市乡具体的名称列表，参见上海市地方志办公室、上海市历史博物馆编：《民国上海市通志馆》第2册，上海古籍出版社2019年版，第316—317页。

③ 上海社会科学院历史研究所编：《辛亥革命在上海史料选辑（增订版）》，上海人民出版社2011年版，第322—324页。

为一时权宜之计……对于沪上各机关人员，委任非专，号令不便。管辖上既无统一之权，事实上乃有冲突之势，牵制如此，无事可为……长此掣肘，非但不能副我初心，转恐因此而误大局。相应呈请大总统取消沪军都督名位，俾其美免恋栈之讥。”① 孙中山慰留陈其美未果。7 月 31 日，沪军都督府撤销，改为江苏都督行辕，所有军队及事务均由江苏都督程德全接收。

有市之名，却无市政之实；华界统一而独立，转瞬又分裂而复归江苏。由此可知，民国初立，政治角力未成定局。动荡不宁的时局，后续更直接反映在上海的市政建制史中。1913 年 3 月，宋教仁被杀案发生于上海车站，随后“二次革命”爆发，上海追随南京宣告脱离中央政府，袁世凯派郑汝成南下，镇压革命军。战事平息后，上海市政机关几近虚置。同年，立下战功的郑汝成被袁世凯任命为上海镇守使，一时间掌握上海军政大权。1915 年 11 月 10 日，在外白渡桥上，郑汝成被革命党人暗杀。郑汝成遇刺身亡后，杨善德继任，袁世凯撤销上海、松江两镇守使，改设“松沪护军使”（此处的“松沪”是指松江、上海镇守使合并之意，而非通常所谓的吴淞、上海两地合称的“淞沪”）。上海一地的实际权力机关此后很长时间是设于龙华的松沪护军使署。

1914 年 2 月 3 日，袁世凯为了复辟帝制，在不顾一切解散政党、停止议会之后，又以财政困窘无力承办自治为由，宣布全国取消地方自治。韩国钧此时任江苏民政长，虽然他不敢直接否定北洋政府的全国通令，但 2 月 9 日，他还是致电上海县知事洪锡范，称：

> 各县知事览：自治机关现奉令停止，地方交由仍应积极进行，维持扩张，县知事负有完全责任。该县县市乡立各学校，务照地方行政预算支拨经费，毋稍停滞；并饬县视学及市乡学务委员知照。除训令外，和先电饬。②

该项电文，是在袁世凯权倾天下，停办自治的威令下达后，韩国钧顶住

① 《呈请取消沪军都督》，《申报》1912 年 2 月 11 日，第 7 版。

② 上海市地方志办公室、上海市历史博物馆编：《民国上海市通志馆》第 2 册，上海古籍出版社 2019 年版，第 325 页。

巨大压力发出的，有顾全地方、维持教育的意思。但这样的个人努力终究无力回天，5 天之后，韩国钧不得不再度下达电令，更改前意，表示须遵循中央政策，称“各级自治机关遵令停办，业经通限，至迟三月三十一日以前完全结束在案”。《江苏暂行市乡制》宣告停止施行，自治市制暂告失败。上海市政厅再度改为上海工巡捐总局，标志着清末民初的上海地方自治运动从高潮走向低谷，告一段落。

自治停办不久，袁世凯的新官制即行颁布。县行政长官职权再度加重，整个国家的行政组织体系又有“郡县制”回光返照之意。如下图所示：

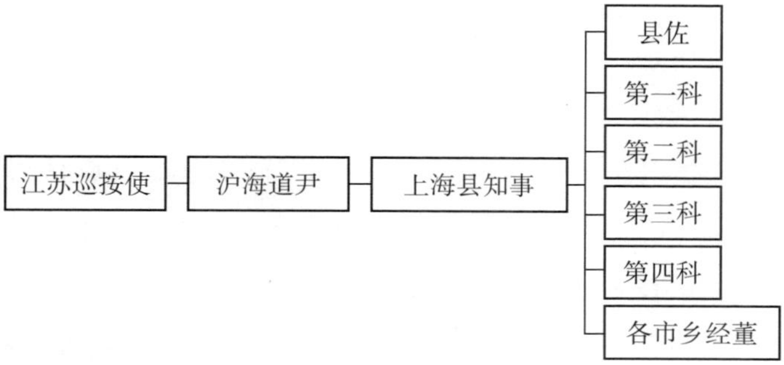

图 3-5　1914 年自治市制停办后的上海行政组织体系

（三）军阀混战贻害江、浙两省

袁世凯只做了 83 天的皇帝，终于在全国一致的反帝制运动的包围下，1916 年 6 月 6 日忧惧而死。洪宪帝制复辟不成，民国境遇并未转好，又走向另一歧途。1917 年冬，因为冯国璋与段祺瑞对于川湘用兵意见不合，段祺瑞愤而辞职。后两人意见冲突日渐扩大，导致北洋派系军阀分裂。直系为冯国璋、曹锟、吴佩孚、李纯、王占元、陈光远、齐燮元等；皖系则为段祺瑞、徐树铮、卢永祥等；两系之外，复有东三省的张作霖自成一派，被称为奉系。各系军阀离合不常，猖狂无忌，争权夺利，致使整个中国陷入群魔乱舞、军阀割据的局面，普罗大众受尽颠沛，吃尽苦楚。

上海此时已是通商大埠，绾毂中外，在经济、军事方面具有极为独特的战略意义。首先，上海是经济中心，驻兵上海意味着军饷不缺。20世纪20年代，南市、闸北两市每年的税收就在100万元以上。在正常捐税之外，上海还是当时中国鸦片进出口的最大口岸。此时公开的鸦片贸易虽已停止，但私下非法的鸦片交易却始终存在，且规模越做越大。仅由印度运进上海的鸦片，税收就足够养三个师。[①] 除进口鸦片之外，国内各地所出产的鸦片烟如红土、川土、云土、西土、湘土等也源源不断运来上海，基本由各地军阀用军舰贩运，交松沪护军使派兵看守，然后用军用卡车运到十六铺与法租界交界处，交给黄金荣、杜月笙等帮会人物转销，松沪护军使可从中获取巨大的利润。据当事者回忆，卢永祥、何丰林每年此项收入将近百万。[②]

其次，上海还是武器集散之重镇，拥有上海便意味着军火不乏。19世纪60年代后期，镇压太平天国运动之后，曾国藩、李鸿章等一批汉族军功官僚"师夷之长技以制夷"，在全国范围推行洋务运动，以求国家自强与民族振兴。1865年，清廷批准在上海开办江南制造总局。江南制造总局是晚清中国规模最大、技术水平最高的兵工厂。1874年，龙华黑药厂建成，生产出上海最早的自制黑色火药，后来又添设栗色、无烟火药厂两座。1875年，龙华镇还设立枪子厂一座，将火药厂生产出来的西式火药进一步加工成为洋枪子弹。时人将这里称为"江南制造总局龙华分局"。经过数十年的经营，龙华地区军工企业得到相当程度的发展，成为彼时中国重要的军火生产基地。近代中国的各派政治势力都知道，控制了这座军工厂，就等于坐拥取之不竭的军火资源，在后续的军事及权力斗争中便可取得巨大的优势。上海这座城市在近代军阀混战中长期无法摆脱战火，跟这座军工厂有直接关联。

1917年，原松沪护军使杨善德升为浙江督军，护军副使卢永祥继任松沪护军使。1919年，卢永祥升任浙江督军，何丰林担任松沪护军使。杨、

① 马葆珩：《齐卢之战纪略》，中国人民政治协商会议全国委员会文史资料研究委员会编：《文史资料选辑》第35辑，文史资料出版社1963年版，第41—55页。

② 钟士澄：《齐卢战争的幕后活动》，中国人民政治协商会议上海市委员会文史资料工作委员会编：《(上海)文史资料选辑》第18辑，中华书局上海编辑部1964年，第56页。

图 3-6　卢永祥

图 3-7　齐燮元

卢、何三人都是皖系军阀，亲近段祺瑞；而冯国璋曾任江苏都督，与韩国钧搭过班子，所以江苏一是直系的势力范围。江苏属直系，浙江属皖系，但行政关系上属于江苏民政长官管辖的上海，却长期实际操控在皖系军阀杨、卢、何三人手中，于是上海更是变成彼时中国的“火药桶”，令各派军阀垂涎，皆欲夺之而后快。

江、浙两省关系长期颇为紧张，有一触即发之势，却总是隐忍不发，因为两股和平力量一直反对战争。**在下，是因为江、浙两省民众的和平运动**。早在 1920 年，面对无休无止的军阀争夺，越增越多的军队，越来越多的赋税，上海总商会就提出废除督军制、裁减军队和恢复地方自治三项主张，再度掀起了颇具声势的地方自治运动。1922 年 4 月，上海总商会致电江、浙两省督军，要求他们仿效庚子年东南互保故事，联络安徽、福建等省，保东南几省一方平安，免受兵祸。1923 年下半年，江、浙战云密布，上海总商会再次致电江、浙督军和松沪护军使，要求他们仿照东南互保做法，各保境内治安。上海与南京、杭州总商会共同发起弭兵会议，成立江浙和平运动协会，促成江、浙两省督军、省长（包括韩国钧在内）和松沪护军使共同签署了《江浙和平公约》。① **在上，是因为江苏省省长韩国钧的个人努力**。1922年，已退隐七载的韩国钧以“苏人以桑梓义务相责备”的理由复出，任江苏省省长。此时江苏督军为齐燮元。韩国钧一向主张“苏人治苏”“在苏言苏”，深厌军阀混战，认为对于省长而言，不论是发展实业、教育，还是让百姓安居乐业，都需要一个和平稳定的社会环境。他汲取以前与几任督军相处的经验教训，对跃跃欲试、一心向战的齐燮元百般劝慰。韩国钧的良苦用心，多年后在《永忆录》中有自述：“江浙战事未发动之先，余微闻其事，力劝齐督不宜为天下先，齐漫应之。余又密请张君仲仁力为尼止。张君前此曾邀齐、卢两督结立和平公约者也。事既亟，余又再次力劝且为言曰：‘我年将七十，舍死外无他望。君年四十耳，前途未可限量。奚为此无谓之战争，使战而胜不能兼督浙，不胜将奈何？’如此危言，无济于事。”② 之所以反对战争，韩国钧是为了一方百姓的福祉，而他劝不住齐燮元，是因为北洋军阀之间的内战从根本上讲是为了一己私利。

1924年9月3日，多年累积的派系矛盾终于导致江、浙两军前哨在黄渡、安亭相遇接火。是日，卢永祥发出“苏军开仗”“宣布起兵理由”，“通告江浙人民”和“致外交团”等通电，成立浙沪联军司令部。次日，齐燮元发表讨浙通电，江浙战争正式爆发。经过40多天的军事拉锯，10月12日，浙军战败，卢永祥通电下野，携何丰林等人东渡日本，战事告一段落。此次战争对长江下游人民造成了极大灾难，沦为战区的富庶江南“房屋十有九毁，物件亦荡然无存”，③ 而上海更是自通商以来实未有如此之混乱。④

然而，乱局并没有结束。远在东北的奉系也时刻窥视着上海，在江浙

---

① 对和平、弭兵运动的研究，参见李达嘉：《一九二〇年代初期上海商人的民治运动——对军阀时期商人政治力量的重新评估》，《“中研院”近代史研究所集刊》1999年第32期。

② 南通市江海文化研究会海安分会编，翟厚才、吉光校注：《永忆录校注》，中国文史出版社2019年版，第73—74页。

③ 《卢永祥抵沪后之战事消息（七）》，《申报》1924年9月26日，第9版。

④ 上海宏文图书馆编：《江浙战史（四）》，上海宏文图书馆1924年，第61页。

战争开始不久，奉系在北方趁机发起第二次直奉战争。1924 年 10 月 21 日，直系冯玉祥临阵倒戈率部杀回北京，24 日曹锟被迫下令停战，直系告败。张作霖遂与冯玉祥、段祺瑞联合成立执政府，段祺瑞重新出山，执掌中央大权。12 月 11 日，北京的执政府罢免齐燮元江苏督军一职，令韩国钧兼任督办江苏军务善后事宜；担心齐燮元抗命不从，同时任命卢永祥为苏皖宣抚使，奉系张宗昌为苏皖鲁剿匪总司令，率兵南下。①

齐燮元被免职后，旅京苏人于宝轩“闻合肥（即段祺瑞，引者按）方面倾仰德望，借重之意似亦非完全出于利用”，来函劝军民两权暂集一身的韩国钧可以“振兴一切”，“分治权限历久混淆，乘时划分不妨手定以为规范”。② 韩国钧此时亦想有所作为，“邀请军、政、商、学各界在军署开茶话会”，由“齐督军自述战事经过与解职情由”，意在让齐燮元抒发一下不满情绪，使其能够体面地离开南京，也算是苏省各界对齐的送行。③ 韩国钧的这一举动，给落魄下台的齐燮元些许慰藉，也是希望齐能够顾全大局，不要再举兵征战，可谓用心良苦。无奈齐燮元最终还是不肯束手就擒，联络浙江孙传芳、福建周荫人等组成江浙联军，准备拒奉南下，江南地区局势再趋紧张。

1925 年 1 月 17 日，卢、奉军队在镇江附近向齐燮元部发起进攻，大战再起。卢、奉军 17 日占镇江，18 日占丹阳，26 日占无锡，齐军节节败退。27 日，齐燮元逃往上海租界，次日赴日本。

（四）韩国钧下令上海筹备特别市

战乱期间，韩国钧一直在为尽快结束战争和救灾而努力。江浙战争中，

---

① 熊月之主编：《上海通史》（第 7 卷　民国政治），上海人民出版社 1999 年版，第 159—168 页。

② 《于宝轩致韩国钧函》（1924 年 12 月 29 日），江苏省档案局编：《韩国钧朋僚函札史料选编》，江苏人民出版社 2012 年版，第 27 页。

③ 韩国钧：《止叟年谱》，沈云龙主编：《近代中国史料丛刊》第 1 辑，文海出版社 1966 年版，第 56 页。

韩国钧“此四十日中维持调护，百计俱穷，只以救济战地人民为急务。因邀美国教会诸君之入红十字者，分途赴前线救济妇孺，先后共四千余人，费款四千元”。[①] 齐卢之战后不久，未待片刻喘息，第二次直奉战争的战火又烧至江浙。韩国钧一方面多方调和、力求和平，一方面对上海避战有提前部署：“沪市一隅，中外商务所系，溃兵如潮而趋，必以沪为尾闾。余预为筹款，密派孙君少江、朱君叔源等，在沪收容溃兵，随时资遣，获以无事。”[②] 半年之内，江苏一省，两经战事，伤亡军民不计其数，“暴尸日久、臭秽四布”，[③] 更糟的是，江浙地区战争阴云仍未散去，浙、奉之间还有可能爆发更大规模战争，这不仅让韩国钧“问心无以对苏，而力又不能救苏”，[④] 忧心忡忡，萌生退意，也让厌倦战乱的民众掀起了更大规模的和平运动。

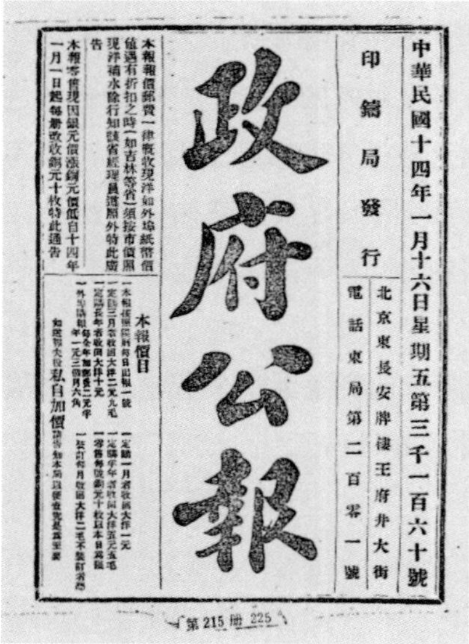

图 3-8 《政府公报》封面

鉴于情势危如累卵，且远在北京的执政府实际上并不能控制上海。段祺瑞于是顺应民情，于 1925 年 1 月 15 日发布临时执政令：“松沪护军使一缺着即裁撤。此令。”“上海兵工厂着陆军部即日饬令停止军用工作，以便招商承领改组商业工厂，俾兴实业，而前民用并先委托上海总商会暂行接收妥为保管，即由该部遴选专员，会同该总商会，妥筹办理。此令。”“上海为通商重埠，不宜驻兵，松沪护军使既经裁撤，嗣后该地永

① 韩国钧：《止叟年谱》，沈云龙主编：《近代中国史料丛刊》第 1 辑，文海出版社 1966 年版，第 53—54 页。

② 南通市江海文化研究会海安分会编，翟厚才、吉光校注：《永忆录校注》，中国文史出版社 2019 年版，第 74 页。

③ 《学商公会职员会纪》，《申报》1925 年 2 月 14 日，第 13 版。

④ 韩国钧：《止叟年谱》，沈云龙主编：《近代中国史料丛刊》第 1 辑，文海出版社 1966 年版，第 63 页。

远不得驻扎军队及设置此种军事机关。此令。”① 以上三条临时执政令全部指向上海，后世史家称之为“处置沪局三令”。“处置沪局三令”说明段祺瑞的执政府有意通过“废使、移厂及上海不得驻兵三事”，② 降低上海一地的军事战略地位，以求规避上海成为战场的混乱局面。

但军事机关撤出后的权力真空当如何填补这一关键问题，“处置沪局三令”并未解决。为永久计，江苏省省长韩国钧此时正式向段祺瑞执政府提出了建立“特别市”、用现代市政机关管理上海的方案。1925 年 1 月 31 日，韩国钧电令李平书，③ 并转沈信卿、袁观澜、阮介藩、赵厚生、沈联芳、姚紫若、黄任之、张君劢、陆伯鸿、姚子让等诸先生，电文写道：

> 查上海市场，甲于全国，人户众庶，事业殷繁，亟应设置市政机关，以谋发展。兹定于上海设特别市，并请诸君为筹备委员，除电部备查外，其区域如何划分？机关如何组织？职权如何分配？务希会同筹备，妥速拟定，呈候核夺。仍将筹备日期及刊用钤记，先行具报备查，公牍随发。韩国钧艳印。④

沪上绅商苦战久矣！去岁重出江湖、新近又当选上海市公所总董的李平书，在接到韩国钧的这封电报后，顿觉上海成为一个永久和平之特别市区的曙光到来了，不禁大喜过望。他当即回复韩国钧：“南京韩省长崇鉴：艳电敬悉，已邀电列诸君集议，俟议有办法，即行电复。钟珏叩世。”⑤ 兹事体大，李平书随即致沪上各团体即列名各董事公函，定于 2 月 1 日午后 2 时，在上海市公所集议，讨论上海设立特别市一事。

图 3-9　李平书

① 《政府公报》，1925 年 1 月 16 日，第 3160 期，第 1—2 页。
② 《划上海为特别市之运动》，《申报》1925 年 1 月 18 日，第 14 版。
③ 冯绍霆：《李平书传》，上海书店出版社 2014 年版，第 276—283 页。
④ 《上海设特别市之韩省长来电》，《申报》1925 年 2 月 1 日，第 15 版。
⑤ 《上海设特别市之韩省长来电》，《申报》1925 年 2 月 1 日，第 15 版。

1925年2月1日下午一时，比原计划提前一小时，上海特别市筹备会第一次会议在上海市公所正式召开，公推李平书为主席，讨论特别市之组织、区域等问题，议论颇久，直至下午五时方散会，产生议决案四条，如下：

1. 提议本会名称，议决定名为“淞沪特别市”。

2. 提议本市区域，议决拟以上海县之上海市、蒲淞市、法华乡、引翔乡、漕河泾乡、洋泾市、塘桥乡、高行乡、陆行乡、杨思乡、三林乡；宝山县之宝山市、吴淞乡、殷行乡、江湾乡、杨行乡、刘行乡、彭浦乡、大场乡、真茹乡、高桥乡，以及上海、宝山两县合设之闸北市为区域。原有之自治机关，均暂仍其旧。

3. 提议草拟本市筹备纲要，公推沈信卿、袁观澜、张君劢起草。

4. 提议本市筹备会地点，议决本市筹备会事务所，暂设上海市公所。①

会后，特别市筹备会众人决定上报韩国钧会议详情，并请添设虞和德（洽卿）、方积蕃（椒伯）、王栋、陈炳谦为淞沪特别市筹备委员，请韩省长先行电报中央备案此事，筹建之详细草案“刻不容缓，日内即须开会讨论”，②一旦拟定，续行呈报。

韩国钧接到李平书等人来电后，复电称：“市总董李平书先生鉴：东电敬悉。虞君洽卿等应即一体延致，公函另寄。中央前电达，并闻。韩国钧冬印。”③1925年2月4日，特别市筹备会第二次会议召开，沈信卿等人已经拟就筹备纲要草稿，李平书召集众筹备委员11人，“逐条讨论，略加修改通过，即日具文呈报省长备核”。④

① 《上海特别市筹备会议纪，议决并上海、宝山，定名为淞沪特别市》，《申报》1925年2月2日，第14版。

② 《上海特别市筹备消息》，《申报》1925年2月4日，第14版。

③ 《上海特别市二次筹备会纪》，《新闻报》1925年2月5日，第3张第2版。

④ 《上海特别市二次筹备会纪》，《时报》1925年2月5日，第2张。

2月5日、6日、7日连续三日，特别市筹备会在上海市面发行量较大的《申报》《新闻报》《时报》第一版发表“启事”，上书：“同人受江苏省长之聘任，筹备淞沪特别市事宜。上海地方重要，中外观听所系，全国商业所萃，特别市政实为空前之组织，战争甫息，尤贵有适宜之规画，同人智虑短浅，尚求地方各法团、各公会，以及政法专家、乡邦硕彦，无论政商工学各界，推诚赐教，俾集众思，以完新制，盼于阳历二月十二日以前赐寄南市上海市公所本筹备会为荷。”① 与此同时，公电北京段祺瑞执政府，以及卢永祥、韩国钧、孙传芳和上海行政长官：“历举根本原则二条：第一，淞沪既为不驻兵区域，其治安之职，商民自行担负；第二，淞沪市之根本法，由本筹备处拟定后，经各市乡同意施行”，同时表示“所以敢为是请者”，是“为久远计，惟有一切悉听市民自由处理，则市民之自为计者、必较他人之代谋为周至”，避免任何一方插手，引起“各方之猜疑，殊属无益有害”。②

上海绅商要求北洋军阀完全不得插手淞沪特别市事宜，尊重地方自治意愿的想法，显然太过于天真。上海独立建市，权力结构重组，立即引来各方势力的争夺。2月5日下午八时，北京执政府阁议，决定设立沪商埠“督办”

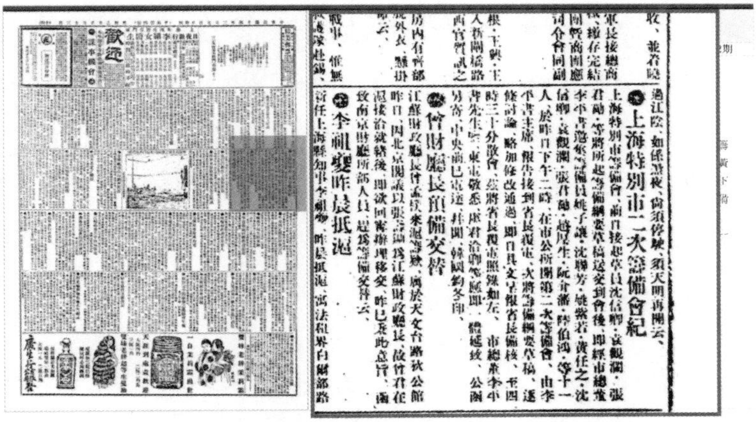

图 3-10 《申报》所载“上海特别市二次筹备会纪”

① 《淞沪特别市筹备会启事》,《申报》1925 年 2 月 5 日，第 1 版。
② 《淞沪特别市筹备员之电函》,《申报》1925 年 2 月 6 日，第 14 版。

一职，“府（执政府）拟曾毓隽，卢（永祥）保何丰林，孙传芳保沈同午、周承菼，沪公团推虞和德、孙宝琦”。① 次日，执政府议决“命令任孙宝琦为淞沪市督办、虞和德为会办”。② 北京执政府忽有委任督办之举，“仍属自治其名，官办其实”。③ 自治还是官治的问题再度浮出水面，角力正式拉开帷幕。

2 月 7 日，特别市筹备会召开第三次会议，“共同讨论进行方法，并议定该筹备章程十一条。公（共）同决定后，又拟就市公约起草委员会章程七条”。会后，筹备会“当即缮具清折”，备文呈报韩国钧省长，“请即迅赐批示遵行”。④2 月 10 日，《淞沪特别市草拟章程》《淞沪公约起草委员会章程》在《申报》公之于众。⑤

与此同时，2 月 8 日下午，上海县议事会、宝山县议事会召集各公团于新闸桥北大通路闸北慈善团内召开全体大会，议决邀集两县地方自治人士，共同组织淞沪市政协会。⑥2 月 11 日，淞沪市政协会于闸北市经董办公处举行第一次临时委员会，明确表示反对孙宝琦担任督办。该会致电段祺瑞，表示：“江苏商埠凡五，成绩毫无，官治前车，覆辙可寻。淞沪两受兵灾，疮痍满目，业蒙执政体念民瘼，颁布命令，永不驻兵，组织特别市区，与民更始，凡我人民，同声感戴。乃忽有商埠督会办之简派，民治萌芽，顿遭摧折，务请收回督会办成命，准由地方自治机关及各法团推选请派，而重民治不胜感祷待命之至”，并知照特别市筹备会。⑦ 各路商界总联合会亦开会表示，“上海本为商埠，应改为市政名义方为合格，督办名义似不妥当”。⑧

特别市筹备会再度开会，将“筹备情形电呈省长公署、请为报部备核在

---

① 《国内专电二》，《申报》1925 年 2 月 6 日，第 5 版。
② 《北京政闻》，《申报》1925 年 2 月 8 日，第 6 版。
③ 《法租界商联会致总商会之两函》，《申报》1925 年 2 月 8 日，第 13 版。
④ 《淞沪特别市筹备消息》，《申报》1925 年 2 月 8 日，第 13 版。
⑤ 《淞沪特别市草拟章程》，《申报》1925 年 2 月 10 日，第 14 版。
⑥ 《淞沪市政协会之发起》，《申报》1925 年 2 月 8 日，第 13 版。
⑦ 《淞沪市政协会委员会纪，反对孙宝琦督办》，《申报》1925 年 2 月 11 日，第 13 版。
⑧ 《商总联会开会纪，将发表上海市政宣言》，《申报》1925 年 2 月 11 日，第 14 版。

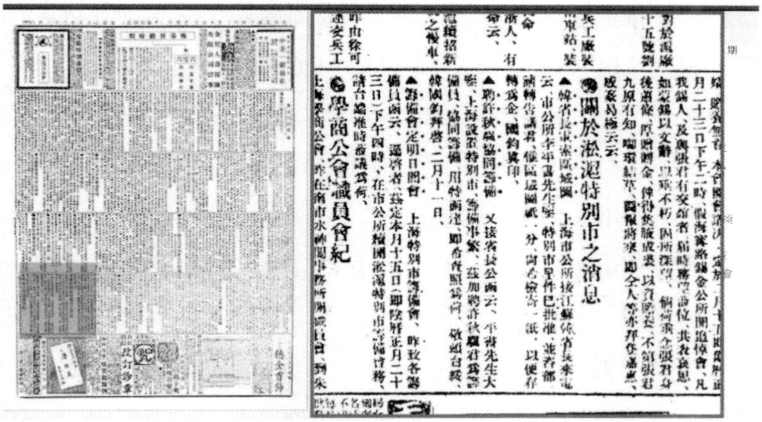
關於淞滬特別市之消息

▲韓省長電復區域圖　上海市公所接江蘇韓省長來電云、市公所李平書先生鑒、特別市呈件已批准、並咨部請轉告諸君、惟區域圖紙一分、尚希檢寄一紙、以便存轉爲企、國鈞真印、

▲聘許秋颿協同籌備　又接省長公函云、平書先生大鑒、上海設置特別市、籌備事案、茲加聘許秋颿君爲籌備員、協同籌備、用特函達、即希查照爲荷、敬頌台綏、韓國鈞拜啓、二月十一日、

▲籌備會定明日開會　上海特別市籌備會、昨致各籌備員函云、逕啓者、茲定本月十五日(即陰曆正月二十三日)下午四時、在市公所籌備淞滬特別市籌備會務、請台端准時蒞議爲荷、

學商公會議員會紀

图 3-11 《申报》所载“关于淞沪特别市之消息”

案”，2 月 12 日，韩国钧复电李平书等，称：“前于艳、豪两日电达内务部在案，兹准灰日复电开，艳、豪两电均悉，淞沪市市政编制大纲，业经本部提出国务会议议决，交法制院核议在案，特复等因。除电复内务部灰电敬悉，上海设置特别市一案，已据筹备会拟具章程、划定区域，呈由本署即日咨请查照核办为荷等语译发外，特达。韩国钧真印。”① 2 月 14 日，韩国钧又电告李平书：“特别市呈件已批准，并咨部，请转告诸君。惟区域图纸一分，尚希检寄一纸，以便存转为企。国钧真印。”同日，公函送抵上海，表示同意“加聘许秋骊君为筹备员，协同筹备”。②

2 月 15 日，特别市筹备会于上海市公所集会，通报省长韩国钧已“批准本会呈报议决淞沪特别市区域及筹备会等章程文”。③ 至于淞沪特别市是自治还是官办，2 月 28 日，李平书等人终于表态，愿意调和，公电北京政府，云：“时论多主张市长民选，而不惬督、会办之任命者”，“淞沪人民，一闻商埠官办，无不怀疑，谨就地方利害所关，陈述公意，为曲突徙薪之谋，免以善因而成恶果”，因此建议未来上海市的性质、职权“宜分为二”：

---

① 《韩省长致特别市筹备会电，电中述与内务部往来电》，《申报》1925 年 2 月 13 日，第 14 版。
② 《关于淞沪特别市之消息》，《申报》1925 年 2 月 14 日，第 13 版。
③ 《淞沪特别市筹备会开会记》，《申报》1925 年 2 月 16 日，第 14 版。

商埠涉及外交，特别市纯为内政，故而“商埠以外交关系，不妨官办，但条例内须明定有民意监督机关”，“特别市为自治团体，在事业未发达时，警政虽辖于市政”，如此一来“中央与地方相见以诚，各方之疑虑尽释，而互助进行之效，基于此矣”。①3月4日，特别市筹备会定期开会。3月21日，张君劢等人所组织的市公约起草委员会拟就《特别市公约草案》。

就在上海特别市筹备工作进展如火如荼之际，韩国钧突然接到执政府内务部来电，被告知“来咨所请将前送各章程（特别筹备会及市公约起草委员会各章程）备案之处，核与现行法令程序不符，未便遽准”。电文还以“淞沪市制，不惟该埠市民利害攸关，抑且中外观瞻所系，中央现正博稽成案，并酌采地方公民公意，详审厘订”为由，将此事搁置起来。甚至表示，此前“报载市制即提阁议”亦非事实。韩国钧无奈，3月31日给李平书修书一封，将此现实情形转知。② 执政府内务部来电，说明中央政府支持上海成立特别市的风向已有变化。

然特别市筹备会不为所动，继续于4月8日定期开会，讨论淞沪特别市涵盖的区域问题。③ 4月20日，筹备会开会审查《特别市公约草案》；4月24日完成《特别市公约草案》的二读会；省略三读，作为决议；4月26日将《特别市公约》公之于众。④（《特别市公约》全文参见“附录三”）

就在此时，淞沪特别市成立又碰到第二个困难，即江苏省省长换人。卢、奉军队在江苏取得军事胜利，韩国钧非其派系中人，行政长官换人已是迟早之事。加之，江苏省省长之职务此时带给韩国钧的是无穷无尽的苦恼，面对卢、奉军阀以撤兵为由无休无止的索款，他费尽周章也凑不出钱来。1925年4月10日，韩国钧在民署与同仁饯别时，曾发表演说道：“民二

① 《李平书等致北京当道之公电》，《申报》1925年3月1日，第13版。

② 《淞沪特别市筹备后之复音》，《新闻报》1925年4月1日，第3张第1版。

③ 《淞沪特别市今日讨论区域问题》，《申报》1925年4月8日，第13版。

④ 《特别市公约草案之审查会》，《申报》1925年4月19日，第13版；《特别市公约审查完竣》，《申报》1925年4月23日，第13版；《特别市议会昨日开会纪》，《申报》1925年4月25日，第13版；《淞沪特别市议会议决之市公约》，《申报》1925年4月26日，第13版。

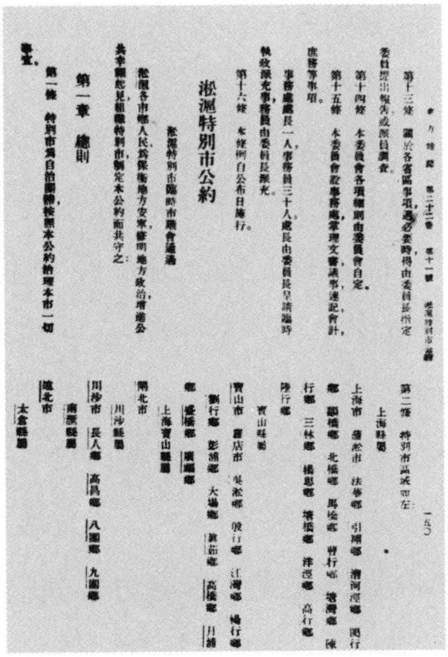
第十三條 關於各省區事項，遇必要時得由委員長指定委員提出報告或派員調查。
第十四條 本委員會各項細則由委員會自定。
第十五條 本委員會設事務處，掌理文書、議事、速記、會計、庶務等事項。
事務處處長一人，事務員三十人，處長由委員長呈請臨時執政派充，事務員由委員長派充。
第十六條 本條例自公布日施行。

淞滬特別市公約

淞滬特別市臨時市議會通過

淞滬各市鄉人民，為保衛地方安寧，發明地方政治，增進公共幸福起見，組織特別市，制定本公約而共守之。

第一章 總則

第一條 特別市為自治團體，按照本公約辦理本市一切事宜。

第二條 特別市區域如左：

上海縣屬
上海市 蒲淞市 法華鄉 引翔鄉 漕河涇鄉 閔行鄉 顓橋鄉 北橋鄉 馬橋鄉 曹行鄉 塘灣鄉 陳行鄉 三林鄉 楊思鄉 塘橋鄉 洋涇鄉 高行鄉 陸行鄉

寶山縣屬
寶山市 羅店市 吳淞鄉 殷行鄉 江灣鄉 楊行鄉 劉行鄉 彭浦鄉 大場鄉 真茹鄉 高橋鄉 月浦鄉 盛橋鄉 廣福鄉

上海寶山縣屬
閘北市

川沙縣屬
川沙市 長人鄉 高昌鄉 八團鄉 九團鄉

南匯縣屬
[illegible]北市

太倉縣屬

图 3-12 《淞沪特别市公约》

图 3-13 1925 年的韩国钧

（1913 年，引者按）莅宁，破坏之江苏，当余任而完整；今日完整之江苏，又当余任而破坏，岂不疚心！”对于战后江苏的苦难，韩国钧颇为自责。所以无论是督军，还是省长，韩国钧并不贪恋这些职位。① 面对如此错综复杂的政局，年近七旬的韩国钧决意辞去本兼各职，执政府虽然极力挽留，但此时的韩国钧去意已决，段祺瑞只得批准。5 月 6 日，江苏省长公署已经停止办公，一切政务暂告结束。5 月 8 日上午九时，郑谦的专车到达下关车站，韩国钧乘汽车到站欢迎，江苏省省长完成轮替。② 离京赴任之前，郑谦就曾上说帖给段祺瑞，明确反对淞沪自治。他的说帖原文如下：

> 淞沪商埠督办兼监督自治，一切体制及职权范围，规定概从隆重，亦所当然。惟吾国市自治制兹为创始，既乏典章之可循，又无他省之成例，虽各国自治制度可资参考，而民情习惯亦应注重，故值此市自治未成立以前，一切事宜仍须本省官厅妥为协助，以利进行……

① 南通市江海文化研究会海安分会编，翟厚才、吉光校注：《永忆录校注》，中国文史出版社 2019 年版，第 89 页。

② 《郑谦抵宁纪》，《申报》1925 年 5 月 9 日，第 10 版。

正如内务部说帖所云：淞沪市区无异于江苏省之外，别划省区，未敢赞同。（我）与该部之意，正复相似。①

虽然在1925年4月底，北洋政府临时法制院已拟就《淞沪市自治制》条例，并提交内阁审议，但由于内务部及新任江苏省省长的强烈反对而搁置。《淞沪市自治制》条例制定后，迟迟没有颁布，然上海市民并未放弃，各团体通过各种渠道，要求执政府尽快通过该条例。5月31日，执政府内阁会议迫于地方压力通过了《淞沪市自治制》，全文98条，规定淞沪督办得管理淞沪之行政及监督淞沪之自治，其职权为管理港务、调查户口、管理消防、防疫、公共治安、外交、财政、公共建筑、新筑道路。淞沪交涉员、警厅、水警厅、港务局均受督办指挥。淞沪自治机关受淞沪督办监督，道路、桥梁、建筑、电灯、电车、自来水、电话、卫生、赈济、教育、体育、处置及管理市有产业，都在自治范围内。②

1925年5月30日，上海爆发五卅运动，南下之奉军以维持秩序的名义进驻上海，特别市的筹建工作在奉系军阀的"戒严令"下被迫冷却下来。其时，浙江孙传芳的势力逐日膨胀，10月10日，他以准备秋操为名，突然宣布起兵反奉，组成五路大军向苏南、上海大举进攻。10月15日，孙传芳就任浙、闽、苏、皖、赣五省联军总司令。上海又为军阀孙传芳所有。1926年4月，社会上风言淞沪商埠督办公署即将实现时，督办问题再次被提上江苏省当局的议事日程："省当局对此事一再邀集军政要人讨论，佥以淞沪商埠亟待开辟，督办之设似不容缓……其督办一职，为办事上便利起见，或将由本省最高长官兼任。"③ 此举正说明此时的江苏不愿上海市独立。

然而，实际掌权者孙传芳有不同意见。1926年5月1日，孙传芳决定正式设立淞沪商埠督办公署，设督办一人，直接由联军总司令（即其本人）兼任之，"综理一切政务"；下设总办一人（丁文江担任），由总司令任命

---

①《郑谦对淞沪自治之意见，上段执政之说帖》，《民国日报》1925年5月4日，第10版。

② 周松青：《上海地方自治研究（1905—1927）》，上海社会科学院出版社2005年版，第270页。

③《淞沪商埠督办将实现》，《申报》1926年4月5日，第13版。

之，“禀承督办，监督指导本署各职员，执行本署职务。督办不在署时，得由总办代行职务，但遇有重要事项，仍须请示办理”；下设总务处、外交处、政务处、保安处、工务处、财务处。①5月4日，淞沪商埠督办公署正式成立，孙传芳在就职演说中表示：“去年江浙战争后，东南大局，暂告平靖，惟淞沪问题亟待解决。前次政府虽有淞沪划作特区之拟议，但迄未能成为事实，人民渴望已久。目下江浙已成一家，淞沪开辟商埠，更急不容缓，故特着手组织，于最短时期内宣告成立。督办一职，因行施职权上关系，不能划分，不得已由鄙人兼任。惟余军务旁午，时间上颇有困难，故特请丁君文江充任总办，俾可就近负责进行。”② 字里行间不难看出，至少在孙传芳看来，他所成立的淞沪商埠督办公署，与江浙战争末期韩国钧、李平书等人所推进之淞沪特别市有着前后承续的直接关联。

淞沪商埠督办公署之成立，也意味着经过一年半的筹备与各方博弈后，上海特别市是自治抑或官办，暂时有了结果：既非自治，亦非官办，而是“军办”。孙传芳命名上海为“淞沪商埠督办公署”，突出“督办”，而不以“特别市”命之，政治指向十分明确，即督办一人总揽大权，所办之市政种种对他一人负责。从《淞沪商埠督办公署组织大纲》来看，整个上海市是通过联军总司令兼任督办的政治形式，实现了相对独立的政治地位。然而，淞沪商埠督办公署是军阀割据与现代市政相结合诞下的“怪胎”，这与上海民众一开始所追求之自治精神存在本质不同。

特别市的筹备工作虽在强权高压之下告一段落，但特别市的称呼自1925年以来却一直被民众广泛使用，建立特别市也成为上海市民努力追求的目标。如1926年11月20日，淞沪市政协会公电，呼吁上海市政交由人民自办；③11月24日，上海各路商界总联合会推定邬志豪等9人为上海特别市起草大纲委员，并登报发表意见，敬告市民；④ 12月3日，上海工商学

---

① 《淞沪商埠督办公署组织大纲》，《上海县公报》1926年5月第11期，第1—3页。
② 《淞沪商埠督办昨日就职纪》，《新闻报》1926年5月5日，第3张第1版。
③ 《电请淞沪市政交由人民自办》，《申报》1926年11月20日，第13版。
④ 《上海特别市起草大纲委员开会纪》，《申报》1926年11月25日，第9版。

界各团体将原工商学联合会改名为上海特别市市民公会，以促进上海自治，“赞成上海为特别市之继起”；[①]12月6日，又有闸北商会、各路商界总联合会、上海学联、全国学联、上海总工会、苏浙皖三省联合会等团体组成市民公会，以实现上海特别市市民自治、谋市民利益为宗旨。12月12日，上海特别市市民公会议决上海划为特别市，实行市民自治。孙传芳对这些组织一律持敌对态度。

所幸，孙传芳控制上海不久，国民革命军的北伐便开始了。1927年3月12日，上海市民代表会议召开成立大会，准备接收上海政权，建设民选市政府。21日，国民革命军克复上海，上海第三次工人武装起义胜利。22日，上海第二次市民大会召开，选出上海特别市临时政府19名委员，其中中共党员和工人共计有10人。23日，临时政府委员正式办公。《上海特别市市民代表政府组织条例草案》随后颁布，第一条规定“上海特别市以市民代表为全市最高权力机关，定名市民代表政府（简称上海市政府）”；第二条规定“上海特别市市民代表政府直隶于国民政府，不入省县行政范围”。[②]此两条规定颇为重要，这不仅是对“军办”淞沪商埠督办公署的一次完全意义上的超越，亦使上海市明确成为一个与省同级的行政单位，而不再受江苏省与上海县之管辖，再次突破了清末民初自治运动以来，上海市政厅受制于都督和县知事的樊篱。3月29日，上海特别市临时市政府正式成立。

然而不幸的是，此时握有实权的北伐军总司令蒋介石已准备叛变革命，断然不能容忍这样一个民选政府。就在临时市政府正式成立之前，蒋介石致函要求临时市政府暂缓办公，虽然这一要求未被接受，但已引起很大波动。1927年4月12日，上海发生反革命政变，工人纠察队被缴械。14日，国民党上海特别市党部（左派）与特别市临时市政府均被上海临时政治会议委员会（右派）接收。上海特别市政权就这样落入了蒋介石手中。特别市临时市

① 《赞成上海为特别市之继起》,《申报》1926年12月3日，第9版。
② 《上海特别市市民代表政府组织条例草案》,《申报》1927年3月27日，第12版。

政府的权力虽被接收，但“特别市”的名称没有取消，而是被继续沿用下去。上海临时分会曾拟《上海特别市暂行条例》（采用委员制），原准备于5月9日向国民党中央政治会议第90次会议报告，但5月7日国民党中央政治会议第89次会议已通过《上海特别市暂行条例》（采用市长制），正式确立了上海特别市与省平行、直辖中央的地位，说明上海特别市在法律上已经产生，与省平行的城市型政区正式出现。5月18日，国民党政府任命黄郛为上海特别市市长，7月7日黄郛就职，上海特别市政府成立。

图3-14　国民党政府上海特别市第一任市长黄郛

上海特别市的成立，标志着上海华界原先各自为政、互不统属的分隔局面宣告结束，华界的行政权真正统一，现代之市、区两级行政体制也就此在这座城市得以确立，上海作为中国中心城市的地位得到强化；而在全国层面的意义是，中国地方行政制度因上海而正式有了与省平行、直辖中央的市级政区。①

（五）特别市发展为今日的直辖市

1930年5月20日，南京国民政府公布修订后的《市组织法》，规定全国的市分为两种，即直属于行政院的市（院辖市）和省辖市。院辖市的条件是：（1）首都；（2）人口百万以上；（3）政治、经济有特殊情况的。若具备后两种条件，但为省政府所在地的，则仍属于省辖市，不能升为院辖市。此法提高了设市标准，此后特别市的名称暂复不在。根据修订后的《市组织法》，1930年6月，上海改为院辖市。

---

① 周振鹤：《上海设市的历史地位》，苏智良主编：《上海：近代新文明的形态》，上海辞书出版社2004年版，第82—85页。

1947 年 6 月 5 日，根据南京国民政府公布的《中华民国行政区域简表》，全国共有 12 个院辖市，分别是南京、北平、天津、上海、青岛、汉口、广州、重庆、西安、哈尔滨、沈阳、大连。

解放战争时期，中国共产党政权也建立了几个直属中央的直辖市。1948 年 10 月，中国人民解放军解放沈阳后，改其为直辖市。1949 年 4 月，解放之后的鞍山、抚顺、本溪三个城市升为直辖市，哈尔滨降为省辖市。在中华人民共和国成立前夕，属于省级行政区域的院辖市和直辖市共计 14 个，即南京、北平、天津、上海、青岛、汉口、广州、重庆、西安、沈阳、大连、鞍山、抚顺、本溪。

中华人民共和国成立后，全国划分为华北、东北、西北、华东、中南、西南六大行政区，作为中央和省级之间的正式行政区域。截至 1949 年底，全国共分 30 个省、12 个直辖市、5 个行署区、1 个自治区（内蒙古）、1 个地方（西藏）、1 个地区（昌都）。其中 12 个直辖市是：北京、天津、沈阳、鞍山、抚顺、本溪、上海、南京、武汉、广州、重庆、西安。在中华人民共和国成立之初，原华北人民政府撤销，所属的五省二市由中共中央和政务院直接领导，所以北京和天津属于中央直接管辖的直辖市；而其余的 10 个直辖市则属于大区直接管辖，归中央间接领导。从 1952 年起，北京和天津归华北行政委员会直接管辖，12 个直辖市均成为大区直辖市。

1952 年，国家财政经济情况基本好转，各项社会改革基本完成，我国由经济恢复时期逐步过渡到大规模建设时期。为了适应这一形势，中央人民政府对全国行政区划作出调整。作为直辖市的南京市，在 1952 年 11 月 15 日降为省辖市，归江苏省领导。1950 年 10 月 5 日，东北人民政府撤销旅大行署区，设立旅大市。1953 年 3 月，政务院根据中央关于改变大区辖区及专署辖市的决定，将旅大市改为中央直辖市，由东北行政委员会代表中央人民政府进行领导。1953 年 7 月 8 日，经中央人民政府政务院批准，吉林省的长春市、松江省（1954 年并入黑龙江省）的哈尔滨市升格为直辖市，从而使全国的直辖市增加到了 14 个。

1954 年 6 月 19 日，中央人民政府撤销大行政区。同时，为了使中央有足够的精力直接领导、管理好省级单位，也为了使省级行政区的经济实力得以加强，各大行政区所辖的14个直辖市，除北京、天津、上海由中央直接领导外，沈阳、鞍山、抚顺、本溪、旅大、长春、哈尔滨、武汉、广州、重庆、西安等11个直辖市，分别改为辽宁、吉林、黑龙江、湖北、广东、四川、陕西的省辖市。如此一来，全国的直辖市就只剩下京、津、沪三座城市。

1958年2月11日，第一届全国人民代表大会第五次会议决定改中央直辖市天津市为河北省辖市。4月28日，国务院批准河北省会迁往天津。1966年4月，河北省会迁回保定，1968年1月迁到石家庄市。1967年1月2日，中共中央批准将河北省的天津市升为中央直辖市。

1997年3月14日，第八次全国人民代表大会第五次会议决定将四川省重庆市升格为直辖市，使我国的直辖市增加到4个，直至今日。

（六）上海建市的历史意义

中国历史上首先突破传统行政区划体制的是广东省军政府。1921年2月《广州市暂行条例》实行，规定广州市直属省政府，成为与县平行的行政区划。这是中国历史上第一次将城市作为县级行政区划的开端，也是城市型政区的萌芽。随后，汕头市也在同年3月成为广东省另一个城市型政区。但当时的广东省政府只是偏于一隅的地方政府，这一新体制并未推行到全国。同年7月与9月，北京政府先后公布了《市自治制》和《市自治施行细则》，规定市分为特别市与普通市两种：特别市相当于县，普通市受县监督。可见特别市已类似于城市型政区，但还不够明确，实行这一体制的只有1922年设置的京都特别市与青岛特别市。由于当时处于军阀混战时期，有些省处于半独立状态，政令不能统一。湖南省、浙江省也都有自己的宪法对市制作出规定，如湖南省分市为三等，一等市受省政府监督，也有城市型政区的倾向。1926年，国民革命军开始北伐，在沿途克复的各大城市中都普遍建立了市政管理机构，大体以广州市的模式为准。其中重要的有当年9月成立的汉口特别市，其市长虽由国民政府任命，地位似乎与省相当，但并不明确（翌年 3 月 25 日武汉国民政府才明确规定武汉市为中央政府直接管辖的特别市）。

所有上述这些市制都处于草创阶段，尚不一律，也未上升到理性化的水平。直到 1925 年由段祺瑞执政府明令、江苏最高长官韩国钧推动的淞沪特别市启动筹备，又历经淞沪商埠督办公署、上海特别市临时市政府的过渡，其建制逐步完备，中国城市型政区才正式定型，并进一步促使中央政府在全国范围内制定规范化的组织法予以推行。由于上海在全国举足轻重的经济地位，一旦成立特别市，其直辖中央政府的地位则一以贯之，不曾发生变化。

复原上海建市的历史进程可知，1925 年是一个重要时间节点。原因举其要者，有如下两点：

一是，以筹备委员会的建立作为一个机构设置的起点，符合惯例。大到行政区划，小到一个组织的设置，为慎重起见，都以筹备委员会先行，治史者通常会以其筹备委员会成立作为历史溯源的起点。1925 年 1 月底，独掌江苏军政大权的韩国钧为防止上海再度沦为军阀混战的战场，挽救江浙沪民众于战火，顺应段祺瑞执政府意图，指导李平书等人建立“淞沪特别市”，推出由现代市政机关管理上海的方案，其历史作用为以往学人尤其是治上海史同仁所轻忽，理应得到后世的承认。

二是，历史永远处于动态演进中，推动进步的力量不止少数几人，更在民心向背。上海成为特别市，不仅是军阀争斗与南方革命军北伐之结果，还顺应了中国城市近代化建设之内在需求。以上海为例，数十年间建立特别市的努力历经多次挫折，上海民众的自治热情始终没有冷却，这才是特别市得以最终落地上海的根本原因。尤其是在国民大革命期间，革命进步力量承续自治精神，为设立民选的市政府奔走呼号、流血牺牲，为上海建市做出过巨大贡献，这一历史功绩不容抹杀。无论是军阀孙传芳的淞沪商埠督办公署，还是蒋介石政权的上海特别市政府，在历史叙事中不应过度夸大政治、军事强人的作用，而轻视了包括中国共产党人在内的广大民众自下而上的共同努力。

1925年初，韩国钧、李平书等人与上海民众一道，为规避乱局，正式按下了上海成为特别市的这一“开关”，迄今已近百年。一个世纪以来，上海市始终作为一个独立的城市型政区蓬勃发展，背后是来自中央政府的直接而有力的支撑，这使其成为解读中国现代转型的一把“密钥”。

四、抗日楷模：韩国钧与中国共产党

抗战时期的韩国钧，“蓄着髯须，身着黑色长袍，配戴铜圈眼镜。他当时已是八十三岁高龄，但精神很好，说话声音宏亮，语言合乎时代潮流，不象旧军人旧政客，象个长者和学者，充满长者的风度，智者的气派。他的会客室简朴而清雅，平房的正中摆着一张大圆桌，周围几把木椅子；正墙悬挂一副对联：‘茶香和雨摘，果熟带霜收’”，① 老人欣喜劳作，向往丰收。就是这样一位八旬老者，在外敌入侵、国民党顽固派疯狂反共的情势中，坚定地站在中国共产党一边，以自己的威望和社会号召力，为团结抗日而奔走呼号，生动地演绎了在战火纷飞的年代，地方耆宿紧密团结在中国共产党的领导下，一致对外、共御外侮的动人画卷。

（一）号召抗日，踊跃捐输

1931 年 9 月 18 日，日军悍然发动九一八事变，短短三个月时间，东北三省沦入敌手。此时，赋闲居乡的韩国钧，时刻关注着中日关系的发展和变化，对于日本的侵略，他既恨且痛，为民族前途焦虑不已。1937 年 7 月 7 日，卢沟桥事变爆发，全民族抗战正式开始。7 月 15 日，中共代表周恩来

① 钟期光：《长者的风度，智者的气派——忆两次会见韩紫石先生》，中国人民政治协商会议江苏省海安县委员会文史资料研究委员会编：《海安文史资料》（第 3 辑　纪念韩紫石专辑），1987 年，第 9—10 页。

等将《中共中央为公布国共合作宣言》交给蒋介石。在全国抗日救亡运动不断高涨和共产党倡议国共合作抗战的推动下，7 月 17 日，蒋介石在庐山发表谈话，说“如果战端一开，那就是地无分南北，人无分老幼”，全国人民一致抗日。9 月 22 日，国民党中央通讯社发表《中共中央为公布国共合作宣言》；9 月 23 日，蒋介石发表实际上承认共产党合法地位的谈话。从而宣告国共两党第二次合作和中国抗日民族统一战线的形成。面对着日本的全面侵华，韩国钧忧心如焚，他主张“化除党见，一致御外”，对于国共合作抗日，深表赞同。

1937 年 8 月 13 日，淞沪抗战爆发，韩国钧在海安中山堂发表演讲，号召“有钱出钱，有力出力”，支持全民抗战。他募集鸡蛋 10 担，慰劳抗日伤兵。① 9 月 12 日，在淞沪抗战中壮烈牺牲的湖南籍飞行员陈锡纯由上海被护送回归故里，途经海安时，韩国钧出面商请地方各界人士特设公祭，以示哀悼，并借此广泛动员社会各界人士积极抗战。9 月 24 日，江苏省政府将《救国公债委员会决议案》送达韩国钧，他当即捐款 1000 元表示支持。此后，韩国钧在海安发起“献金”运动，积极动员海安各界人士支持抗战，他甚至将韩德勤电汇给他的 3000 元薪金也悉数捐出，并将“献金”运动中募集的现金和金银首饰全部送至镇江的江苏省抗日支持会，此举极大地鼓舞了苏北地方民众的抗日救国热情。②

全民族抗战初期，韩国钧对于中国共产党的政策方针还不甚了解，认为南京国民政府代表了全国政权，既有庞大的军队，又有相对完善的财政体系，因此，他将抗战的希望完全寄托于国民政府。韩国钧还曾专门致信韩德勤以及鲁苏皖边区游击正、副总指挥李明扬、李长江，税警总团陈泰运等苏北军政首脑，要求他们积极抗日。11 月，国民党军在片面抗战路线指导下，节节败退，上海、昆山、无锡、苏州和常熟等地纷纷沦陷，韩国钧痛心疾

① 周宏文编写：《韩国钧》，徐树法主编：《江苏抗战人物传略》，中共党史出版社 2015 年版，第 432 页。

② 方毓宁、孙小华：《抗战烽火中的韩国钧》，江苏省档案局编：《档案记忆 · 红旗飘飘 2 · 人物篇》，东南大学出版社 2018 年版，第 293 页。

图 4-1　暮年韩国钧

首，思虑沉重，以为“眠时一切生死哀乐之事俱不置诸胸中，若能常处此如梦如痴之世界，则幸矣”，①国土的沦丧，使得韩国钧内心十分痛苦，甚至希望常处梦境中以避免现实的残酷。

1938 年 3 月，日军由上海北上侵犯南通、如皋，并派出飞机轰炸海安等地，造成百姓伤亡。当时的韩德勤“省军”和号称“十旅之众”的保安旅，却并未抵抗日军的侵略，这使得韩国钧大失所望，茫然无措。3 月 19 日，为了躲避日军的轰炸和进犯，韩国钧带领儿子、儿媳、5 岁的小孙子以及正在求学的孙女等人，徒步奔走至离家百余里的兴化坂伦避难，一家人因战乱而流离四方。面对日军对海安的侵略和破坏，韩国钧视此为自古未有之奇耻大辱，在悲愤交加之中，他怒呼：“家在哪里？国在哪里？”②因此，韩国钧开始对国民党政府的抗日产生怀疑，进而对民族前途和国家命运感到悲观。这一时期，国民党政府邀请他迁居淮阴、上海和重庆，都被他一一拒绝。

（二）陈毅忘年交，协助调停忙

当韩国钧在对抗战与民族前途感到迷茫无措之时，中国共产党领导下开辟的华北抗日根据地已经日益巩固和发展，他直言被“朱（德）毛（泽东）于晋北一带多所助力”的大好形势所感动。同时，他又听闻陈毅、粟

---

① 范崇山、程奎中整理：《抗日战争时期韩国钧先生简谱》（1937 年 7 月—1942 年 1 月），中国人民政治协商会议江苏省暨南京市委员会文史资料研究委员会编：《江苏文史资料选辑》第 18 辑，江苏人民出版社 1986 年版，第 72 页。

② 范崇山、曹小丹：《韩国钧》，中国人民政治协商会议江苏省委员会文史资料委员会编：《江苏文史资料》（第 49 辑　民国江苏的督军和省长 1911—1949），1993 年，第 62 页。

裕率领的新四军挺进苏南敌后抗日，且屡战屡胜，以及陈毅亲赴苏北泰州与李明扬、李长江展开谈判，积极联合“二李”合作抗日等消息，思想逐渐开始发生变化，似乎看到了抗战前途的另一种希望。1939年秋天，韩国钧约见王瘦生，在对比国共两党之后，他不无感慨地对王说：“新四军和国民党不一样”，“国民党老打败仗，看样子支持不下去了”，而“新四军不贪财，不讲情面，打了胜仗”，并且很有信心地直言“新四军有希望”。在王瘦生离去时，韩国钧又手书一联“忍看江河千里赤，微闻国论一时清”，表达了寄抗日希望于共产党和新四军的强烈愿望。不久，日军第一次退出海安，韩国钧回到故乡后便欣然提笔作诗一首，其中“大哀自信心非死，小劫宁知卵尚完”一句，① 表达了他渴望从头收拾祖国山河，彻底争取抗战胜利的信心。

随着抗战局势的逐步发展，中国共产党倡导的抗日民族统一战线政策进一步深入人心，韩国钧也逐渐了解并开始拥护中共“停止内战，一致抗日”的政治主张，以实际行动，积极支持新四军东进抗日，反对韩德勤反共分裂、消极抗战。韩国钧作为苏北耆宿，在地方有着极高的社会声望和号召力。当时苏北地区的韩德勤部第89军军长李守维以下的大小军官，多是他的拜帖门生，对他极为尊重。能够与韩国钧建立联系，并且取得他对新四军的认可和支持，成为中共在苏北发展抗日民族统一战线和坚持抗战的重要保障。

1940年春，陈毅在李明扬举办的一次宴席上认识了江苏省商会会长陆小波，并在其引荐下，与83岁高龄的韩国钧开始书信往来，但未曾谋面。陈毅为了取得韩国钧的支持，特派专人送信给韩国钧，向其请教抗日救国大计。韩国钧也久闻新四军及陈毅的抗战威名，接信后慨然表示愿意为抗日效力，并亲书一联赠予陈毅：“注述六家胸有甲，立功万里胆包身”，高度赞扬了陈毅的文韬武略。陈毅得联后非常感动，即书“杖国抗敌，古之遗直；乡

---

① 方毓宁、孙小华：《抗战烽火中的韩国钧》，江苏省档案局编：《档案记忆·红旗飘飘2·人物篇》，东南大学出版社2018年版，第294页。

居问政，华夏有人”回赠，对韩国钧为抗日奔走呼号的爱国精神钦佩不已。

1940 年 7 月，国民党顽固派出动大军围逼苏南新四军。本着和平解决争端、共同抗日的根本宗旨，新四军移师江北。但北渡的新四军，很快就遭到盘踞苏北的韩德勤部的阻挠，屡以大军阻击新四军于江滨。韩国钧闻讯后，从停止内战、一致对外角度考虑，明确反对与新四军发生摩擦，且不顾年迈辛劳，积极奔走于韩德勤和新四军之间进行调解。但是韩德勤坚持反共立场不变，挑唆鲁苏皖边区游击副总指挥李长江纠集 11 个团的兵力，向暂驻江都郭村地区休整的新四军进攻。韩国钧知晓后，立即致函李长江，要求其停止内战，一致抗日。李长江不听劝告，结果遭到新四军猛烈回击，损兵折将败退而回。郭村战斗后，韩国钧当面责备李长江，并晓以国家民族、团结抗战之大义，劝其放弃制造摩擦，与新四军合作抗日。

郭村战斗后，新四军本着团结、抗战和反顽的原则，重申在苏北分区抗战、互助互让、共同发展的初衷，释放全部俘虏，归还部分枪支，并于 8 月退出郭村，进驻黄桥，建立以黄桥为中心的抗日根据地。韩德勤闻讯后，随即下令在姜堰、曲塘、海安一线严密封锁，并切断新四军的粮食补给线，还下令其驻黄桥附近的部队进行拦截，伺机进攻新四军。为了揭穿韩德勤消极抗日、积极制造摩擦的恶劣行径，陈毅于 8 月初致函韩国钧，反复阐明新四军救国救民之宗旨，说明团结抗战的重要性，恳请韩国钧“纾解内部纠纷”，展开抗日战局。韩国钧表示“无任钦佩”，为实现“一致抗敌的宗旨，全力对外，不使内部摩擦”，愿出面调停。①

9 月初，韩德勤调集 12 个团的兵力进攻黄桥。新四军奋勇自卫，首次击退进攻黄桥之韩德勤顽军。9 月 4 日，陈毅再次致书韩国钧、李明扬，直言“窃毅部进至黄桥，为时月余，即不断沿江抗敌。既停止东进，复尽撤北防。力求合作，顾全大局，可谓竭尽智能”，表明新四军言行一致，本着“抗敌第一”的原则，实行沿江杀敌，为顾全大局，隐忍退让。但韩德勤

① 范崇山、曹小丹：《韩国钧》，中国人民政治协商会议江苏省委员会文史资料委员会编：《江苏文史资料》（第 49 辑　民国江苏的督军和省长 1911—1949），1993 年，第 63 页。

则玩弄两面手段，表面表示团结，背后则试图消灭新四军，“顷闻北面封锁粮食甚紧，一颗一粒不让南运，黄桥粮食断绝，民食无处购买”，韩德勤派兵封锁了黄桥新四军的粮食通道，意图困绝新四军。对此，陈毅愤慨地痛斥道：“夫大敌当前，义无小我，抗敌苦力不足，而私斗精妙至此，感叹难言！长者与同慨也！宋明不亡于外寇，而亡于内部私战之争，东林旧事，南部宴安，思之心悸然！”① 他以宋明亡于内争的历史教训，揭露韩德勤的反共本质及危害，说明团结抗日之大义。韩国钧接读陈毅来函后，深感“宋明不亡于外寇，而亡于内部，痛心之言，闻之泪下”，当即复函陈毅说：“唯有本台端力求合作，奔走和平，纾解内部误会之训言，一致对外。”② 但韩德勤并不听规劝，一意孤行。他一面与新四军约定以姜堰、曲塘、海安为界，互不侵犯，共同抗日锄奸；一面以鲁苏战区副总司令身份发出歼灭新四军的密电令，以 12 个团的兵力，违约进攻黄桥。新四军为解决衣食问题，在忍无可忍的情况下，于 9 月 13 日一举攻下姜堰。

攻下姜堰的次日，陈毅即携管文蔚去海安拜访韩国钧，这是二人初次见面。陈毅等人对韩国钧执礼甚恭，双方印象都不错。过了几日，陈毅再次拜访韩国钧，并将日寇在江南地区烧杀淫掠的罪行讲给他听，韩国钧听闻后，“不禁怆然变色”，陈毅又乘势将话题转到国民党政府消极抗日、积极反共上面来，进而提出请韩国钧出面，主持正义，召开一次苏北各方代表会议，呼吁各种力量团结起来，一致抗日，不要互相排挤、贻害国家和人民。陈毅还当场表态：“紫老为我省耆宿，德高望重，只要出来登高一呼，苏北军民一定会争相归从，我和文蔚等一定枕戈待命。”③ 韩国钧沉吟片刻，慨然应允。

9 月中旬，韩国钧接受陈毅的建议，于海安召集各方面军事长官举行“停止苏北内战，一致团结抗日协商会议”（即“联合抗日座谈会”）。这次会

---

① 《陈毅致韩止叟书》（1940 年 9 月 4 日），新四军苏北政治部编：《苏北摩擦真相》，中国社会科学院近代史研究所近代史资料编辑组编：《近代史资料》第 47 号，中国社会科学出版社 1982 年版，第 151—152 页。

② 《韩国钧致陈毅书》（1940 年 9 月 10 日），中国社会科学院近代史研究所近代史资料编辑组编：《近代史资料》第 47 号，中国社会科学出版社 1982 年版，第 152 页。

③ 管文蔚：《管文蔚回忆录续编》，人民出版社 1988 年版，第 95—96 页。

议，由于韩德勤拒派代表参加，韩国钧与黄逸峰、朱履先等联合如皋、泰兴、泰县等八县代表 15 人发表通告，向苏北各方军事长官呼吁“停战息争，一致抗战”，采取和平方法解决争端，“保全实力，团结对外，以期扫荡敌氛，收复失地”，并提出划分防区、团结抗战和容纳民意等五项解决争端的建议。陈毅当即致函韩国钧表示支持“照办”，并提出顽军停止进攻、彻底整军、澄清吏治和更新时局等四条补充意见。① 李明扬、李长江与陈泰运也表示赞同。只有韩德勤迟迟不予复电。韩国钧见韩德勤无和谈及团结抗日的诚意，便与陆小波、黄逸峰、朱履先等人领衔，联合苏北绅商学各界向重庆中央政府要员致电两份，呈述韩德勤部队不积极抗日收复失地，却排斥异己，“虐待民众，视同刍狗”，“搜劫行旅，抢掠村舍”，还残忍杀害新四军战士，破坏抗战，加之横征暴敛，税率过重，导致民生凋敝，至于极矣。韩国钧等人请求重庆中央政府能电令江苏省政府“停战息争，积极整顿军旅，改善省政，爱民节用，立解倒悬”。② 同时，对于韩德勤不顾民生，派兵封锁米食运输通道，查封禁运，甚至走私粮食间接资敌，导致苏北军民数十万人“食粮益形匮乏”、米价大涨的罪恶行径，也大胆予以揭露。希望重庆中央政府能电令江苏省政府改善统制食粮，实行调节民食，责令减免商民米贴，“以纾民困”。③ 在韩国钧的影响下，李明扬也致电蒋介石，指出“苏北局势日非”，其原因在于韩德勤措施失当，请求重庆中央政府“派大员来苏坐镇，力求改善，挽救危局”。④

虽然没有取得会议预期效果，但韩国钧被新四军团结抗战的诚意所感动，他说：“我是中国人，年龄再大也不能当亡国奴，年事再高也要为团结

---

① 《黄桥陈指挥复函》，中国社会科学院近代史研究所近代史资料编辑组编：《近代史资料》第 47 号，中国社会科学出版社 1982 年版，第 159 页。

② 《苏北绅商学各界致重庆诸公电》(一)，中国社会科学院近代史研究所近代史资料编辑组编：《近代史资料》第 47 号，中国社会科学出版社 1982 年版，第 159—160 页。

③ 《苏北绅商学各界致重庆诸公电》(二)，中国社会科学院近代史研究所近代史资料编辑组编：《近代史资料》第 47 号，中国社会科学出版社 1982 年版，第 160—161 页。

④ 《李明扬致蒋委员长电》，中国社会科学院近代史研究所近代史资料编辑组编：《近代史资料》第 47 号，中国社会科学出版社 1982 年版，第 161 页。

抗日效力，抗战御侮是我们每一个人应尽的责任。”① 韩国钧不顾高龄在野之身，积极联络苏北士绅几十人继续奔走往返于韩德勤和新四军之间进行调解。但是韩德勤仍然不为所动，继续坚持制造反共摩擦。

9 月下旬，韩德勤公然提出：“只要新四军退出姜堰，万事皆休，一切均可商议，否则无谈判之余地。”韩国钧和各界代表皆认为这个条件过于苛刻，毫无道理，只能派代表将此事转告陈毅。此时，陈毅为顾全大局、争取各界支持和巩固团结抗战起见，倡议召开军民代表会议，共同商讨合作抗日、处理与韩德勤关系等议题。②

9 月 27 日，苏北各界代表齐集姜堰召开军民代表会议。陈毅在会上发言，对于韩德勤不断制造摩擦、破坏抗战的行径进行了揭露，对于韩方军队杀害新四军战士，新四军被迫反击的行为予以解释，陈毅还向与会代表阐释了当前合作抗战的内涵，“就是打鬼子，而且要包打胜仗，要对老百姓有点好处，给人民以自由，不应该再事压迫了”，并郑重作出承诺，“无论如何我们坚决站在抗战立场”。最后，为了早日实现和平，陈毅保证，新四军可以答应韩德勤的要求，于 9 月 30 日前撤出姜堰，但如果省政府方面认为新四军是力量不足才退出姜堰，仍旧一味进攻，破坏团结抗战，那新四军“就要采取必要的自卫”，③ 予以坚决反击。

随后，与会各界代表纷纷发言，表达了对新四军的支持和对韩德勤破坏抗战的不满。泰州民众代表胡显伯认为，韩德勤军队不守承诺，让“各位代表也感觉惭愧和难过”，④ 而在报纸上将新四军称作“匪军”，更是荒谬的，

---

① 据韩忠义回忆，转引自范崇山：《韩国钧爱国抗日事略》，中国人民政治协商会议江苏省委员会文史资料委员会编：《江苏文史资料》（第 99 辑　肝胆照人显英才），1999 年，第 211 页。

② 范崇山、曹小丹：《韩国钧》，中国人民政治协商会议江苏省委员会文史资料委员会编：《江苏文史资料》（第 49 辑　民国江苏的督军和省长 1911—1949），1993 年版，第 65 页。

③ 《姜堰军民代表会议记录》（1940 年 9 月 27 日），中国社会科学院近代史研究所近代史资料编辑组编：《近代史资料》第 47 号，中国社会科学出版社 1982 年版，第 162—164 页。

④ 《姜堰军民代表会议记录》（1940 年 9 月 27 日），中国社会科学院近代史研究所近代史资料编辑组编：《近代史资料》第 47 号，中国社会科学出版社 1982 年版，第 165 页。

应该以平等之原则，视为友军。姜堰民众代表潘仲宾指出，“这次新四军到姜堰来，对民众秋毫无犯，处处爱护老百姓，以除过去姜堰人民之苦”，要求在军事方面，“一定要以新四军为友军看待，共同合作抗敌”，①尤其是对于陈毅在发言中提到的以人民为念、以国家为念的真挚情怀表示感佩。

姜堰军民代表会议结束后，陈毅即率领新四军从姜堰撤出。韩德勤却一面大骂从中调解的爱国民主士绅，一面提出更过分的要求：“新四军一定要撤出黄桥，开回江南，才可进行谈判，否则，无商谈余地。”并暗中密令其部队“集中力量”“不惜牺牲”，追剿、包围歼灭新四军，指使李守维调集大军准备进攻黄桥。②

9 月 30 日，陈毅再次致书韩国钧，向其陈述了新四军遵照承诺退出姜堰，但韩德勤不顾大局，不守信义，命令军队准备大举进攻黄桥，还逼迫新四军开回江南，这种行为不仅扰乱了苏北地区，而且有愚弄苏北绅商学界之嫌。最后，陈毅再次表明新四军自卫还击的立场，坦言“新四军求仁得仁，除抗敌救民而外，绝无苛求，万一对方误解新四军立场及人民意旨，再次冒险轻进，必招致严重后果”，希望省方明达之士，“出乎民族良知，平其内争成见，力转危局，尊重民意，进而与新四军接近，图求合作”，③表达了新四军不放弃团结抗日的根本目标。

韩德勤违背诺言，继续进攻新四军的消息传出后，苏北各界代表极为愤慨。韩国钧当即打电话责问韩德勤，韩却狡辩说是李守维不服从命令，擅自行动。韩国钧见和谈无望，悲愤无助地给陈毅写信，说明内战在即，请新四军做好迎战准备，在将这封信交给新四军来人带回时，他一再叮嘱：“信

---

① 《姜堰军民代表会议记录》(1940 年 9 月 27 日)，中国社会科学院近代史研究所近代史资料编辑组编：《近代史资料》第 47 号，中国社会科学出版社 1982 年版，第 166 页。

② 范崇山、曹小丹：《韩国钧》，中国人民政治协商会议江苏省委员会文史资料委员会编：《江苏文史资料》(第 49 辑　民国江苏的督军和省长 1911—1949)，1993 年，第 65 页。

③ 《陈毅致韩国钧书》(1940 年 9 月 30 日)，中国社会科学院近代史研究所近代史资料编辑组编：《近代史资料》第 47 号，中国社会科学出版社 1982 年版，第 167—168 页。

要迅速转到，要直接交仲弘（陈毅——引者按）将军本人。”① 韩德勤不顾大局，违背诺言，韩国钧对此预言道：“得人心者昌，失人心者亡，新四军是得人心的”，“韩德勤不是仲弘（陈毅——引者按）将军的对手，胜利是属于新四军的。”②

10月初，韩德勤公然违背民意，以其嫡系第89军和独立第6旅为主力，调集26个团3万余人，号称“10万大军”，开始进攻黄桥。此时的新四军7 000多名官兵，在陈毅的领导和人民群众的积极支持下，进行英勇的反击，迅速取得了黄桥战役的胜利。独立第6旅中将旅长翁达在激战中负伤自杀，第89军中将军长李守维在溃逃时落水毙命，韩德勤在惨败后率残部千余人逃窜兴化。黄桥战役的胜利，奠定了苏北抗日根据地的坚实基础，打开了华中抗战的新局面，对打击顽固派、争取中间势力和抗战局势好转，具有重要意义。

黄桥战役使“未隶国民党，亦未入共产党，自问超然”的韩国钧对国共两党的看法有了重大的变化：在黄桥战役前的和谈问题上，国民党韩德勤不顾民族抗战之大义，执意制造反共摩擦，诡计多端；共产党陈毅顾全抗战救国之大局，诚心合作抗敌，言行一致。韩国钧从政治上、道义上看到国民党的腐朽、共产党的先进。在黄桥战役中，韩德勤顽固派以多败于少，以强败于弱；陈毅新四军以少胜多，以弱胜强。韩国钧从军事实力上看到国民党反动派力量的虚弱，共产党新四军力量的强大，促使他从相信国民党转变为相信共产党。他认为共产党无论是从政治道义上看，还是从军事实力上看，都是先进的，属于强者。他说：“我以为，过去袁世凯是私塾，国民党是学校；今天就倒转来了，国民党是私塾，共产党是学校。”并发自内心地说：“朱毛非一般之人，中国将来得天下者必为朱毛。”③

---

① 据程敬五回忆，转引自范崇山：《韩国钧爱国抗日事略》，中国人民政治协商会议江苏省委员会文史资料委员会编：《江苏文史资料》（第99辑　肝胆照人显英才），1999年，第212页。

② 刘树发编：《陈毅年谱》，人民出版社1995年版，第302页。

③ 方毓宁、孙小华：《抗战烽火中的韩国钧》，江苏省档案局编：《档案记忆·红旗飘飘2·人物篇》，东南大学出版社2018年版，第296页。

在黄桥战役中和战役后，韩国钧发起苏北民众绅商各界250人，两次致电蒋介石及重庆国民党各要员，揭露韩德勤“不愿御侮，只图内战”“自毁实力，殃及民生”，以及“溃军经过，烧杀淫掠，百余里间，糜烂不堪”，致使“交通断绝，省政停滞”等罪行，要求重庆中央政府“速简大员主持一切，并赐整军、抚民、抗敌并改善省政”，① 以解苏省民众之倒悬，这就迫使韩德勤自己提出请求处分和要求下台。

10月11日，中共中央下发《中央关于对苏北绅耆之政策给新四军的指示》，要求新四军指派专人，加强对以韩国钧为代表的苏北著名绅耆的联络。中共中央认为韩国钧等人与江浙沪绅商教育界均有密切联系，是江苏资产阶级的著名代表，在地方人士中有极高威信，争取并团结他们，对于争取江浙民族资产阶级的合作，进而巩固和扩展抗日民族统一战线有重要作用。中央指示新四军要认真研究和考虑，争取与韩国钧等苏北绅耆进行长期合作，经常与他们进行联络，在民意机关、政权执行机关、教育机关和财政经济机关的实际工作中，采取与他们合作的政策，多听取他们的意见，并吸收他们参加这些部门的实际工作，且要注意做好对他们的引导和教育说服工作。② 这一指示成为新四军领导人处理与韩国钧关系的根本原则和政策方针。

黄桥战役后，新四军移师海安。10月9日，陈毅率领新四军各领导人到达海安，韩国钧亲自迎接，并于当晚在韩公馆大摆筵席，为陈毅、粟裕等新四军将领庆功。陈毅随后又在海安金陵饭馆设宴回请韩国钧。此后，近一个半月时间，陈毅常驻海安，与韩国钧比邻而居，“斟酒论文，接席无虚日”。韩国钧评价陈毅道：“数十年来，在军人中从未见有如此雄才大略、文武双全如陈毅将军者。”他认为陈毅是有管（仲）乐（毅）之才的儒将。③

---

① 《苏北民众绅耆各界电重庆诸公》，中国社会科学院近代史研究所近代史资料编辑组编：《近代史资料》第47号，中国社会科学出版社1982年版，第173页。

② 《中央关于对苏北绅耆之政策给新四军的指示》（1940年11月11日），中国人民解放军政治学院党史教研室编：《中共党史参考资料》第16册，1979年印刷，第487页。该指示虽然写明是11月11日，但根据内容可判断，应写于10月11日。

③ 范崇山、曹小丹：《韩国钧》，中国人民政治协商会议江苏省委员会文史资料委员会编：《江苏文史资料》（第49辑　民国江苏的督军和省长1911—1949），1993年，第66页。

他尤其佩服陈毅魄力之大，度量之宏，认为陈毅“为了团结抗日，对顽固派敢谈、敢让、敢打，斗争有理、有利、有节；对日寇更是不示弱”，这给了他充分的自信和安全。他坦言：“韩德勤也好，日寇也好，都不是陈总指挥（陈毅）的对手。有共产党和陈总指挥领导的新四军在，我老朽稳坐苏北这个‘钓鱼船’了，谁也奈何不了我们！”①

由于韩国钧亲眼见证了新四军深得民心的作为，更加愤慨国民党顽固派肆意制造摩擦的行径，他感慨地手书一联赠予陈毅：“天心已厌玄黄血，人事难评黑白棋”，表示寄抗战胜利之希望于共产党，并对陈毅说：“贵军前在苏南，老朽仅闻盛名，而不深悉内蕴，故前联仅作泛泛语。今者目睹贵军所为，故联语较贴切实事。”② 陈毅十分感动，回赠七律一首：“山河破碎思前事，抗日合作看精诚，丈夫一怒安天下，横刀跃马取东瀛”，表达了团结抗日、驱逐日寇的壮志雄心。

对于这一时段与韩国钧的交往，陈毅后来回忆道：“余秉承党中央加强国内抗战团结之政策，复于大小事务，征询紫老意见。紫老知无不言，言无不尽。余亦言必信，行必果。彼此均有相从日浅，相知甚笃之感。”③ 韩国钧对于新四军的到来，也极为振奋。当以黄逸峰、李俊民为正、副司令的联合抗日部队（简称“联抗”）成立时，他积极支持，参与策划，不仅将自己保卫队的人和枪全部交给新四军，还带头做动员说服工作。一时间，三仓河、弶港等许多垦区的自卫武装，先后交给新四军200余人和枪支，光荣地加入了人民抗日的队伍。④ 陈毅在海安举行各界人士茶话会时，韩国钧亲临会场

① 钟期光：《长者的风度，智者的气派——忆两次会见韩紫石先生》，中国人民政治协商会议江苏省海安县委员会文史资料研究委员会编：《海安文史资料》（第3辑　纪念韩紫石专辑），1987年，第10页。

② 刘树发编：《陈毅年谱》，人民出版社1995年版，第310—311页。

③ 陈毅：《记韩紫石先生》，《盐阜报》1942年5月11日，转引自中国人民政治协商会议江苏省海安县委员会文史资料研究委员会编：《海安文史资料》（第3辑　纪念韩紫石专辑），1987年，第2页。

④ 钟期光：《长者的风度，智者的气派——忆两次会见韩紫石先生》，中国人民政治协商会议江苏省海安县委员会文史资料研究委员会编：《海安文史资料》（第3辑　纪念韩紫石专辑），1987年，第9页。

讲话，热情赞扬新四军的抗日战功，呼吁各方共同支持新四军抗战。当听闻新四军无条件释放黄桥战役中的国民党军俘虏时，他更是致书陈毅，表达了对新四军俘虏政策的钦佩之情，并出面积极协调俘虏遣返事宜。①

除了与陈毅的忘年交好外，韩国钧还与刘少奇有过交集。1940 年 11 月 7 日，刘少奇由皖北到海安，由陈毅、朱克靖陪同拜访韩国钧，韩国钧称赞刘少奇“非凡”，为之设宴洗尘。1941 年皖南事变后，刘少奇在苏北主持新四军工作，就住在韩国钧家里。两人之间的交流更为密切，相知也更为深入，建立了很强的信任。当时，钟期光去向刘少奇汇报部队情况，刘少奇要韩国钧不必回避，两人一起听取钟期光汇报工作。因为汇报的内容是新四军内部情况，韩国钧除了频频点头外，几乎没有插话，只是在最后作了简短的谈话，② 表达了对新四军和中国共产党的高度信任和无限期待。

陈毅在苏北开展的以韩国钧为代表的中间势力的统一战线工作经验，得到了中共中央的高度肯定，为各地统战工作提供了极好的范例和教材。1940 年 10 月 28 日，陈毅向中共中央发去《关于苏北统战工作的经过与主要经验》的长篇报告，系统汇报了自 1939 年初挺进纵队北渡长江开始，与苏北各中间势力合作和斗争的整个过程。11 月 18 日，中共中央、中央军委将这一报告批转给全军学习，批语强调：“中央及军委完全同意陈毅统战方针及统战工作，为使各部队团以上干部深切研究统战策略，破除其狭隘而不开展，顾小利而忘大利，称英雄而少办法的观点，特将陈毅报告转给你们，作具体教育材料。”③

总之，韩国钧与陈毅等新四军领导人的忘年交往，是抗战时期中国共产党在敌后开展抗日民族统一战线工作的生动事例。韩国钧对于新四军的认可与支持，对于国共合作抗日的奔走和协调，是地方绅商代表人物在团结御侮

---

① 范崇山：《韩国钧爱国抗日事略》，中国人民政治协商会议江苏省委员会文史资料委员会编：《江苏文史资料》（第 99 辑　肝胆照人显英才），1999 年，第 214 页。

② 钟期光：《长者的风度，智者的气派——忆两次会见韩紫石先生》，中国人民政治协商会议江苏省海安县委员会文史资料研究委员会编：《海安文史资料》（第 3 辑　纪念韩紫石专辑），1987 年，第 10 页。

③ 刘树发编：《陈毅年谱》，人民出版社 1995 年版，第 313 页。

的共同目标下，深度参与全民族抗战的绝佳诠释。陈毅在苏北地区从事统战工作取得的经验和方法，丰富了中共统一战线的政治内涵。

（三）发起抗敌会议，参与民主政权

为了坚持团结抗日，修复与以韩德勤为首的国民党江苏省政府的关系，韩国钧不顾年迈高龄，积极号召发起抗敌会议，参与抗日根据地民主政权建设。

1940 年 10 月 23 日，陈毅带领管文蔚、叶飞、惠浴宇、朱克靖等新四军领导人再次拜访韩国钧。陈毅向韩国钧表示希望和韩德勤一方重修旧好，恢复和平，再请开各方抗敌和平会议，韩国钧慨然应允。陈毅经过与韩国钧、李明扬等人协商，决定由韩国钧、李明扬出面召集“苏北抗敌和平会议”，时间定在 10 月 30 日。考虑到韩国钧年事已高，长途跋涉太辛苦，会议地点选在离海安较近的曲塘，与会人员计划包括韩德勤、新四军代表、李明扬、李长江、陈泰运，以及各保安旅及八县的代表。①

10 月 25 日，韩国钧与李明扬联名发布通知，召集苏北抗敌和平会议，通知指出，苏北局势演变至此，“军民上下一致均感目前惟有团结抗敌，改善政治，始可挽救危局，解除民困”，呼吁苏北各界本着“民族国家至上，地方人民为重之旨”，② 联合苏北各军政首脑及地方耆绅，齐聚曲塘共商苏北大局。通知发出后，立即得到苏北各界的一致欢迎。

10 月 30 日，新四军代表陈毅、管文蔚、朱克靖，八路军代表吴法宪，鲁苏皖边区代表陈泰运、李明扬，“联抗”代表黄逸峰，地方绅士和八县民众代表韩国钧、朱履先、王伯康、胡云伯、季方、吴云山、黄辟尘等陆续到达曲塘，准备开会。但此前答应派代表参会的韩德勤再次失信，与会代表电责韩德勤，要求其速派代表与会，直到第二天，韩德勤始终没有派代表赴

---

① 刘树发编：《陈毅年谱》，人民出版社 1995 年版，第 312 页。

② 《韩国钧李明扬发起召集苏北军民抗敌合作的通知》（1940 年 10 月 25 日），中国社会科学院近代史研究所近代史资料编辑组编：《近代史资料》第 47 号，中国社会科学出版社 1982 年版，第 175 页。

会。10月31日，苏北抗敌和平会议（又称“曲塘和会”）正式举行。因韩德勤未派代表赴会，会议改为座谈会，由韩国钧、李明扬主持，黄逸峰为东道主。韩国钧率先在大会上作了诚恳动人的讲话，他说：“西安事变恩来先生及中共大仁大义，此后只闻国民党限共反共，不闻中共有反国民党行为，新四军一再退让，韩德勤一再进攻，确为事实，我84岁老头子，不是共产党，但就事实讲公平话，目前政府及国民党不与中共合作，绝不能抗日救国，论政策及人才，国不及共，乃是事实。”①李明扬随即发言，表示他一贯同情中共，主张调停，韩德勤的做法是错误的，要求大家不要再打。

最后陈毅作发言，他指出，新四军为了顾全大局，绝不乘机对韩德勤采取报复手段，“只要各方能承认新四军、八路军在苏北的政治地位，则八路军、新四军愿与各方合作”。同时，他对韩德勤破坏团结、造谣挑拨、率军进攻等种种行径进行了批驳，并再次重申新四军立场：“我们新四军为顾全大局，力求和平，已竭尽智能。此后内战责任，应由对方担负。新四军对友党友军一贯态度是只应战不求战，只要不进攻新四军，新四军始终遵行团结抗战方针，愿与国民党及一切抗日友军共同坚持抗战。”②

座谈会经过充分讨论，决定4项临时办法和8项基本改造苏北局势的办法，包括停止冲突，认可中共军队合法地位和不扩大内战范围，以及在根据地建设、整军、参政和改善民主等方面的意见和措施。此外，还决定由韩国钧与李明扬联名向国民党政府致电，转达“曲塘和会”的相关决议。

“曲塘和会”结束的当天，韩国钧与李明扬即联名向国民政府军令部发出团结抗日通电，代表苏北各界及韩德勤和新四军，指出双方均认为“非团结不足以抗敌，非抗敌不足以救民”，并将“曲塘和会”各方意见予以汇报：（1）实现在苏军民党政抗敌合作，国共大团结；（2）以三民主义为最高原则，以实现抗战建国纲领、实现抗日民主政治为目前任务，立即组织民意机关；（3）实现

---

① 范崇山、程奎中整理：《抗日战争时期韩国钧先生简谱》（1937年7月—1942年1月），中国人民政治协商会议江苏省暨南京市委员会文史资料研究委员会编：《江苏文史资料选辑》第18辑，1986年，第80页。

② 新中华报编辑部：《苏北事件真相》，中国社会科学院近代史研究所近代史资料编辑组编：《近代史资料》第47号，中国社会科学出版社1982年版，第215页。

廉洁政治，肃清贪污，减轻人民负担，改善人民生活；（4）实行严格整军统一指挥，务必成为抗日爱民的军队；（5）立即给人民以言论出版结社之民主自由；（6）实施对敌经济封锁，调剂金融，增加生产，组织各种合作社救济农村；（7）实施抗日教育，肃清麻醉堕落教育与敌人奴化教育，确定教育经费，改善教员待遇。①

11 月 15 日，苏北临时参议会在海安召开，出席代表 388 人（其中知识分子、绅商领袖占半数以上，中共党员 72 人，仅占 20% 弱），江都、高邮、泰县、扬中、丹阳、泰兴、靖江、如皋、南通、海门、崇明、东台、盐城、兴化等 14 个县均有代表参加。会议前夕，刘少奇在听取管文蔚汇报会议准备情况时指出："在苏北地区，我们必须争取赞成抗战的国民党党员，争取有正义感的知识分子和中上层的开明士绅，如韩国钧、朱履先等，要把他们吸收到参议会里来。要认真贯彻'三三制'原则。"② 会议当天，着重讨论了苏北局势、粮食等问题。其中对二五减租和县长、区长的产生办法等问题争论甚烈。会议期间，刘少奇、陈毅应邀与代表们见面，并作重要讲演。刘少奇阐述了抗日民族统一战线的性质和任务，解释了"三三制"民主形式的内涵和作用。陈毅介绍了黄桥战役胜利后新四军发展壮大的大好形势，指出："新四军是人民的抗日部队，是革命的部队，是新式的部队，严格执行三大纪律八项注意。人民的部队就要靠人民的支持。希望各界父老和我军团结一致抗战，把日本侵略者打出中国去！"韩国钧也讲了话，表示要和平团结、一致抗日。会议通过施政纲领，通过成立苏北临时行政委员会、各县成立参政会、改善小学教师待遇的决议。大会还选举韩国钧为苏北临时参议会名誉议长，黄逸峰为议长，朱克靖、朱履先为副议长；管文蔚为苏北临时行政委员会主任，季强成为副主任。③

---

① 《韩国钧等为曲塘会议发表团结抗日电》（1940 年 10 月 31 日），中国第二历史档案馆编：《中华民国史档案资料汇编（第 5 辑第 2 编・政治 2）》，江苏古籍出版社 1998 年版，第 406—407 页。

② 中共中央文献研究室编：《刘少奇年谱》上卷，中央文献出版社 1986 年版，第 158 页。

③ 刘树发编：《陈毅年谱》，人民出版社 1995 年版，第 320 页。

苏北临时参议会后，韩国钧为建立“三三制”民主政权、扩充地方武装和发动群众抗日做了大量的工作。他对中国共产党及其政策方针的认识与理解也不断加深，认为：“国共合作本孙总理所规定。中日战起，朱毛两君于晋北一带多所助力。今日合力对外方恐无济，岂宜再有分歧，发生内战？即使意见间有参商，国土恢复后自有公论。”①

随着苏北抗战形势的变化，11 月 23 日深夜，陈毅与刘少奇率华中总指挥部机关离开海安，并于次日午后到达盐城文庙，与中共中央中原局一起在盐城办公。此后，陈毅与韩国钧书信往还，难再晤面。

11 月 28 日，陈毅与粟裕、管文蔚等人致电韩国钧、李明扬、李长江等人，陈述了韩德勤要求新四军“应负责恢复黄桥战斗以前状态，否则，无和平可言”，并且倚仗汤恩伯、李品仙等大军，准备再次对苏北新四军发动攻击的事实。陈毅希望韩国钧等人能“主张公道，电请当局停止汤恩伯、李品仙东进及莫德宏师之进攻”，② 减轻新四军面临的压力，同时也减弱韩德勤可倚仗的顽军力量。韩国钧积极出面，为呼吁停止对新四军的进攻而奔走。

（四）身陷敌伪不事敌，死而后已持晚节

1941 年春，苏北伪军蜂起，日军不断进逼，韩国钧再次带领全家避居海安故宅东北数十里的徐庄乡间。一开始，韩国钧眼见地方糜烂，秩序紊乱，深感焦虑，后来他看到新四军在敌后穿插行军，秩序井然，日伪军每次下乡必遭阻击，地方匪乱暴徒也一一被平定，心中才稍稍平静安定。为了表达自己对于新四军的感激之情，他向陈毅特致专函：“前年徐州撤退之际，敌寇及溃兵肆虐地方无宁日。今者大军进退，乡里不惊，村居安谧，足堪告慰。大军能临危不乱，老悖所深谢者也。”③ 由此可见韩国钧对于新四军寄托

---

① 方毓宁、孙小华：《抗战烽火中的韩国钧》，江苏省档案局编：《档案记忆·红旗飘飘 2·人物篇》，东南大学出版社 2018 年版，第 296 页。

② 刘树发编：《陈毅年谱》，人民出版社 1995 年版，第 323 页。

③ 陈毅：《记韩紫石先生》，《盐阜报》1942 年 5 月 11 日，转引自中国人民政治协商会议江苏省海安县委员会文史资料研究委员会编：《海安文史资料》（第 3 辑　纪念韩紫石专辑），1987 年，第 2 页。

的希望甚重。在乡间避难时，韩国钧时时关注着抗战胜利的最新消息，曾作诗“黑白未分棋未了，鸟囚至死不忘飞”以言志。

1941 年秋，苏北临时行政委员会认为韩国钧作为苏北耆宿、抗战遗老，功在国家，决定每年拨给公粮若干，作为其家属赡养费用。韩国钧复函致谢，或全收或半收。随着时局的变化，陈毅认为韩国钧年事已高，不适宜在敌后静养，多次致函韩国钧，请其北迁休养，但因故未果。不久，陈毅又与黄炎培商议，决定请韩国钧全家移居香港。不料，事机被国民党顽固派披露于报端，引起日伪关注。① 日伪当局唯恐韩国钧在中共的协助下离开苏北，马上采取行动试图控制韩国钧。

9 月 13 日，日伪军警重围韩国钧，架设铁丝网，威逼他出任伪江苏省省长，遭到严词拒绝。日伪又想胁迫韩国钧移家海安镇居住，以此玷污他的清名，韩国钧对此厉声答复：“垂死之人，不愿再见海安惨状！”东台日军司令达马指责韩国钧：“和共产党关系密切，和国民党亦有来往，为什么不受日军之请？”韩国钧坚定地回答道：“老朽是中国人，宁死也不当一天亡国奴！”达马气急败坏，把指挥刀和手枪摔在桌子上相威胁，韩国钧不为所动，怒斥道：“吾八十余老翁，死何足畏，陷敌图生，誓不为也，请即枪毙！”② 9 月 18 日，日军旅团长南蒲襄吉眼见要弄巧成拙，便利用其父亲清末在东北任外交官时同韩国钧有过交往的关系，赔笑请韩国钧为其写一副对联留念。韩国钧毫不迟疑，立即挥毫写了金代爱国诗人元遗山的诗句“日月不随南北转，古今难见水西流”，以表明誓死不从敌伪的心迹。③ 韩国钧面对日伪的威逼利诱，泰然自若，大义凛然，日伪无可奈何，随即便将韩国钧的长孙带往泰州作为人质。

---

① 范崇山、曹小丹：《韩国钧》，中国人民政治协商会议江苏省委员会文史资料委员会编：《江苏文史资料》（第 49 辑　民国江苏的督军和省长 1911—1949），1993 年，第 68 页。

② 范崇山、程奎中整理：《抗日战争时期韩国钧先生简谱》（1937 年 7 月—1942 年 1 月），中国人民政治协商会议江苏省暨南京市委员会文史资料研究委员会编：《江苏文史资料选辑》第 18 辑，江苏人民出版社 1986 年版，第 82—83 页。

③ 方毓宁、孙小华：《抗战烽火中的韩国钧》，江苏省档案局编：《档案记忆・红旗飘飘 2・人物篇》，东南大学出版社 2018 年版，第 297 页。

日伪退出徐庄后，韩国钧郁念成疾，并日渐加重，但他仍以“能受天磨真铁汉，不遭人忌是庸才”自勉，念念不忘共产党和新四军。他谆谆开导亲友说“共产党是真心的革命党，人才济济，你们应该和他合作”，① 嘱咐家人在其过世后，北向追随新四军。

临终之际，韩国钧向侄子韩同口授电稿致重庆国民参政会，电文略谓：“誓死殉国，命垂旦夕，年逾八旬，死何足惜。唯愿两党团结，共御外侮，恢复大业。”② 此外，韩国钧还留遗电一份给林森和蒋介石，电曰：“国钧衰病之躯，不能驰赴国难，淹留致祸，遂至于斯。年逾八十，死复何惜？特中央大业，旦夕垂成，风烛余生，不复睹太平之盛，斯为憾耳！”对于未见抗战胜利而逝去，韩国钧满怀遗憾，他还恳请国民政府能关照江苏民众：“万祈予以注意，苏省处境绝艰，被祸极惨，虽政府抵死撑拒，尤恳格外助扶，早予底定”，其爱国爱民之情，浸透纸背。③

1942 年 1 月 23 日下午三时许，韩国钧叫家人搀扶他到桌前，挥笔连写三封信，分别给陈毅、黄逸峰和李明扬，恳求各方团结抗敌。写好后交给吕龙正立即发出。当晚八时许，已近弥留之际的韩国钧叮嘱家人说：“抗日胜利之日，移家海安始为余开吊，违此者不孝。”④ 短短数语，充分彰显了他崇高的民族气节。言罢，韩国钧长叹一声，与世长辞。

（五）海安耆英，青史留名

韩国钧辞世后，海安县据点派出伪军几十人，组成了一支所谓的“护灵

① 范崇山、曹小丹：《韩国钧》，中国人民政治协商会议江苏省委员会文史资料委员会编：《江苏文史资料》（第 49 辑　民国江苏的督军和省长 1911—1949），1993 年，第 68 页。

② 方毓宁、孙小华：《抗战烽火中的韩国钧》，江苏省档案局编：《档案记忆·红旗飘飘 2·人物篇》，东南大学出版社 2018 年版，第 297 页。

③《江苏省政府主席韩德勤电国民政府主席林森为转呈韩国钧遗电一则》（1942 年 2 月 14 日），中国台湾“国史馆”藏档，典藏号：001-036000-00062-011。

④ 范崇山、程奎中整理：《抗日战争时期韩国钧先生简谱》（1937 年 7 月—1942 年 1 月），中国人民政治协商会议江苏省暨南京市委员会文史资料研究委员会编：《江苏文史资料选辑》第 18 辑，江苏人民出版社 1986 年版，第 83 页。

队”，企图将韩国钧棺木抬到海安街上办理丧葬，招摇撞骗，以达到其扩大伪化的目的。中共海北区民兵闻讯后，立即赶赴徐庄，武装护卫韩国钧的灵柩。当时的民兵负责人严厉指出：“紫老生前，大义凛然地抗拒敌人威胁，保持了高尚的民族气节。现在，我们决不能让敌人毁损他老人家的声誉！”经过斗争，终于将伪军“护灵队”给赶跑了。① 对于日伪借韩国钧发丧之机，玷污其清誉的行为，陈毅在后来的韩国钧追悼会上就曾加以抨击：“敌伪逼死韩紫老后替其发丧，谓为：‘和运柱石’，其弄巧反拙，实不知人间羞耻事！”② 这是对日伪争夺韩国钧丧事主动权、混淆视听、迷惑人心的卑劣伎俩的有力回击。

韩国钧逝世后，重庆国民政府主席林森发来唁电，称其“高风大节，自有千秋”。③ 蒋介石也电唁韩国钧家属：“紫石先生高年矍铄，盖世耆贤，斥寇氛于海隅，伸大节于暮齿，腾霄正气，举国钦崇。”他还以行政院院长名义呈请国民政府明令褒扬韩国钧，呈文认为，韩国钧“器识宏毅，志行忠

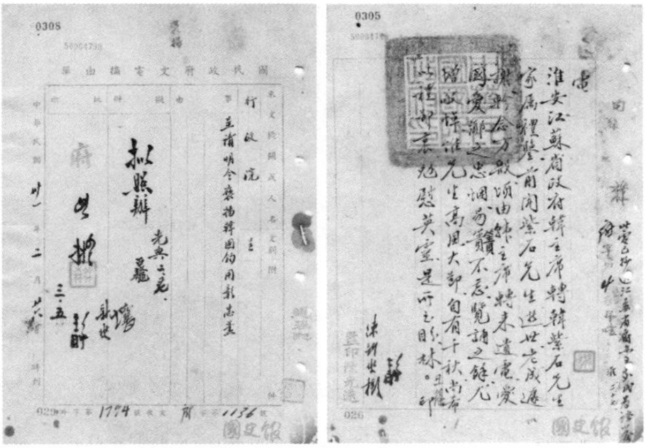

图 4-2　国民政府主席林森电唁韩国钧家属

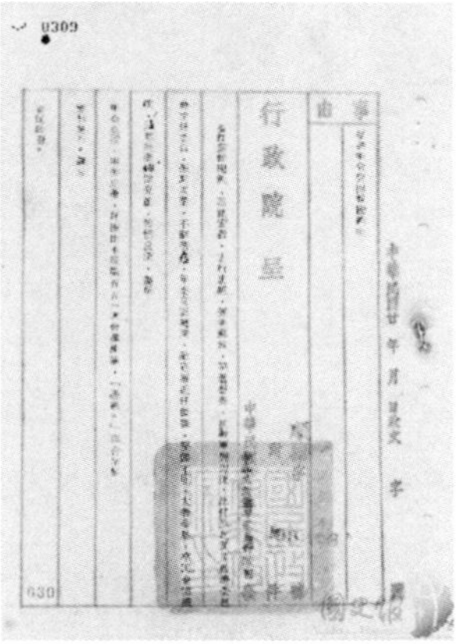

图 4-3　行政院院长蒋介石呈国民政府请明令褒扬韩国钧

① 刘伯超主编：《华中抗日斗争回忆》第 10 辑，上海百家出版社 1993 年版，第 173—174 页。

② 《抗敌不屈气节可风新四军暨苏北各界追悼韩国钧》，《解放日报》1942 年 5 月 28 日，第 28 张第 1 版。

③ 《国民政府主席林森电唁韩国钧家属为其高风大节自有千秋尚希以礼节哀勉慰英灵》（1942 年 2 月 27 日），中国台湾“国史馆”藏档，典藏号：001-036000-00062-012。

纯”，尤其是在抗战时期，面对日伪的威逼利诱，“坚强不屈，大义凛然”，最终因“忧愤成疾，溘然长逝”，其爱国精神，感动世人，提请政府明令褒扬，“用彰忠义”。①

值得一提的是，在国民政府内政部部长周钟岳呈请行政院褒扬韩国钧的呈文中，也明确肯定韩国钧与中共团结抗日的事迹，文称：“近以家乡沦陷，寇伪一再威胁，誓死不屈，策动民众拥护中共，收效甚宏。”② 这从另一个侧面，也说明韩国钧积极与中共发展出良好的统一战线关系，对于中共领导的抗战事业助力匪浅，成效显著，才引起国民政府对此高度关注。

3 月 5 日，国民政府通令褒扬韩国钧，称赞他领导救灾、拯救民众方面的功绩，尤其表彰他在抗战时期的高风亮节。③

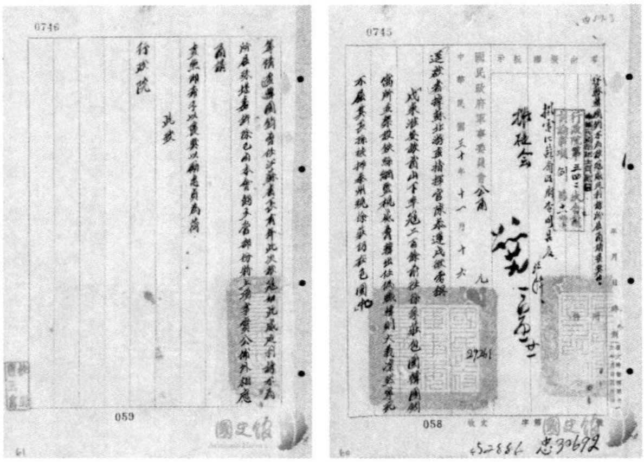

图 4-4　韩国钧殉国请褒恤提案一件

中国共产党对于韩国钧的逝世，表示沉痛哀悼，不仅撰写诗文以为纪念，还专门召开了追悼会，缅怀韩国钧为团结抗日做出的巨大贡献。

---

① 《行政院长蒋中正呈国民政府请明令褒扬韩国钧》(1942 年 2 月 26 日)，中国台湾“国史馆”藏档，典藏号：001-036000-00062-014。

② 《经济部函行政院送韩国钧殉国请褒恤提案一件请查照列入院会议程》，中国台湾“国史馆”藏档，典藏号：014-090502-0031-087。

③ 《国民政府明令褒扬韩国钧》(1942 年 3 月 5 日)，中国台湾“国史馆”藏档，典藏号：001-036000-00062-015。

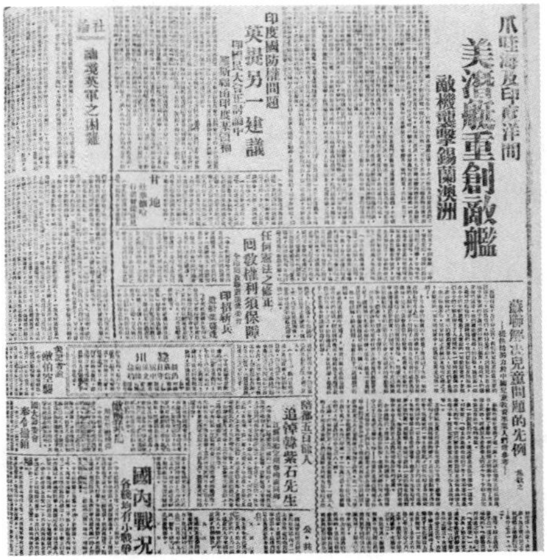
爪哇海及印度洋间
美潜艇重创敌舰
敌机轰击锡兰澳洲
印度国防问题
英提另一建议
陪都五百余人
追悼韩紫石先生
国内战况

图 4-5　1942 年《新华日报》报道“陪都五百余人追悼韩紫石先生”

韩国钧逝世后，中共中央华中局和新四军军部驻地的盐阜区党委机关报《盐阜报》，于 2 月 6 日发布标题为《前江苏省省长、苏北硕望韩国钧先生逝世》的新闻。文中说道：“两个月前海安敌酋山下等曾率兵对韩寓严行监视，胁迫韩氏出任伪职，复遭韩氏严词拒绝。韩氏民族气节之高尚，实为楷模，苏北各界纷函其家属吊唁。”此消息一出，苏北各界同声悲悼，纷纷撰写诗文，寄托哀思。①

1942 年 4 月上旬，陈毅在阜宁县停翅港指示新四军第三师师长黄克诚着手筹备韩国钧追悼会。盐阜区行政公署主任宋乃德根据陈毅指示，会同苏北各地的士绅名流，向各界发起举行追悼会。4 月 9 日，黄克诚、彭雄、张爱萍、刘彬、宋乃德、庞友兰、杨芷江等 25 人联名代表新四军盐阜区党委、行政公署、九县参议会及各界民主人士发出《公告》，为追悼会征求诗挽文。《公告》肯定了韩国钧一生的功绩，赞颂他“不辞劳瘁致力抗战”，指出其“威武不屈的民族精神，不特为邑人所共仰，亦为邦国所矜式”，提出“为纪念先生之功绩，以励来者，使天地正气得以发扬，后生青年知所法式，将举

① 傅义桂：《一代高风，后世景仰——陈毅将军主祭韩国钧先生的一次盛大追悼会》，中国人民政治协商会议江苏省委员会文史资料委员会编：《江苏文史资料》（第 99 辑　肝胆照人显英才），1999 年版，第 99 页。

行追悼会以志哀思”。①

经过半月筹备，5月5日，盐阜区各界在阜宁县张庄盐阜区党委所在地举行追悼韩国钧先生大会。陈毅与饶漱石、黄克诚出席追悼会，陈毅任主祭人。当日到会者有陈毅、饶漱石、黄克诚、刘彬等新四军军部、新四军三师、盐阜区党委、盐阜区行政公署的负责同志，各县县长，各县参议长、副参议长，工农商学和妇女等群众团体的代表，其中有盐阜区地方士绅名望如庞友兰、杨芷江、计雨亭、王冀英等，共计960人。下午一时许，追悼大会正式开始，会堂中央挂着韩国钧的遗像，遗像前摆着松柏、鲜花和醴酒，会堂四壁挂满了各界的挽联。②

其中，陈毅撰写挽联一副：“贤哲之亡，念江淮危局，藐藐吾怀若有失；民心未死，忆商山故迹，悠悠君恨不难平。”③ 同时，陈毅为纪念韩国钧，专门作诗一首，诗曰：“挥毫健羡君才调，涕泣无言泪暗消。英年陋巷同颜子，开府江南过温峤。虎庭骂贼毋心沸，深闺易嫁青眸标。相逢地下开颜笑，模范夫妻万古邵。苏北耆英数海安，策权排难沥肺肝。杞人唯恐青天坠，精卫难填碧海干。忧国有心愁闻鲍，接席多缘愧识韩。知音寥落天涯感，寂寞何人解辛酸。秋容老圃胜东篱，巾履萧然此孑遗。波涌江淮龙蛇斗，变起萧墙燕雀危。天心已厌玄黄血，人事难评黑白棋。鲁连贤志埋幽恨，亲痛仇快忍思维。温温权贵六十秋，斜阳鞭影起孤丘。班马文章能臧否，颜欧书法论怨尤。林下疏河爱黎庶，晚景抗节挫敌酋。状者易征无多语，何日全师复神州。”④

新四军政治委员刘少奇敬送挽联：“林下享贤名，兴利导淮，禹稷精神如左右；陷敌怀壮志，卫国亡身，文张风节信有征。”新四军参谋长赖传珠送

---

① 傅义桂：《一代高风，后世景仰——陈毅将军主祭韩国钧先生的一次盛大追悼会》，中国人民政治协商会议江苏省委员会文史资料委员会编：《江苏文史资料》（第99辑　肝胆照人显英才），1999年，第100页。

② 傅义桂：《一代高风，后世景仰——陈毅将军主祭韩国钧先生的一次盛大追悼会》，中国人民政治协商会议江苏省委员会文史资料委员会编：《江苏文史资料》（第99辑　肝胆照人显英才），1999年，第100页。

③ 刘树发编：《陈毅年谱》，人民出版社1995年版，第375页。

④ 陈毅：《悼韩紫石》，中国人民政治协商会议江苏省海安县委员会文史资料研究委员会编：《海安文史资料》（第3辑　纪念韩紫石专辑），1987年，第5页。

挽联："公为民族捐白首，吾凭抗战吊英灵。"盐阜区党委送挽联："向寇奸死拒，为团结疾呼，先生英名永垂青史；看胜利将临，念艰难正亟，吾侪协力共建新邦。"阜东县参议长庞友兰的挽联是："科举中自由丈夫，能为我黄帝子孙昭气节；江淮间又一男子，直与吴季威将军争光辉。"

此外，还有计雨亭、王朗山、顾希文、张延寿等地方士绅及滨海县政府、阜东参议会等机关送的挽联达200多副。

当主持人宣布"追悼韩国钧大会现在开始"之后，数声炮响，军号哀鸣，在全体肃立庄严肃穆的气氛中，由新四军代军长陈毅主祭。陈毅先代表苏北父老耆绅及军民各界将鲜花、醴酒致祭于韩国钧灵前。① 接着，由阜宁士绅顾希文宣读苏北各界人士追悼韩国钧的祭文，杨芷江先生报告韩国钧生平事迹，庞友兰发言，深赞韩国钧道德学问，认为"其关心民族事业，抗敌不屈，气节可风"，号召大家继承其遗志，与共产党和新四军合作坚持抗日，最后还高呼："我们是中国人，不做日本狗！"② 闻者极为感动。

继而是陈毅演讲，他十分沉痛地说："韩老先生之殉国，是在敌伪军百般利诱威胁不屈之下而死，此种从容就义之精神，较诸慷慨赴死者，更为难能可贵。"号召大家学习韩国钧这种威武不屈的民族精神。陈毅还对韩国钧与时俱进的品格给予了高度肯定，他说："韩老先生出身前清大员，精研汉学，以八十高龄，而能随时代进步，深认民主政治之重要，以在野之身，为国家民族前途而呼号奔走，赞同中共政策，襄助抗日民主。"这是当前各界人士都应学习效仿的榜样。最后，陈毅以韩国钧拒绝附逆、与新四军建立信任与合作关系的事实为例，指出韩国钧面对国民党顽固派进攻新四军、破坏团结抗战局面的恶行，"不作模棱两可、敷衍调和之心，而力持正义，呼吁团结，制止反共内战，并躬亲主持曲塘会议，使是非曲直大白于天下"。陈毅对此十分

---

① 傅义桂：《一代高风，后世景仰——陈毅将军主祭韩国钧先生的一次盛大追悼会》，中国人民政治协商会议江苏省委员会文史资料委员会编：《江苏文史资料》（第99辑　肝胆照人显英才），1999年，第101—102页。

② 《抗敌不屈气节可风新四军暨苏北各界追悼韩国钧》，《解放日报》1942年5月28日，第28张第1版。

感激，盛赞韩国钧“以真理事实为依归，不阿权贵”的精神，号召主张团结抗战的人士都向他学习。陈毅还将韩国钧所具备的这些精神和品质，视为他能不惧日伪威逼利诱、誓死不做汉奸的根本原因，他说：“韩老先生之修养甚深，由于能主持公正，故对外更能凛然大节而不可犯，此种精神永垂不朽！”陈毅很感动地向新四军发出呼吁：“新四军同人愿谨记韩紫老的抗战民主精神，来应付时局。号召全国团结，发起反攻，争取抗战最后胜利！”①

最后，黄克诚、建阳县农救会代表等登台演说，众人在缅怀韩国钧爱国精神的同时，纷纷表示要继承其爱国爱乡的遗志，为团结抗战继续奋斗。

追悼大会从下午一时举行至下午五时二十分结束，历时四小时有余，到场的党政军民、士绅名流均衔哀致奠，抗敌不屈之民族精神深入人心。

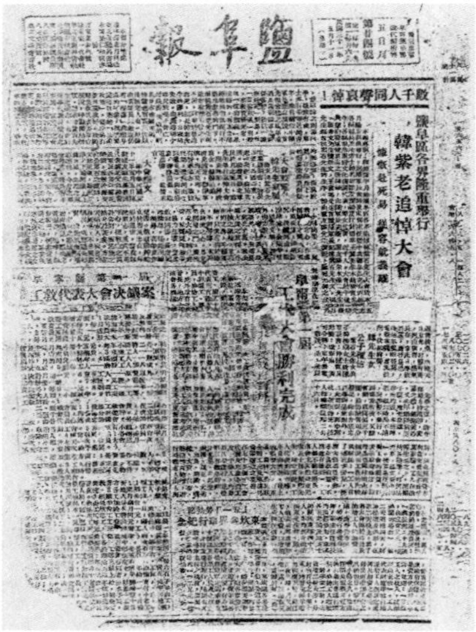
鹽阜報
數千人同聲哀悼！
鹽阜區各界隆重舉行
韓紫老追悼大會

图 4-6 《盐阜报》（1942 年 5 月 11 日）报道“盐阜区各界隆重举行韩紫老追悼大会”

韩国钧追悼会的召开，在苏北苏中抗日根据地引起了强烈的反响，推动了根据地统一战线工作的进一步开展。会后，盐阜名绅、阜东县参议长庞友兰写诗呈送陈毅，其诗云：“国共原来是一家，前途远大总无涯，同心反扫三山敌，万国齐瞻自由花！”诗句很有代表性地反映了广大爱国绅民秉承韩国钧遗愿、团结抗战的坚强决心。②

其实，对于韩国钧高尚的爱国主义品格和威武不屈的精神，陈毅有过立意更为高远、地位更显突出的精准评价，陈毅在撰写的《记韩紫石先生》一

① 《抗敌不屈气节可风新四军暨苏北各界追悼韩国钧》，《解放日报》1942 年 5 月 28 日，第 28 张第 1 版。

② 傅义桂：《一代高风，后世景仰——陈毅将军主祭韩国钧先生的一次盛大追悼会》，中国人民政治协商会议江苏省委员会文史资料委员会编：《江苏文史资料》（第 99 辑　肝胆照人显英才），1999 年，第 104 页。

文中，追述了自己与韩国钧自1940年春至1942年初两年中的交往，称赞了韩国钧支持新四军团结抗战的正义事迹，高度评价了韩国钧陷敌不屈的民族气节，他说：“吾国历史上，反抗外族之侵略，屡见不鲜。其中仁人志士，断头丧身以殉者，先后踵接。于宋有文、陆、张、郑诸贤，于明有史、左、顾、黄诸贤。紫老之殉国，其诸贤异代的化身欤？宋、明亡而不复，复则须在数世之后。今兹抗战，日蹴胜利之途。紫老之志，为酬不远。此紫老际遇，差胜昔贤，而后死者所当奋斗不息者也。”① 将韩国钧与历史上反对外敌侵略的民族英雄文天祥、史可法等相提并论，其反抗侵略、宁死不屈的精神，是中华民族爱国精神的传承和延续，是后人继续奋斗的动力源泉。

解放日報
各分區縣推進夏耘
加緊鋤草擴大開荒
卡爾科夫以南
紅軍佔領重要高地
抗敵不屈氣節可風
新四軍暨蘇北各界
追悼韓國鈞先生

图4-7　延安《解放日报》（1942年5月28日）对新四军与苏北各界追悼韩国钧的头版报道

1943年5月，苏中各界为纪念韩国钧在苏北敌后“坚持团结抗战，主张正义之勋劳”，特呈请中共苏中行政公署批准，设立紫石县，“其辖境为海安以北与泰县、东台毗连地区，由李恢民任第一任县长”。② 这也是苏北人民对于韩国钧爱国精神和团结抗敌理想的承续和绵延。

① 陈毅：《记韩紫石先生》，《盐阜报》1942年5月11日，转引自中国人民政治协商会议江苏省海安县委员会文史资料研究委员会编：《海安文史资料》（第3辑　纪念韩紫石专辑），1987年，第3页。

② 《纪念韩国钧先生，苏中设紫石县》，《解放日报》1943年7月14日，第14张第1版。

五、韩国钧的朋友圈

韓國鈞

韩国钧9岁丧父，12岁亡母，继而由二姑母抚养成人。一生宦海沉浮，除了归功于个人品行与努力外，其与社会各界名流贤达交往密切亦是成因之一。韩国钧平生十分注意收集与朋僚旧雨的往来信函，历经劫难，散失很多，后由江苏省档案馆收藏，粗略整理仍有700余人计3 600多封信函，由此可见韩国钧社会交往之广博，朋友圈之阔大。本书选取对韩国钧一生影响至巨的僚朋师友52人，名列如下，并略述其交往轶事。

何伯溟

何伯溟，名衍森，海安刘氏私塾教习。除对孔孟之学、程朱理学能精解外，在绘画、书法、历算、地学方面也有所涉猎。

韩国钧1869—1876年八年间均在刘氏私塾读书，拜师何伯溟后开始学习词章。他参加了1875年的院试，诗赋在扬属列第八名，但因八股文太差而正场被黜。何伯溟对韩国钧要求严格，同时考虑到韩国钧家境困难，在学费上对韩国钧也有所照顾，这激励着韩国钧在初次院试落榜后发奋苦读，除夕元旦也不休息，终于在1877年考中了秀才。

林天龄

林天龄（1830—1878），字受恒，号锡三，福建长乐（今福州市长乐区）人。1860 年中进士，历任翰林院编修、左春坊右庶子、江苏学政、署国子监祭酒。人又称之为“林学士”。清同治、光绪年间翰林院侍读学士，同治皇帝的帝师之一。1911 年，朝廷准其入名宦祠祭祀，追谥“文恭”，生平事迹载入国史馆并立传。

林天龄于 1870 年出任江南乡试副考官，因主考官铭安多病，所以多代其阅卷，到了他出任江苏学政时已经主掌江苏科举多年。他在任上废除了多项弊政，例如以往乡试中试者需自书年龄、样貌以及三代名氏交给学使，再由学使上呈吏部，这就容易滋生腐败，尤以江苏为甚，这项弊政被林天龄废除。在林天龄任上，韩国钧功夫不负有心人，终于考中秀才，而林天龄却因为积劳成疾，一年之后就死在了任上，去世的前一天还在检阅试卷。

刘梅荪

刘梅荪（？—1901），名廷镜，字梅荪，广东佛山人。1870 年庚午科举人，1874 年甲戌科二甲进士，授翰林院庶吉士，散馆改江苏如皋任知县，后任甘泉县知县、六合县知县。为官清廉，为民造福，深受民众爱戴。在其调职扬州甘泉县知县时，“士民颂刘青天者逾十里，于县署建去思碑以志遗爱”。病卒。

1878 年，韩国钧二兄意外溺毙，大兄身体不佳，家道中落。韩国钧不得不考虑在攻读之余补贴家用，除了在刘氏私塾中从教之外，1880 年会试不中后选择加入刘梅荪的幕府。一来，刘梅荪是韩国钧 1879 年中举时的阅卷房师之一，对韩国钧甚为赏识；二来，刘梅荪时任如皋县知县，距离韩国钧家乡海安很近；三来，刘梅荪了解韩国钧的困难情况，对其有照顾之意。韩国钧在刘梅荪幕府中做他三个孩子的教读，连续七年。在此期间，韩国钧随刘梅荪调任扬州甘泉、南京六合，直到 1886 年刘梅荪返回广东才告结束。韩国钧除在刘梅荪幕中任教读之外，还帮助处理一些事务，因为刘梅荪的广东口音不为苏中地区人民所熟悉，所以每次刘梅荪断案，均需要韩国钧在旁翻译。也正是在刘梅荪幕中的历练，让韩国钧了解到民间疾苦，为他之后的从政生涯打下良好基础。

吕宪秋

吕宪秋，字丕之，号桂岩，山东莱芜（今济南市莱芜区）人。吕家为当地名门望族，人称“官字号”“举人街”。从吕传诰开始，家族科举中第者多有，其子吕宪瑞为 1862 年进士，侄子吕宪春为 1855 年举人、吕宪和为 1859 年举人、吕宪秋为 1862 年壬戌恩科举人。光绪年间，吕宪秋议叙任六合县知县。六合一地“盗风甚侈”，民不聊生，他到任后，严惩首恶，宽大协从，使社会风气很快好转，人民安居乐业。后调任甘泉县任职时，“父老数千人赴辕请留”。编修有光绪《六合县志》。

韩国钧在刘梅荪返回广东后留在六合县，并在六合书院中任掌教，很快就于 1887 年进入新知县吕宪秋的幕中。虽然韩国钧在吕宪秋幕府仅待了一年多的时间，但吕宪秋也对他产生较大影响。吕宪秋之前做金陵知县时，曾经处决过洪秀全拜上帝教的人员，在做六合知县时，也曾率百名乡兵与数万捻军厮杀，可谓文武兼备。且六合与通商大邑南京接壤，地理位置特殊，所以吕宪秋的幕僚中多奇人志士。韩国钧在吕宪秋幕中，不仅开始对舆地产生了兴趣，而且还学习了一段时间的英语，这也影响了他此后为官的格局。1895 年，韩国钧从镇平县调任祥符县时，祥符县财政难以支撑，在到任前一天他向时任许州刺史的吕宪秋贷款了八千金，才勉强应付过去，足可见二人私交之深。

胡广渊

胡广渊，字渊如，安徽凤阳人。生卒年及生平不详。

1887 年，胡广渊与韩国钧同教于江苏省六合县知县吕宪秋幕中。作为幕友，胡广渊曾赠予韩国钧一把绘有燕子矶形势的扇子，从此激发了韩国钧对于舆地的兴趣。是年秋，黄河决堤，韩国钧潜心阅读《禹贡锥指》后自绘

《历代黄河变迁图》，这为他之后在豫治黄奠定基础。此外，韩国钧还曾跟随他学习英语，不过很快就放弃了。

两人再有交集是在韩国钧二掌苏政期间，此时已至暮年的胡广渊曾就绘制水利地图、在皖北滩涂垦荒等地方实务与韩国钧有过交流。

徐树钊

徐树钊，字寿葆，徐夔第四子，行七。湖南长沙人。太学生，曾在曾国藩幕府善后居任职，后任六合县知县、江苏候补知府，赏戴花翎，诰授朝议大夫。

1888—1889年间，韩国钧在时任昭文县知县的徐树钊幕中做过教读，前后有一年多时光。值得一提的是，徐树钊曾经入过曾国藩的幕府，在1864年攻克太平天国天京（今南京）时还出过力。韩国钧在徐树钊幕中通过社交拓展自己的人脉。在徐树钊幕中，韩国钧第四次参加会试未中，依例应大挑得一等，以知县候用，就此开启了自己的仕途。

吴树棻

吴树棻（1857—？），又名树芬，字移香，山东历城人。1880年进士，选庶吉士，官四川学使。1902—1905年间任陕西大学堂总办。1906年因丁忧在籍，被陕西巡抚派往日本考察学务，同年12月回国后，即任陕西高等学堂首任专职监督，直至1911年，前后五年，是任职陕西高等学堂监督时间最长的一位。工书法，笔墨苍秀，颇有董其昌遗韵。

韩国钧1889—1891年间在吴树棻幕中，此三年对韩国钧治豫相当重要。首先，吴树棻是韩国钧的本科荐卷房师，对韩国钧甚为赏识；其次，吴树棻时任河南学使，是封疆大员，相较之前的幕府生涯韩国钧所能结识的人物大为不同；再次，韩国钧跟随吴树棻的三年内周历河南多地，考察当地山川道路、民俗风情和地方利病。1891 年，韩国钧将考察所得撰成《随轺日记》一卷，绘画了《经行道里图》，这都为他之后治豫奠定坚实的基础。

刘树堂

刘树堂（1830—1903），字景韩，云南保山人。以军功起家。1860 年应北闱，旋入李鸿章幕府。1889 年以江宁道迁江苏按察使。后历任福建、浙江、河南布政使。1894 年授河南巡抚，兼署东河河道总督。1898 年调浙江巡抚。1900 年因衢州教案被革职，永不叙用。

韩国钧与刘树堂的交集始于韩国钧在祥符县任上。韩国钧任祥符县知县时，祥符县财政难以支撑，而时任河南巡抚的刘树堂仍向地方摊派金银铜器。韩国钧曾在无可奈何之下谒见刘树堂，但他先是虚与委蛇，后又出尔反尔。不过，刘树堂后在两宫面前举荐韩国钧为良吏，使其获得了第一次被送部引见的机会，究其原因还是韩国钧政声卓著，刘树堂对他多有赞赏。刘树堂这次的批折多年后一直被韩国钧珍藏在家，而刘树堂在这次觐见两宫之后不久就调任浙江。另外，刘树堂早年曾入过李鸿章的幕府，襄助李鸿章办过洋务事业，与刘树堂同官五年，对韩国钧的人脉拓宽也大有裨益。

张人骏

张人骏（1846—1927），原字健庵，又改字千里，号安圃，晚号湛存居士，直隶丰润（今河北唐山市丰润区）人。19 岁考中同治甲子科举人，23 岁考中同治戊辰科进士。历官同治、光绪、宣统三朝。先任广西桂平梧盐法道，后任广西布政使、广东布政使、山东布政使，再任漕运总督、山东巡抚、山西巡抚、广东巡抚、河南巡抚，由河南巡抚升任两广总督，再移两江总督，直至辛亥革命而弃职。清亡之后先去青岛闲居，第一次世界大战起，日德交战，又去天津英租界家住约十余年。卒于天津。

韩国钧与张人骏的交集集中在张人骏任河南巡抚、两广总督时期。张人骏两度出任河南巡抚，1902 年至 1903 年，正是韩国钧刚刚出任河北矿务局总办、交涉局会办，在河南勘察矿源之时。1905 年，赵尔巽想将韩国钧调往奉天任职，张人骏作为豫抚深知人才难得，曾出面挽留，这是对韩国钧在河南为官的肯定。1907 年，韩国钧在短暂的奉天宦游后，又回到了河南充任陆军参谋处总办、交涉局会办，兼任营务处总办，此时韩国钧的职务以军事职能为主，这显然是对他 1906 年在彰德办理秋操事务的肯定。韩国钧的河南任职得到张人骏的肯定，张人骏在升任两广总督后，便奏保韩国钧随调。韩国钧在粤办理征兵、筹办军事教育事务，仅一年后便又得到了被送部引见的机会，这都与张人骏的支持是分不开的。两人合作期间，韩国钧三次拒绝了他省的电调，可见他与张人骏的合作比较愉快。

锡良

锡良（1853—1917），字清弼，巴岳特氏，清末蒙古镶蓝旗人。1874 年进士。历经同治、光绪、宣统三朝。早期在山西任职 20 年，以廉洁、仁爱、为官认真著称。1900 年，义和团进逼京师地区，锡良受命率部北上保卫京师，后知慈禧太后、光绪帝一行逃往长安，便改去山西太原护驾，被光绪帝任命为山西巡抚，防守后路。1902 年在热河都统任上短短的半年时间里，积极整顿吏治和财务、兴办矿业、开垦荒地、整顿巡防等。1903 年调任四川总督，在四川积极推行新政。1907 年调任云贵总督。1909 年 2 月奉命总督奉天、吉林、黑龙江东三省事务。辛亥革命爆发后，任热河都统，告病休养。在卧病的六年当中，锡良始终拒绝医治和服药，于 1917 年病逝。

韩国钧与锡良的交集始于 1902 年锡良任河南巡抚期间。锡良任河南巡抚仅短短四个月，但遇上了英国福公司的外交交涉事件，他力荐时任候补道的韩国钧接任豫丰公司总办与福公司交涉。交涉期间，锡良给予韩国钧足够支持，另委托豫丰公司华人帮董与之周旋，减轻了韩国钧身上的重担。锡良称赞韩国钧“才长心细，通达时务”①，可见对其极为赞赏。1902年，韩国钧与福公司代表签订《河南道口至宁郭驿议建运矿支路章程》，锡良批准，后在外务部立案。1909年，时任东三省总督的锡良电调时在粤练兵的韩国钧前往奉天，韩国钧最初拒绝，但后因两广总督张人骏调离，于是便接任奉天交涉使，这都说明两人交往中的互相赏识。在奉天交涉使任上，东北疫情肆虐，起初锡良对设立“中日防疫会”顾虑重重，但韩国钧认为这是约束日本警察权限的机会，做通了锡良的工作，事实证明“中日防疫会”在防疫过程中起到很大作用。防疫事竣后，锡良想奏报擢升并重奖韩国钧，均被韩国钧婉言拒绝。在锡良的坚持之下，韩国钧乃奉旨接受嘉奖。辛亥革命爆发，锡良告病休养，等韩国钧卸任吉林民政使到京候命，路过天津谒见锡良时，锡良语重心长地告慰韩国钧：“君自是封疆之才，但任非其时耳。”②锡良此言，韩国钧自述多年后“今犹在耳”，可见锡良的鼓励和安慰对于民国肇兴时尚犹豫不决的韩国钧而言是多么重要。

陈夔龙

陈夔龙（1857—1948），又名夔鳞，字筱石，号庸庵居士，贵州贵阳人。1872年中秀才，1875年考取举人第一名，后曾为四川总督丁宝桢的幕僚。1886年参加全国会试，中三甲进士，授兵部主事。1900年5月八国联军登陆后，于6月13日正式署理顺天府尹，这是他官宦生涯的一个转折点。庚子五大臣被杀后，他认为署理顺天府尹吃力不讨好，请调。7月12日署理太仆寺正卿的王培佑回任，而他则署理太仆寺正卿。后历任漕运总督、河南巡抚、江苏巡抚、四川总督、湖广总督，1909年任直隶总督兼

① 《锡良遗稿·奏稿》第3卷，中华书局1959年版，第203页。

② 谢静：《韩国钧》，苏州大学出版社2014年版，第81页。

北洋大臣。曾反对废除科举。辛亥革命发生后，以病告假，退隐上海。1917年大力拥护张勋复辟，被任命为弼德院顾问大臣，举事不济后，再度匿居上海。1948年8月在上海去世，葬于杭州。著有《梦蕉亭杂记》《庸庵尚书奏议》《花近楼诗存》等。

韩国钧与陈夔龙的交集集中于陈夔龙1903年调任河南巡抚后，当时的韩国钧已出任河北矿务局总办、交涉局会办。陈夔龙一上任就遇到了英国福公司事件，韩国钧在陈夔龙的支持下与福公司展开了交涉，最终维护了国家路矿主权。又在陈夔龙的支持下，在河南查勘矿源。由于韩国钧在河北矿务局任职期间交涉得体、政绩卓著，陈夔龙不仅上奏请求嘉奖韩国钧，还奏派韩国钧于1905年赴日本考察农工商，使之获得了出国“开眼看世界”的机会。

冯国璋

冯国璋（1859—1919），字华甫，一作华符，直隶河间（今属河北）人。1885年入北洋武备学堂，毕业后在淮军洋枪队任教官。甲午战争中，曾随军参加抗击日军，后任中国驻日使臣裕庚军事随员。1896年初回国，入袁世凯在天津小站创办的新建陆军，任督操营务处帮办、总办兼步兵学堂监督。1901年任直隶总督署军政司教练处总办，负责创办保定将弁学堂、保定速成武备学堂，协助袁世凯办新建陆军。1903年任清政府练兵处军学司司长，与王士珍、段祺瑞并称“北洋三杰”。1906年任蒙古副都统兼陆军贵胄学堂总办。辛亥革命爆发时，他被清政府任命为第一军军统，率部到湖北镇压革命。攻占汉口后，清政府授予二等男爵，旋被袁世凯调任为察哈尔都统兼禁卫军总统。1912年民国成立后，任直隶都督兼民政长。1913年7月任江淮宣抚使兼第二军军统，率部攻下南京，镇压“二次革命”。同年12月任江苏都督。1915年反对袁世凯称帝，与数省将军联名电请袁世凯取消帝制。1916年6月袁世凯死后，成为直系首领；7月改任江苏督军；10月当选北洋政府副总统。1917年7月黎元洪下台后，以副总统职代理大总统。1918 年 10 月被段祺瑞胁迫下台，还乡经营家业，购置房地产。1919 年 12 月在北京病故。

韩国钧与冯国璋的交集始于 1906 年。1906 年韩国钧从日本考察归来之后，出任河南陆军参谋处总办，曾赴彰德办理秋操事宜，而冯国璋就是彰德秋操时的南军审判长。后来，韩国钧在广东练兵，冯国璋时任陆军部军咨处副使，此时两人即熟识。等到韩国钧第一次治理江苏期间，袁世凯将张勋调任长江巡阅使，以冯国璋继任江苏都督，两人共同抚恤赈灾、促兴教育、筹办市政，有过一段比较密切的治苏合作经历。但很快，两人因为财政、军民划分等问题产生龃龉。为调解两人矛盾，袁世凯便将韩国钧调任安徽巡按使。韩国钧告老还乡后，1917 年冯国璋再次致函韩国钧请其出任奉天巡按使，被韩国钧以衰老为由推辞了。

赵尔巽

赵尔巽（1844—1927），字公镶，号次珊、无补，山东泰安人，祖籍奉天铁岭（今属辽宁），隶汉军正蓝旗。1874 年甲戌科进士，授翰林院编修。1879 年任湖北乡试副考官。1882 年任监察御史。1887 年任贵州石阡府知府。1895 年任安徽按察使。1898 年任新疆布政使。1901 年任山西布政使。1902 年 11 月奉命护理山西巡抚，12 月调任湖南巡抚。1904 年署户部尚书。1905 年任盛京将军，并在东北设立督练公所，主持新军训练，自兼总办。1907 年调任湖广总督。1908 年 2 月调任四川总督。1911 年 3 月任东三省总督，并授钦差大臣，兼管东三省军事。武昌起义后，在奉天以保安会代替总督衙门，任会长。1912 年民国成立，任奉天都督；11 月辞职，退居青岛。1914 年任清史馆总裁，主编《清史稿》。1914 年 5 月兼参政院参政。袁世凯称帝时被封为“嵩山四友”之一。1917 年张勋复辟，被提名为弼德院顾问大臣。1925 年 2 月任善后会议议长，同年 7 月任临时参议院议长。1927 年 9 月 3 日在北京病逝。

韩国钧与赵尔巽的交集集中在两人共事期间。韩国钧治豫期间，政声卓著，尤其是在与英国福公司交涉一案上的有礼有节，吸引了时任盛京将军的赵尔巽的注意。赵尔巽早年在任山西布政使时便有过路矿交涉的经历，此番在奉天任职，外交情况更是复杂，于是将从日本考察归来的韩国钧调至奉天，任交涉局局长。从 1907 年 2 月韩国钧到任，到 5 月赵尔巽调离间，两人共事仅短短 3 个月，赵尔巽多次致函请韩国钧到他府上游览或者邀赏古玩。韩国钧在任期间处理了多项棘手的涉外事务，赵尔巽对韩国钧的赏识常溢于言表。

张謇

张謇（1853—1926），字季直，号啬庵，江苏南通人。1876 年在淮系庆军统领吴长庆幕任文案，1882 年随庆军赴朝鲜，1884 年回国离军。1885 年中举后，相继在江苏赣榆、崇明书院掌教。1894 年考中状元，授翰林院修撰。次年，掌南京文正书院。甲午战争后，主张实业救国，在通州招股筹办大生纱厂，1899 年建成投产。其后又在崇明办大生二厂，并先后开办通海垦牧公司、广生油厂、大达和天生港轮步公司等企业。从 1902 年创办国内第一所师范学校——通州师范学校后，相继开办中学、小学和十多所专科职业学校；并开设图书馆、博物苑、气象台、剧场、医院等多种文化公益设施。1904 年为张之洞等起草《拟请立宪奏稿》后，投身立宪运动。1906 年拥护清廷预备立宪，联络江、浙等地立宪党人，在上海组成预备立宪公会，任副会长。1909 年当选江苏諮议局议长。次年，发起各省諮议局代表赴京向清政府请愿召开国会。武昌起义后，拥护共和，推动江苏独立。1911 年 11 月当选江苏省临时议会议长；12 月任江苏两淮盐政总理。1912 年 1 月任南京临时政府实业总长。在沪与程德全、章太炎等组织统一党，旋统一党改组为共和党，任理事。1913 年初任江苏省教育会会长；9 月任北京政府熊希龄内阁农商总长兼全国水利局总裁。任内制定并颁发多种发展农林、工商业的法令。1915 年 8 月因袁世凯恢复帝制，辞职南归，继续经营实业及教育事业。1916 年在沪任中国银行联合会会长、上海华商纱厂联合会会长。1918 年任华成盐垦公司总理。1921 年任吴淞商埠督办。1922 年任江苏运河督办、交通银行总裁。晚年居南通，经营地方实业。1926 年 8 月 24 日在南通病逝。著有《啬翁自订年谱》《张謇存稿》等，后人编有《张季子九录》《张謇全集》等。

张謇与韩国钧作为南通两大明贤，交游甚多。早在 1908 年，刚刚被送部引见归来的韩国钧在家乡参加完两宫去世的哭临礼后，就见到了张詧和张謇兄弟两人，晤谈了面粉厂之事。是时，张謇在南通的实业兴办得如火如荼，而韩国钧对教育与实业颇感兴趣。1911 年夏，调查农垦路过奉天的张謇再次与韩国钧晤面。民国肇立，当时在政界很活跃的张謇劝说韩国钧接受任命，出任江苏民政长。在第一次执掌苏政期间，韩国钧依靠他与张謇和袁世凯的关系，才有底气“礼送”张勋离开江苏。从苏任退下后，韩国钧致力于家乡实业，而此时的张謇也因为对袁世凯不满而离职回乡精研实业，两人多有交流。韩国钧在考察过南通实业后，于 1919 年创办泰源盐垦公司，投身于江苏的沿海滩涂开发事业。其公司从组织架构到生产模式上都模仿张謇的公司。此后，韩国钧兴办实业的理念都与张謇高度契合。1920 年，韩国钧与张謇共同组建了“苏社”，专谋江苏地区的自治事业。在此基础上，韩国钧和张謇参与督办运河局，致力于家乡的水利事业。1924 年，张謇和韩国钧共同筹划扩大河海学校（今河海大学的前身），致力于培养水利专门人才。1922 年棉纺织业面临危机，张謇的事业陷入困境，不得已向当时已经第二次执掌苏政的韩国钧求助，省长韩国钧当即拨款 20 万元相助，张謇深表感谢。1926 年张謇去世后，韩国钧亲往吊唁。1937 年，韩国钧在张謇新祠落成礼上发表演说，号召大家继承张謇遗志发展实业。由此可见，张謇和韩国钧有着共同的实业思想和地方自治理念，不仅感情深笃，而且互相影响和成就甚多，实为历史上一段佳话。

李经羲

李经羲（1859—1925），字仲轩、仲宣，号晦奄，安徽合肥人。李鸿章之侄。以优贡捐奖道员。1887 年 6 月任四川永宁道；后任湖南盐粮道、湖南按察使、福建布政使、云南布政使。1901 年 4 月任广西巡抚；5 月调任云南巡抚。1902 年 5 月被免云南巡抚职，同年 12 月署贵州巡抚。1904 年 5 月调任广西巡抚。1905 年冬任安徽铁路矿务总理。1909 年 2 月任云南总督。1910 年 10 月电商各省督抚，并得到程德全、孙宝琦等 17 名督抚的赞同，先后两次联名电奏清廷立即组织责任内阁，尽快召开国会。支持立宪派发起的第三次国会请愿运动。辛亥革命时被蔡锷礼送出境，避居上海。1912 年当选在上海成立的中华进步党副主裁。1913 年任政治会议议长，后任审计院院长等。1915 年 1 月被袁世凯授为中卿，同月免审计院院长职。袁世凯称帝时，与徐世昌、赵尔巽、张謇被称为“嵩山四友”。1917 年 5 月任段祺瑞内阁财政总长兼盐务署督办，5 月 28 日被黎元洪任命为国务总理，7 月 1 日张勋复辟后辞职，隐居上海。1925 年 9 月 18 日在上海病逝。

韩国钧与李经羲的交集始于清朝末年。1909 年，刚刚出任云南总督的李经羲曾试图电调当时在广东练兵的韩国钧赴滇，但被韩国钧拒绝。1915 年，在安徽巡按使任上的韩国钧苦于深受安徽都督倪嗣冲掣肘，无法实现自己经营安徽的计划，因此向时任袁世凯政府审计院院长的安徽人李经羲写信，控诉皖北贪吏的暴行。1924 年，已经退隐上海的李经羲因为在扬州留有产业，而扬州县令的诸多恶行令其不满，于是他也写信向已经二度执掌苏政的韩国钧控诉。

陈昭常

陈昭常（1867—1914），字平叔，又字简墀，亦作简始、谏墀，室名廿四花风馆、拣风花风信馆，广东江门人。1889 年中举。1894 年中进士。同年改翰林院庶吉士。次年授刑部江苏司行走。1897 年任洋务局会办。

1902 年升任洋务局总办，兼任政务局会办。同年出任京师大学堂监督。又调广西，署广西按察使、广西右江道，兼总理右江营务处。1905 年任京张铁路总局总办。1907 年任督办延吉边务兼吉林省各军翼长，署珲春副都统。1908 年署吉林巡抚。民国成立后，任第一任吉林都督，后兼任吉林民政长。1914 年 10 月 24 日在上海去世。

1911 年 9 月，韩国钧接任吉林民政使，官居从二品，到吉林赴任后，就与陈昭常"搭起了伙"。陈昭常是一位富有历练的地方大员，长期身居高位，韩国钧到任时，他已在吉任职四年。两人一见面，在政治上就引为知己，共同联名向北京发电，反对隆裕太后的"垂帘听政"。为此事，陈昭常、韩国钧两人都受到了一通训斥。作为地方大员，妄议中央是严重逾规的，况且"垂帘听政"一词在清末高度敏感。幸亏当时清廷已是气息奄奄，否则，韩、陈两人会受到严厉处分。

武昌起义后，各省纷纷响应，江苏、安徽、湖南等省相继独立，清王朝陷于土崩瓦解。这时，吉林亦有呼吁本省独立之人。陈昭常、韩国钧认为："吉林处日、俄二强之间，与他省情形不同，不如仍旧观其变。"1911 年底，呼吁"吉林独立"的声音抚平以后，陈昭常密电请辞，推荐韩国钧代行吉林巡抚之职。韩国钧得知此情，立即给东三省总督赵尔巽去电，力辞陈昭常的美意，并请陈昭常留任，电文中说："扰乱之际，惟以维持现状为要，不应有所变更。"末了，韩国钧决意辞职，携眷返回故里，其民政使一职由陈昭常兼任。①

程德全

程德全（1860—1930），字纯如，号雪楼、本良，四川云阳（今属重庆）

① 吉光：《韩国钧与五任督军》，江苏省海安市政协官方网站，2018 年 1 月 9 日，网址：http://zx.haian.gov.cn/zx/infodetail/?infoid=6178d3eb-dd9f-40f2-826c-7ca4651741ed&categoryNum=015。或参阅：《韩国钧与五任督军》，《江海文化研究》（内部刊物）2018 年第 3 期。

人。为廪贡生出身，1888 年入三姓副都统文格幕当差。1890 年入国子监肄业。1898 年赴黑龙江入副都统寿山幕。1900 年，沙俄入侵东北，受命赴前线督队，积极筹战，后任黑龙江行营营务处总理。次年擢升直隶州知州。1903 年擢升道员，赏加副都统衔，署理齐齐哈尔副都统。1905 年擢升黑龙江将军。1909 年任奉天巡抚。1910 年调任江苏巡抚，参与预备立宪。武昌起义爆发，1911 年 12 月 3 日就任江苏都督。1912 年 1 月 1 日南京临时政府成立后，被任命为内务总长。后与章太炎等先后组织中华民国联合会、统一党、共和党等。袁世凯任总统后，又被任命为江苏都督，着手恢复秩序。1913 年，宋教仁被刺后，亲赴上海处理“宋案”。他反对“二次革命”，主张与革命党人调和，后辞职退出政界隐居上海，闭门诵经。1926 年受戒于常州天宁寺，法名寂照。1930 年 5 月 29 日病逝于上海。遗著有《程中丞奏稿》《抚吴文牍》等。

韩国钧与程德全的交游始于辛亥革命期间。武昌起义后，江苏巡抚程德全宣布独立，韩国钧审时度势，认识到了民国代清已是大势所趋，当即以苏人的名义发电报给程德全，请求他保全地方，同时对程德全的义举表示肯定。韩国钧在卸任吉林民政使返乡后，曾经专程由南京赴苏州晤见程德全，再次呼吁江苏省应当军政统一和社会安定。程德全显然对韩国钧的政绩有所耳闻，于是邀请他担任参谋长，但当时政局不稳，韩国钧并未同意，仅答应留在程德全幕中襄办文牍，负责秘书和制定军事预算之事。1913 年“二次革命”爆发，革命党人曾挟持程德全逼其讨袁，黄兴也曾试图说服韩国钧留在革命党阵营中，但韩国钧以不愿起武力冲突之由拒绝了黄兴的请求。在此期间，程德全多次听询韩国钧的意见。“二次革命”失败后，程德全选择辞职，退居上海。袁世凯选择韩国钧执掌江苏省政，韩国钧初掌苏政的经历就此展开。

张君劢

张君劢（1887—1969），名嘉森，字君劢，一字士林，号立斋，别署世界室主人，江苏宝山（今属上海）人。1896年入上海广方言馆，旋入震旦学院学拉丁文。1906年公费留学日本早稻田大学政治经济科。其间加入政闻社，主张君主立宪。1910年回国。辛亥革命后任宝山县议会议长。1912年在上海与汤化龙、林长民等组织共和建设讨论会。1913年赴德国入柏林大学攻读政治学。1915年回国，任上海《时事新报》总编辑。1917年任总统府秘书、北京大学教授。1918年与梁启超等赴欧洲考察。1922年回国，一度任上海吴淞市政筹备处副主任。次年2月发表人生观演讲，引起科学与玄学论战。1924年出任上海国立自治学院院长。1934年与张东荪等人创建中国国家社会党，任中央总务委员会委员兼总秘书。全民族抗战期间，任国民参政会参政员。1941年参与组织中国民主同盟，任常委。1946年退出民盟。同年8月，国家社会党与民主宪政党在上海合并为中国民主社会党，任主席。1949年移居澳门。1951年定居美国。晚年在欧美从事著述、讲学。病逝于美国。著有《人生观问题》《新儒家哲学思想史》《社会主义思想运动概观》等。

张君劢是韩国钧朋友圈中少有的拥有留洋背景的学者。早在1911年，两人便有过接触，当时韩国钧刚刚处理完东北疫情，曾在奉天交涉司任职的他与各国代表结交日深。张君劢是政治学方面的专家，两人得缘相识，常常晤谈西方政治学。在韩国钧第二次执掌苏政期间，德国哲学家杜里舒（Hans Driesch，1867—1941）曾偕夫人一起到南京，并在东南大学讲学半年，韩国钧请张君劢陪同。杜里舒在东南大学讲学期间的讲义便是由张君劢参与翻译出版的。1923年，韩国钧又与张君劢在沪共同创办了自治学院，张自任校长期间，也不时将办学成果汇报给韩国钧。

张轶欧

张轶欧（1881—1938），名肇桐，字轶欧，又字翼侯，号一鸥，江苏无锡人。1897年考入上海南洋公学，因参加驱逐美籍校长活动被开除。1898年留学日本弘文学院，加入中国同盟会，并与秦毓鎏等组织留日学生革命团体青年会。次年回国，入上海震旦学院学习。1904年考取两江总督端方的公费留学，赴比利时学习采矿冶金，获海南工科大学路矿业硕士学位，1911年毕业回国。1912年后，历任工商部采矿科技师、技正、科长，矿务司司长，矿政局主任，第一区矿务监督署署长，矿务局会办，农商部矿政司司长等职。在矿政司任职期间，与丁文江、翁文灏等创办地质调查研究所，后又集合矿冶人才，购置图书设备，建立矿冶研究所；并参与发起成立中华博物馆同志会、中国矿冶工程学会等群众学术团体。1916年任江苏省实业厅厅长。1925年调任临城矿务局工程总办。1928年任南京国民政府工商部商业司司长。1929年任中国航空公司理事。1935年任实业部技监。1938年5月24日逝世。编著有《地质调查报告》《实业资料汇编》等。

韩国钧与张轶欧早在清末民初便有交集。1912年民国肇立，仍任吉林民政使的韩国钧晤见了当时初任农商部矿政司司长的张轶欧。此时，张轶欧刚好在吉林磐石勘察矿源，而韩国钧也曾在河南查勘过矿源，两人专业相通。1922年，张轶欧致函当时尚在“长苏”还是“长鲁”之间犹豫的韩国钧，请求他出任苏省。作为苏人的张轶欧除了谈及桑梓义务外，为了打消韩国钧的疑虑，在信中还特地说到江苏省财政虽有困难，但仍可筹集，各方意见不同，但仍有商酌余地，打动了韩国钧。

袁世凯

袁世凯（1859—1916），字慰庭，又作慰亭，号容庵、洗心亭主人，河南项城人，故人称“袁项城”。出身官宦家族，于清末投身淮军，后随军赴朝鲜参与平定壬午军乱，又在朝鲜甲申政变中指挥军队击溃日军，被清廷委以重任，回国组建新军，襄赞洋务运动及清末新政，自道员、巡抚、总督累升，至入值军机处，甚至内阁总理大臣，成为清末头号权臣。辛亥革命爆发后，孙中山于南京就任中华民国临时大总统。1912 年，袁世凯逼迫大清皇帝逊位，在北京组建临时政府，取代退位的孙中山，成为中华民国首任大总统。此后，其施政引发争议，国民党代理理事长宋教仁被刺导致“二次革命”，又与日本签署《中日民四条约》引发国内民众不满。1915 年 12 月 12 日，宣布将改次年为洪宪元年并建立“中华帝国”，但由于国内多方势力的反对，1916 年 3 月 22 日宣布取消君主立宪国体，改元后仅 83 天（1916 年为闰年）帝制便以失败收场。同年 5 月 6 日同意将辞退大总统之位，但还来不及实现就于 6 月 6 日病逝，后来葬于河南安阳。

袁世凯是豫人，对韩国钧在豫为官政声多有了解。两人交集始于民国初年，韩国钧在卸任吉林民政使后，袁世凯曾急招他进京，但韩国钧选择留在程德全幕中襄办文牍，这是他不愿意卷入政局纷争的一种选择。“二次革命”失败后，韩国钧深思熟虑后选择接受袁世凯的任命，主掌江苏省政，出任前他先请袁世凯约定军民权限、厘清财政系统。1913 年 12 月，袁世凯将张勋调离，大大缓解了韩国钧的从政压力。但袁世凯想以军署兼民政，继任江苏都督冯国璋仍与韩国钧产生矛盾。为了调和冯、韩矛盾，袁世凯将韩国钧调任安徽巡按使。韩国钧在卸任江苏民政长后，进京觐见总统，此间得到袁世凯的两次召见，韩国钧力陈修正官制和发行内债的重要性，得到了袁世凯首肯。在最后一次召见中，韩国钧获赠狐裘一领、食物四事，显示出袁世凯对韩国钧为政的一种认可。在皖任上，韩国钧再次因皖北贪吏的暴行与安徽都督倪嗣冲发生冲突，袁世凯为调和二人关系，再将韩国钧调任湖南，但韩国钧并未接任。此时袁世凯正忙于复辟帝制，韩国钧在辞职返里后便经由江苏省国民代表大会明确表达了自己对于袁世凯逆行倒施的不满与遗憾，也因此在乡间被限制了言论自由。不久，袁世凯忧惧而亡，韩国钧也不再受当局监视。

黄炎培

黄炎培（1878—1965），字任之，一作韧之，号楚南，笔名抱一，江苏

川沙（今属上海市浦东新区）人。1900年考入南洋公学特班，因墨水瓶风潮，回乡办川沙小学堂、开群女学。旋以宣传革命被当地官府逮捕，经保释后一度流亡日本。1904年返沪，历任川沙县视学、劝学所总董、江苏学务总会评议员、江苏教育总会常任调查员。次年加入中国同盟会，并受托接任同盟会上海干事。1906年受杨斯盛之托设计浦东中学草图，并参与主持校务。又任江苏学会调查干事，并以《申报》旅行记者身份赴内地考察。1909年任江苏省谘议局常驻议员。辛亥革命后，任江苏省教育司司长、江苏省教育会副会长、江苏省议会议员等。1915年任赴美国实业考察团书记。1917年归国后在上海创立中华职业教育社，任理事长。后相继开办中华职业学校、中华工商专科学校、中华职业补习学校、比乐中学、职业教育指导所等，另在昆山等地设乡村改进社，做社会改良实验。主张教育与生活联系、与劳动结合，学用一致，以提高社会生产力。同时重视中小学教育，主张以培养生产技能为中心。1932年一·二八淞沪抗战起，参与发起成立上海市民地方维持会。全民族抗战期间曾任国民参政员。1941年参加筹建中国民主政团同盟，任第一任主席。1945年访问延安，著有《延安归来》。同年底参与发起筹组中国民主建国会。1949年参加筹备并出席全国政协第一届全体会议。后任中央人民政府委员、政务院副总理兼轻工业部部长、第一至三届全国人大常委会副委员长、第一届全国政协常委、第二至四届全国政协副主席、民建中央主任委员等。著有《八十年来》《教育考察日记》《中国教育史要》等。

韩国钧与黄炎培产生交集始于民国初年。1913年，韩国钧为特别米捐之事赴省府磋商时，就顺便与时任江苏省教育会副会长的黄炎培有过晤谈，因为注重教育是韩国钧为官的一大特点。不久，韩国钧正式出任江苏民政长。1922年，韩国钧在“长鲁”和“长苏”间犹豫时，黄炎培曾致函请他“长鲁”。在韩国钧第二次执掌苏政期间，黄炎培曾与史量才共同由沪到宁居中调解，试图避免江浙战争的发生。在韩国钧卸任后，关心地方的黄炎培与其多有信函往来，主要讨论地方自治问题。1938 年花园口决堤事件发生后，韩国钧曾致函当时在重庆的黄炎培，请求消弭苏北水患。1940 年，韩国钧又致函时在重庆战地党政委员会的黄炎培，揭露韩德勤的丑恶无能，并请其转函蒋介石。1941 年皖南事变后，新四军北进盐城，海安又重新被日军占领，考虑到韩国钧的安危，陈毅曾与黄炎培共同商讨过将其转移到香港的方案，但未能成功。

黄兴

黄兴（1874—1916），原名轸，字廑午，又字克强，湖南善化（今长沙）人。1902 年赴日本留学，与陈天华等创办《游学译编》杂志，提倡民族主义。1903 年参与组织拒俄义勇队，反对沙俄侵占东北三省。同年回国，在长沙、明德、修业等校任教，宣传革命。1904 年在长沙与陈天华、宋教仁等组织华兴会，任会长。同年策划在长沙起义未成。次年在东京与孙中山等发起创立中国同盟会，任执行部庶务，居协理地位。1907 年起参与、组织多次反清起义，均告失败。1911 年 4 月 27 日与赵声领导广州起义，亲自率领敢死队进攻总督署。失败后，返香港。武昌起义后被推为革命军总司令，负责军事指挥，在汉口、汉阳与清军作战。上海、苏州、杭州等地光复后到上海，先后被推为大元帅、副元帅代行大元帅职权，均未赴任。南京临时政府成立后，任陆军总长。临时政府北迁，任南京留守。1913 年 7 月“二次革命”爆发，被推为江苏讨袁军总司令，失败后流亡日本。1914 年 7 月离日赴美。1916 年 5 月归国力赞讨袁，10 月 31 日于上海病逝。后世编有《黄克强先生全集》《黄兴集》《黄兴未刊电稿》《黄克强先生书翰墨绩》等。

韩国钧与黄兴的交集集中在“二次革命”期间。“二次革命”爆发，黄兴作为江苏讨袁军总司令，知道韩国钧时在程德全幕府中，于是想留韩国钧相助革命军，但韩国钧保持一种调和态度，所以婉言谢绝黄兴所请。韩国钧在上海见识到战乱之害，身为苏人，他告诉黄兴，在政治上各方会有不同意见，不应因意见不合而产生武力冲突。“二次革命”很快失败，黄兴逃亡日本，三年后就因积劳成疾而中年病逝。

张勋

张勋（1854—1923），原名和，字少轩、绍轩，号松寿老人，江西奉新人。早年父母丧，于1884年在长沙参加军队，随清军进入广西参加中法战争。初隶广西提督苏元春部，中日甲午战争爆发后，随四川提督宋庆调驻奉天。1895年，隶属袁世凯，任新建陆军工程营管带（营长）、行营中军（督练处总务长），后随袁世凯镇压义和团。1899年升至总兵。1901年调北京，宿卫端门，多次担任慈禧太后、光绪帝的扈从。1909年宣统帝溥仪即位，次年任江南提督，率巡防营驻南京。清朝覆亡后，为表示效忠清室，张勋禁止所部剪辫子，被世人称为“辫帅”。1913年奉命镇压讨袁军，后任长江巡阅使、安徽督军。1917年以调停府院之争为名，率兵进入北京，于7月1日与康有为等拥溥仪复辟，但12日为皖系军阀段祺瑞的“讨逆军”所击败，逃入荷兰驻华公使馆。后病死于天津。

韩国钧与张勋的交集是在韩国钧初掌苏政期间。当时张勋任江苏都督，飞扬跋扈，凶残异常。韩国钧在上任伊始，为了避免与他发生冲突，就请中央划分军民权限，但张勋早已越俎代庖地将全省县知事和税所长大部委任，韩国钧为了顾及张勋脸面，对其所任命的官员仍大部分沿用，未做更改，但同时声明张勋所任官员若不贤明，自己也不会姑息，这既是对江苏百姓的负责，也是对张勋的一种让步。张勋在1913年攻克南京纵兵烧掠时误伤过日侨，加之其在任期间所作所为引发袁世凯不满，袁便借此机会将其调任长江巡阅使。张勋虽然同意调离，但索款百万才肯开拔，而这笔费用自然摊派到韩国钧头上。此时江苏刚刚经历战乱，百废待兴，财政困绌，但为了送走张勋，韩国钧只能千方百计筹集款项。张勋临开拔前一天，竟然又索款六万，并且派兵围住民署向韩国钧施压，后经过段芝贵军长的力劝才告作罢。韩国钧与张勋共事短短三月，有礼有节，为江苏民众送走了张勋这个“瘟神”，最后他在江边为张勋送行，“欢然如平生”。① “礼送”张勋的这一系列政治操作无不体现出韩国钧为官的大度与宽容。

段芝贵

段芝贵（1869—1925），字香岩，安徽合肥人。幼年充任李鸿章的侍童。1886 年保送入北洋武备学堂，毕业后进入日本陆军士官学校学习军事。1892 年冬回国，任职于军械局。1897 年以候补同知投效袁世凯新建陆军，任督操营务处提调兼讲武堂练习。历任督队稽查先锋官、左翼步兵第 2 营统带、北洋常备军军政司参谋处总办、天津南段警察局总办等职务。1907 年贿得以道尹一职，赏布政使衔，署理黑龙江巡抚。1908 年并任北洋第三镇统制。以候补道署理巡抚，极为出格，后来他贿官一事遭到曝光，被参革职。武昌起义后，被袁世凯委为武卫右翼翼长，旋护理湖广总督。民国成立，任驻京总司令官，统制陆军和武卫右军，继任拱卫军总司令、察哈尔都统。1913 年任江西宣抚使，并任第一军军长。次年改任湖北都督。1915 年任奉天将军，旋兼署巡按使。不久，联合十四省将军密呈袁世凯，拥护帝制，被封为一等公。1917 年随段祺瑞讨伐张勋，获封辅威上将军。1917 年 12 月 18 日出任王士珍内阁的陆军总长。1918 年 1 月改任京畿卫戍司令。1920 年 7 月直皖战争中，任定国军西路总司令，和直系作战败北。此后遭到通缉，逃入天津的租界，完全从政界和军界引退。1925 年 3 月去世。

韩国钧与段芝贵的交集是在韩国钧初掌苏政期间。袁世凯为笼络张勋，任命他为江苏都督，但张勋的暴虐行径很快又激起袁世凯的不满，时任江苏

---

① 谢静：《韩国钧》，苏州大学出版社 2014 年版，第 90 页。

民政长的韩国钧对张勋也是无可奈何，袁世凯于是决定调张勋任长江巡阅使，同时派段芝贵等进行劝说。张勋虽同意调离，但要求一笔百万元的赔偿方肯开拔，韩国钧在百般筹措后终于满足张勋要求。未曾料到，张勋临走之前又逼索六万元，并扬言要派兵包围民署，幸有段芝贵的力劝才告作罢。1915 年 9 月，段芝贵联合十四省将军联名劝袁世凯速正大位，而此时已经卸任在家的韩国钧则向江苏省国民代表大会致函，明确表达自己对复辟帝制的反对。

江谦

江谦（1876—1942），字易园，号阳复，安徽婺源（今属江西）人。早年就读于婺源紫阳书院，两年后受业于南京文正书院，为书院山长张謇所赏识。1902 年，张謇在南通创办中国第一所师范学校——通州师范学校，江被邀共事，初任监理，后任校长。1907 年被安徽学界公推为安徽省教育会会长。1911 年随张謇看望下野后的袁世凯。1912 年民国成立，任安徽省教育司司长。1913 年任江苏省教育司司长，并任众议院议员。因精于文字音韵之学，由英文切音，发明阴阳声母通转规则，创设音标，为汉语注音字母的先声。1914 年 8 月被韩国钧任命为南京高等师范学校首任校长。1918 年因疾辞职，推荐郭秉文继任校长。1921 年南京高等师范学校改建为东南大学（今南京大学前身）时，江谦被选为东南大学发起人和校董，并为校歌《大哉一诚天下动》的词作者。此后潜心研究佛教，倡净土宗，宣扬儒佛合一论，在婺源创设佛光社。全民族抗战爆发后，寓居通州海滨念佛讲教，旋迁居上海著书立说。1942 年 4 月 10 日在沪病逝。著有《说音》《两汉三十七人传略》等。

韩国钧与江谦的交集始于韩国钧初掌苏政期间。韩国钧任江苏民政长之时，江谦被委任为江苏省教育司司长。1914 年 8 月，江谦被韩国钧任命为南京高等师范学校首任校长。1915 年，已调任安徽巡按使的韩国钧接见江谦，江谦以皖人的身份，向韩国钧建言在安徽发展教育事业。1937年，已离开教育界、潜心研究佛教的江谦再次致函韩国钧，向其提出了自己儒佛合一论的观点，并就自己筹办儒佛合一研究会的事宜向韩国钧虚心请教。

倪嗣冲

倪嗣冲（1868—1924），原名毓桂，字丹忱，安徽阜阳人。1893年中秀才，后屡试不第，参加淮军。1895年参加袁世凯新建陆军。1907年花钱捐得候补知府。东三省总督徐世昌任命他为奉天提法使、黑龙江民政使兼巡防军翼长。1909年，锡良接替了徐世昌，倪以渎职的理由被罢免。1911年任河南布政使帮办河南军务，后调任安徽布政使。1912年任武卫右军翼长、督办皖鲁豫苏四省交界事宜。翌年任安徽清乡督办、皖北镇守使、安徽护军使、安徽都督兼民政长。1914年被授予“安武将军”，督理安徽军务。推戴袁世凯称帝，1915年12月袁称帝时，被封为一等公。1916年4月任长江巡阅副使兼署安徽省省长。其间，护国战争爆发，袁世凯遭到全国上下反对，被迫取消帝制，而倪嗣冲一直支持袁。袁死后，倪嗣冲成为以段祺瑞为首的皖系军阀的中心人物之一，1916年7月就任安徽省省长。府院之争中，段祺瑞与黎元洪分庭抗礼，9月，倪策划皖系督军组织“十三省联合会”（即督军团）。张勋复辟时，他起初秘密支援但在段祺瑞开始讨伐张勋后，态度突变，任南路讨逆军总司令，参加讨伐张勋。1920年7月直皖战争皖系败北，倪于9月被罢免。此后他赴天津意租界隐居。隐居期间，投资银行、纱厂、面粉厂、油漆公司等，还在英、日租界广置房地产。1924年7月12日病逝于天津。

韩国钧与倪嗣冲的交集是在韩国钧治皖时期。1914年11月17日，韩国钧接任安徽巡按使。当时皖北刚刚遭遇蝗灾和洪涝灾害，韩国钧甫一上任第一要务就是继续赈灾善后。在筹款善后过程中发现，因安徽财政军民权限划分不清，筹款极其困难，加之倪嗣冲平时专权，其部下在皖北飞扬跋扈，皖北百姓苦不堪言。此外，韩国钧在经营皖北时多受倪嗣冲掣肘，他改良农业、发展畜牧树艺的计划未能得到实施，双方意见多有不合。面对酷吏的暴行，一向以民生为计的韩国钧在力行整肃的过程中得罪了倪嗣冲，倪嗣冲便网罗罪名向袁世凯告状。倪嗣冲是袁世凯嫡系，袁世凯为调和两人矛盾，便将韩国钧调任湖南，在与军阀共事过程中已彻底失望的韩国钧请辞未往。1915 年 9 月，独揽安徽军政大权的倪嗣冲与十四省将军一起联名劝袁世凯速正大位，韩国钧以在野身份向江苏省国民代表大会致函明确表示反对。未过多久，称帝闹剧以袁世凯忧惧而亡收场。

黄以霖

黄以霖（1856—1932），字伯雨，江苏宿迁人。1891 年辛卯科举人。历任湖北郧阳知府候补道，湖南提学使、布政使等职。曾创办湖北武备学堂。1903 年与张謇、许久香等集股金 50 万两，在宿迁以当地蕴藏的石英砂为主要原料，创办耀徐玻璃有限公司。该公司当时有土地近万亩，职工超千人，还从英国、奥地利、比利时等国聘请十多名工程技术人员。1906 年生产出平板玻璃及玻璃器皿，为当时中国最早的玻璃生产基地之一。1910 年又与张謇、许久香等集股金 30 万两，创建永丰面粉厂。1912 年在上海创办职业中学，与黄炎培分任正、副董事长。1923 年 8 月与黄炎培、张一麐发起成立苏浙和平协会。曾与上海各界名流虞洽卿、杜月笙、张啸林、王晓籁、黄金荣、江问渔、黄炎培、梅兰芳、马连良、周信芳等发起成立华洋义赈会（后改为江苏义赈会），从事各地赈灾活动。并曾与杨幕时等募款资助宿迁慈幼局，仅 1914 年、1917 年、1926 年的三年中，华洋义赈会就拨款 22 万元（银元）赈济宿迁灾民。当地民众感其德，在兴国寺前建有他的纪功碑。

韩国钧与黄以霖的交集始于韩国钧安徽巡按使任上。1915 年，管理着上海职业中学的黄以霖由沪赴皖，和余寿平、袁希涛等人一同与韩国钧晤谈教育问题。作为苏社成员，黄以霖曾就陇海铁路东段选线、苏北水利工程及水灾赈济事务等与韩国钧商洽。1922 年韩国钧二掌苏政，在发行新公债时遭到了京沪方面的反对，曾派黄以霖、马士杰等人去北京疏通。1923 年 8 月，韩国钧为避免兵灾多方奔走，黄以霖与黄炎培、张一麐发起成立苏浙和平协会，以示响应，最终达成和平协议。江浙战争爆发后，黄以霖与韩国钧在赈济灾民上也多齐心协力。

张孝若

张孝若（1898—1935），名怡祖，字孝若，一字晓如，江苏南通人。张謇独子。美国亚诺尔特商科大学毕业。1918 年回国后，协助其父开办实业，历任南通县商会特别委员、南通工业计划管理委员会委员长、淮海实业银行总经理、《南通日报》主笔、江苏省大运河改修局秘书、吴淞大港计划处秘书、江苏省参议员等职。1922 年任考察欧美、日本实业专使。1924 年 5 月任驻智利公使，未到任。1926 年任扬子江水库委员会委员长，一度出任北洋政府农商部次长。未几，出任吴佩孚十四省讨贼联军总司令部参赞兼外支处处长。张謇去世后，回南通继承父业，继任大生纱厂等企业董事长及南通学院院长、《大陆报》董事等职。1935 年在上海被刺死。编著有《南通张季直先生传记》《张季子九录》。

韩国钧与张孝若的交集缘起于与张謇的良好关系。1920 年，张謇成立苏社，力图开展地方自治后，张孝若写信给韩国钧，请求他拨冗出席主持苏社活动。1926 年张謇逝世后，张孝若继承其父产业，他和韩国钧的交集也开始多了起来。1927 年 6 月 30 日，韩国钧乘舟赴南通将要渡江至沪，不料次日晚在如皋丁堰为如皋县长乐济安误拘。7 月 2 日晚，驻如皋团长杜芝芳奉南通伍文渊师长的命令将韩国钧请出县署，并责备了乐县长。韩国钧次日晨晤见伍师长时才知道是张孝若为其打抱不平，并就近与伍师长商讨出救援方案，才使得他如此快就能被救出。1935 年，年轻的张孝若遭刺杀身亡，闲居乡间的韩国钧亲往南通吊唁，足可见韩国钧与张孝若的交往之深。

梁启超

梁启超（1873—1929），字卓如，号任公，别号饮冰室主人，广东新会人。8岁学为文，9岁能缀千言，1889年中举。后师从康有为，成为资产阶级改良派的宣传家。戊戌变法前，与康有为一起联合各省举人发动公车上书，此后参与领导北京和上海的强学会，又与黄遵宪一起办《时务报》，任长沙时务学堂的主讲，并著《变法通议》为变法做宣传。戊戌变法失败后流亡日本，先后主编《清议报》和《新民丛报》，鼓吹改良，反对革命，同时大量介绍西方社会政治学说。1907年10月在东京建立政闻社，期望推动清政府实行君主立宪。辛亥革命之后，一度入袁世凯政府，担任司法总长；之后对袁世凯称帝、张勋复辟等严词抨击，并加入段祺瑞政府。1925年4月起，先后任清华研究院导师、京师图书馆馆长、司法储才馆馆长等职。1927年6月回天津匿居。1929年1月19日在北京协和医院病逝。著有《中国史叙论》《新史学》《清代学术概论》《中国近三百年学术史》《先秦政治思想史》《中国历史研究法》《中国文化史》等；遗作《饮冰室合集》。

韩国钧与梁启超的主要交集是从梁启超1920年回国组建“讲学社”后开始的。韩国钧二掌苏政期间，梁启超等组建的讲学社曾邀请德国哲学家杜里舒来东南大学讲学。1923年，梁启超又为讲学社、松坡图书馆和北京国立师范大学的经费两次致函韩国钧，从信函中可见一向重视教育的韩国钧对梁启超的教育事业多有资助。

颜惠庆

颜惠庆（1877—1950），字骏人，上海人。颜永京子，颜福庆兄。早年入上海广方言馆学习。1895年入美国弗吉尼亚州圣公会中学，后入弗吉尼亚州大学，获文学学士学位。1900年回国，任上海圣约翰书院教员兼商务印书馆编辑，主编《英华标准双解大辞典》。一度兼任《南方报》英文编辑，参与发起组织上海美国大学同学会，倡导在教育界保持美国大学精神。1907年转

入外交界，随伍廷芳出使美国、墨西哥，任二等参赞。1909 年返国，任外务部主事，次年升任外务部参议。民国后，任外交部次长，驻德、瑞、丹三国公使，巴黎和会中国代表团顾问。1920 年 8 月后历任外交总长、国务总理、农商总长、内务总长等职。1926 年 5 月以国务总理兼摄大总统职务。后任天津大陆银行董事长等职。1931 年出任驻美公使。次年 12 月出任驻苏联大使。1936 年因健康原因辞职返国。“八一三”淞沪抗战时，任国际委员会主席，主持大上海难民伤兵救济事宜，并举办慈善、教育事业。1939 年移居香港。太平洋战争爆发后被日军软禁。战后任联合国远东救济与复兴委员会主席。1949 年 2 月 8 日受李宗仁代总统委托，与章士钊、江庸组成上海人民和平代表团，14 日抵北平与中共领导人商谈。1949 年后历任华东军政委员会副主席、中央人民政府政治法律委员会委员等职。著有《颜惠庆自传》。

韩国钧与颜惠庆的交集是在韩国钧二掌苏政之前。苏鲁两省军政要员均邀请韩国钧掌政，时任国务总理的颜惠庆也来电诚邀，韩国钧推辞苏、鲁两省的任命。

吴佩孚

吴佩孚（1874—1939），字子玉，山东蓬莱人。早年先后到开平武备学堂、保定陆军速成军校学习，毕业后到北洋督练所参谋处任职。辛亥革命期间，在曹锟手下任第三师师长。1920 年，曹锟、吴佩孚直系军阀与段祺瑞的皖系军阀之间爆发直皖战争，曹、吴得胜，入主北京。在京期间，吴佩孚主张召开国民大会，解决国内问题，遭到曹锟及其他军阀的反对，只得率师回顾洛阳。徐世昌任大总统时，任命吴佩孚为直鲁豫巡阅副使。1922 年，吴佩孚反对梁士诒

内阁将胶济铁路的权益出卖给日本，反对直系通缉的皖系政客，导致直奉大战，直系获得胜利。这场战争使吴佩孚声名大振，成了直系的首要人物。1923年，曹锟贿选成为总统，吴佩孚升任直鲁豫巡阅使，同年镇压京汉铁路工人大罢工。1924年第二次直奉战争中，被奉系打败。1926年在北伐战争中其主力被国民革命军打败，逃到四川，后又回北平。吴佩孚反日立场坚定、鲜明，1931年九一八事变后，他多次参加反日活动。全民族抗战爆发后，日本特务机关想选择吴为傀儡，建立全国性政权，被吴严词拒绝。1939年12月，吴佩孚因牙疾经日本医生治疗后暴死。

韩国钧与吴佩孚的交集是在韩国钧二掌苏政前后。时任山东巡阅使的吴佩孚曾多次敦促韩国钧出任山东省省长，但韩国钧以桑梓义务最终决定出任江苏省省长。韩国钧二掌苏政时，在第二次直奉战争中失败的吴佩孚曾渡海南下，试图在武昌成立护宪军政府，继续拥护被迫下台的曹锟，此举无疑是与北京政府相决裂，再启战端。韩国钧不忍见到兵衅再起，针对吴佩孚拥护曹锟的“筱电”，发出“皓电”，呼吁各派军阀停止纷争，服从中枢，以济民生。齐燮元、孙传芳等直系督军回电赞成，吴佩孚成立护宪军政府的计划因而破产。吴佩孚南逃过程中曾经过南京，韩国钧登舰与其使者晤面，吴佩孚的使者但言人心先坏导致纲纪崩坏，因此韩国钧在“皓电”中先赞扬了该使者刚正直毅，再述不堪再起纷争的原因，这样情感易通，给了吴佩孚一个台阶可下，最终稳定住了时局。

张一麐

张一麐（1867—1943），亦名一麟，字仲仁，号公绂，别署民佣、大圜居士、红梅阁主，江苏吴县（今苏州）人。1878年中秀才。1882年应江南乡试，得中副榜。1885年应顺天乡试中举。1903年以候补知县入袁世凯幕，曾任直隶督署文案，天津《法政学报》主笔。1909年为浙江巡抚增韫及江苏巡抚程德全幕僚。辛亥革命苏州光复后，出任苏军都督府民政司司长。1912 年任袁世凯大总统府秘书长。1913 年 12 月任北洋政府政治会议议员。1914 年 5 月任总统府政事堂机要局局长。1915 年 10 月任徐世昌内阁教育总长，任内注重推广注音字母和文字改革。袁世凯复辟帝制时辞职南归，在苏州举办教育及改良农业。1917 年 8 月任冯国璋总统府秘书长。1919 年 2 月南北和平会议在上海召开，被推为和平期成会副会长；4 月任国语统一筹备会会长。1920 年与张謇等组织苏社，任理事。1921 年 7 月被推选为第三届江苏省议会议员，9 月与蒋方震、张绍曾发起庐山国是会议。后居苏州，与李根源组织吴县善人桥农村改进社，改良农业，兴办教育；又与吴荫培等创设吴中保墓会，保护乡里文化遗迹。1936 年救国会“七君子”事件发生后，多方奔走，设法营救。1937 年七七事变后，提议组织 60 岁以上老人成立“老子军”进行抗日。苏州被日军侵占后去重庆。1938 年 6 月至 1942 年 7 月，任国民参政会第一、二、三届参政员。1939 年秋居香港，设新文字学会。1943 年 10 月在重庆病逝。著有《现代兵事集》《五十年来国事丛谈》《古红梅阁笔记》《心太平室集》等。

韩国钧与张一麐的交游主要集中在韩国钧二掌苏政期间。1922 年，韩国钧陷入“长鲁”还是“长苏”的矛盾，张一麐作为江苏省议会议员，曾以“长鲁”有利于从上游治理运河以及可以专心于外交和吏治两条理由致函韩国钧，劝说他“长鲁”。韩国钧在第二次执掌苏政后，曾联合张謇和张一麐居中协调直系军阀江苏督军齐燮元与皖系军阀浙江督军卢永祥之间的矛盾，试图避免江浙战争爆发。第二次直奉战争期间，韩国钧与张一麐联名约请双方停战。张一麐在退居苏州后，热心地方自治，韩国钧曾询问过他苏州基督教普益社的相关情形。1931 年大运河决口后，韩国钧曾去苏州与他晤谈借丁漕赈灾之事。两人同是苏社成员，交游很多。

沙元炳

沙元炳（1864—1927），字健庵，江苏如皋人。1891 年乡试中举，1892 年赴京会试取为贡士，1894 年应恩科殿试中进士。1898 年授翰林院编修。

戊戌变法后，去职返归故里，致力于兴办教育事业和地方实业。在教育方面，1901 年创办如皋高等小学堂；1902 年筹办如皋简易师范学堂，自任总理。此后，还创办了如皋师范学堂附属高等小学、如皋私立乙种商业学校等。在实业方面，投资于南通的大生纱厂、广生油厂、新生面粉厂、资生铁厂，还投资于长江大达轮船公司、通扬内河轮船公司以及沿海各垦牧公司，并出任广生油厂经理。1895 年在如皋集资创办广丰腌腊制腿公司，聘请兰溪师傅到如皋主持腌腊加工，所制火腿与金华火腿齐名，远销美洲。此后，集资创办皋明电灯公司、如皋公立医院、鼎丰碾坊、裕如钱庄和广生德中药铺等。1904 年被推为如皋县商会会长。1911 年辛亥革命爆发后，从大生驻沪事务所提取 3 万元购买枪支弹药装备革命军。11 月，如皋光复，出任如皋县民政长。1913 年当选为江苏省议会议长。后以病辞职。其后，曾任如皋县水利会会长、清丈局局长、中医医学公会名誉会长、《如皋县志》总纂等职。晚年专心研究佛经，笃信佛教。著有《志颐堂诗文集》等。

韩国钧与沙元炳的交集主要在韩国钧二掌苏政期间。1922 年，韩国钧在“长苏”与“长鲁”之间犹豫不决，沙元炳曾致函韩国钧晓以桑梓责任。如皋比邻海安，沙元炳力陈如皋吏治疲缓之弊，请求韩国钧出任江苏省省长。在江苏省省长任上时，韩国钧又多次收到沙元炳来函。此时的沙元炳专心于地方自治改良，来函也多与这一主题相关。第二次直奉战争后，齐燮元兵败逃亡日本，韩国钧兼职督办江苏军务善后事宜，沙元炳曾致函表露喜慰之情，但半年后韩国钧就卸去了本兼各职。

齐燮元

齐燮元（1885—1946），字抚万，直隶宁河（今属天津）人。早年先后在天津武备学堂、陆军大学学习，后留学日本，毕业于日本陆军士官学校，回国后开启从政生涯。1920 年，江苏督军李纯在南京自杀，齐燮元继任江苏督军、苏皖赣三省巡阅使，是为北洋政府第四任江苏督军。1924 年，齐

燮元与浙江督军卢永祥因上海归属问题产生矛盾，不可调和，导致江浙战争（或称“齐卢之战”）爆发。齐燮元获胜后于 11 月进驻上海，兼任松沪护军使。同年因直系在第二次直奉战争中大败，被段祺瑞免职。1925 年前往湖北，投靠吴佩孚，后因北伐战争再度下野，先后在天津、北平隐居。1937 年，王克敏在日本扶持下在北平成立伪中华民国临时政府，齐燮元参加伪政府的创建，任日伪华北政务委员会治安总署督办和华北绥靖军总司令。1945 年，日本投降，以汉奸罪被逮捕。1946 年在南京被处决。

韩国钧与齐燮元的交集是在韩国钧二掌苏政期间。韩国钧出任江苏省省长时，北洋军阀已分裂成多个派系。江、浙两省分属直、皖两派，齐燮元又觊觎卢永祥治下的上海，双方剑拔弩张。韩国钧深知兵灾之害，联系张謇、张一麐等江南名绅在双方之间游走调解，最终迫使齐燮元与卢永祥、何丰林等人签订《江浙和平公约》，达成一时和平。不料，1923 年直系曹锟贿选当上总统后，卢永祥率先发电反对，此举让齐燮元大为光火，隔月江浙军阀又争夺上海警察权，卢永祥嫡系何丰林未采纳韩国钧与齐燮元拟定的警察厅长人选，而是选用了自己的心腹，最终引爆江浙战争。在战争爆发前，韩国钧曾苦心相劝齐燮元，但齐不为所动，江浙战争第一阶段虽以齐燮元的胜利告终，但主要战事在江苏境内展开，韩国钧又投入紧张的赈灾善后工作中去。第二次直奉战争以直系战败告终，吴佩孚渡海南下，齐燮元通电拥护其在武昌成立护宪军政府，不忍看兵灾再起的韩国钧发电报劝说吴佩孚停止纷争，以济民生，齐燮元回电赞成。1924 年 12 月，段祺瑞免去齐燮元江苏督军的职务，而让韩国钧兼任督办江苏军务善后事宜，被免职的齐燮元打算拥兵自立，抵抗进入江苏的奉军，韩国钧在军署召开茶话会，让齐燮元发泄心中积怨，试图让他放弃战争念头，但齐燮元执意迎击奉军，结果溃败，不得不下野流亡日本。此战过后，又是韩国钧出面收容残兵避免扰民，面对错综复杂的时局，心灰意冷的韩国钧也辞去了本兼各职。

曾朴

曾朴（1872—1935），原名朴华，字太朴，后改字孟朴，又字小木、籀斋，号铭珊，笔名东亚病夫，江苏常熟人。1892年中举，任内阁中书。次年捐候补知县，分发浙江。1895年入洋务派所办北京同文馆学习法文。后回常熟任小学校长。1903年在上海经营丝业并与丁芝荪编辑《女子世界》。1904年与丁芝荪、徐念慈等在上海开办小说林社（书店），出版创作和翻译小说，并补续金天翮初作的《孽海花》。1907年出版《小说林》月刊，并加入预备立宪公会；同年7月，增设宏文馆、美术馆，专营学校参考书及文教用品等。1908年任两江总督端方的财政文案。后以候补知府分发浙江，任绿营营产局会办。辛亥革命后，参加共和党，当选为江苏省临时议会议员。1914年任江苏省官产处处长兼办沙田事宜。1924年任江苏省财政厅厅长。1926年任江苏省政务厅厅长。1927年与其子曾虚白在上海开设真善美书店，创办《真善美》月刊，致力于文学创作和法国文学作品的翻译。1928年又对《孽海花》进行修改续补。1935年6月23日病逝。著有《鲁男子》《法国文学史大纲》《补后汉书艺文志》等；译著有《九三年》《钟楼怪人》等外国小说和剧本，为我国翻译介绍法国文学之先驱。其中《孽海花》被鲁迅评为“结构工巧，文采斐然”，并被列为清末四大谴责小说之一。

韩国钧与曾朴的交集主要在韩国钧二掌苏政期间。是时，曾朴任江苏省财政厅厅长，在江浙战争赈灾善后过程中，往来奔走多方筹措，出力甚多。1925年因军阀持续混战，韩国钧辞职返里，陈陶遗出任江苏省省长，一年后曾朴为友谊故，不得已出任江苏省政务厅厅长。此时的曾朴对政治万念俱灰，在给韩国钧的信中多抒发心中怨苦。

蒋维乔

蒋维乔（1873—1958），字竹庄，别号因是子，江苏武进（今常州）人。自幼体弱多病。7岁入私塾，习读经书。15岁左右因病辍学。18岁时，根据清汪昂《医方集解·勿药元诠》所载，自学道家小周天功法，来年体质有所增强。20岁中秀才，继入江阴南菁书院、常州致用精舍攻读6年。1903年应蔡元培之聘，赴沪任爱国学社、爱国女学教员。后进商务印书馆编译所，从事小学教材的编写，并主持小学师范讲习所，创设商业补习学校、工人夜校。辛亥革命后，曾任教育部秘书长、参事。1913年辞职返沪，仍入商务印书馆，主持编辑中学及师范学校教材。1922年出任江苏省教育厅厅长，曾皈依佛教，法名显觉。1925年出任东南大学校长。1929年受聘为上海光华大学哲学系教授、中文系主任、教务长、文学院院长。1946年兼任上海人文月刊社社长。中华人民共和国成立初期，在上海市公费医疗第五门诊部，开设了我国第一个气功门诊，并赴北京中医研究所等处讲授医疗气功课。曾广泛地研究哲学、生理、心理、卫生诸书，及至晚年，犹手不释卷。

韩国钧与蒋维乔的交集主要在韩国钧二掌苏政期间。1922年，韩国钧出任江苏省省长，蒋维乔被任命为江苏省教育厅厅长。韩国钧在任期间大力推行江苏教育事业，在处置议教冲突时，对教育界经费被削减表达同情，甚至被议会怀疑有袒护之嫌。此外，韩国钧在任上多次赴大学视察、召开教育事业联合会，并在东南大学举办全国教育展览会，无不显示出对江苏省教育事业的支持。蒋维乔也正是在这段时间内出任了东南大学校长。蒋维乔在韩国钧去世后有感其事迹，为其写作了《韩国钧传》，他在《紫石先生像赞》中高度肯定韩国钧一生的功绩。

章士钊

章士钊（1881—1973），字行严，号黄中黄、秋桐、孤桐，湖南善化

（今长沙）人。1902 年入南京陆师学堂学军事。翌年为响应拒俄运动，率罢课学生赴上海，加入蔡元培等组织的军国民教育会，任军事教习，并与章太炎、张继、邹容结为异姓兄弟。在沪翻译宫崎寅藏新作《三十三年落花梦》，改书名为《大革命家孙逸仙》。1903 年受聘为《苏报》主笔，连续发表反清文章，使《苏报》声名大振。该报被封后，与陈独秀等创办《国民日日报》，建立东大陆图书译印局。1904 年参加华兴会，并与杨守仁等在上海建立爱国协会，任副会长。1905 年赴日本。1908 年赴英国入爱丁堡大学学习法律、政治。武昌起义后回国主持上海《民立报》，鼓吹“毁党造党说”。1913 年参与“二次革命”，任讨袁军秘书长。1914 年 5 月在东京创办《甲寅》杂志，倡共和政体，反对袁世凯。后历任北京大学教授，段祺瑞执政府司法总长、教育总长等职。1931 年来沪执律师业。1933 年主动为陈独秀案当辩护律师，辩词传诵一时。次年任上海法政学院院长。全民族抗战爆发后，留居上海租界，后离沪经港赴重庆。抗战胜利后，回沪仍执律师业。1949 年 9 月出席中国人民政治协商会议第一届全体会议。中华人民共和国成立后，曾任政务院法制委员会委员，第三届全国人民代表大会常务委员会委员，第一届全国政协委员，第二、三届全国政协常委，中央文史研究馆馆长等职。晚年仍为祖国统一大业奔走，1973 年 7 月 1 日病逝于香港。著有《甲寅杂志存稿》《逻辑指要》《柳文指要》等。

韩国钧与章士钊的交集集中在韩国钧二掌苏政期间。韩国钧担任江苏省省长期间，颇为重视教育事业，也多次参加教育界的活动，1923 年 2 月 23 日曾召开教育实业联合会并邀请章士钊作演讲。

支伟成

支伟成（1899—1929），本名懋祺，江苏丹徒（今镇江）人。先后肄业于上海省立商业学校及大同大学，于国立东南大学师从蒋维乔，获文学学士学位。清史馆协修。1925 年任江苏省立第一图书馆主任。1928—1929 年主纂《吴王张士诚载记》，正编脱稿而卒。另有《清代朴学大师列传》《墨子综释》《楚辞之研究》《商君书》等著作存世。

支伟成在其《韩止叟自传校后志》中述及，自幼听闻韩国钧民政长“抚绥救济”江苏百姓，心生崇敬之情。支伟成父亲为新闻记者，以直言触怒都督冯国璋，宪兵汹汹来家，一天后事解，其母告之“赖巡按韩公一言而脱尔父于厄”，感恩之心又生。1924 年 11 月 3 日，支伟成以求正其《清代朴学大师列传》为由，希望晋谒韩国钧。5 天后，就两次得紫老接见。在繁剧劳碌的公务之中，“公则怡然安之若素，从容与余语朴学源流，人物臧否，旁逮老庄玄理、乡邦文献，娓娓不倦。傍坐数辈屏息默视，相视以目，以为韩公何不掸烦而与此少年相周旋耶?”支伟成当时年方 25 岁，然紫老“一见知为博雅士也”，着意栽培帮助。据紫老《朋僚函札》中支伟成致紫老信，当年 12 月 6 日，紫老从自己薪俸中赠予 500 元助其出书。次年 7 月紫老已归隐返乡，因纸张涨价书难出，紫老又资助 300 元，使其《墨子综释》《楚辞之研究》《商君书》三书顺利出版。韩国钧认为，明清两代史书对张士诚的记载，有不少失实之处，故他十多年来致力于张士诚相关史料的搜集，但因政务繁忙，一直无暇动笔，遂将所有文字资料及图片一并交付支伟成，并反复与之商讨方法体例，由支伟成执笔撰写《吴王张士诚载记》。支伟成辑录正编方成，不幸去世，附编由其 19 岁学生任志远在韩国钧指导下续成。《吴王张士诚载记》于 1932 年由上海泰东书局出版。后杨镰、张颐青整理由中华书局于 2013 年 7 月重版。

支伟成去世后，家中陷入困境。紫老寄赠 100 元助其家人料理后事，并帮助其父支恒棟求职。支恒棟在给紫老信中云，“亡儿伟成尝谓先生为平生第一知己者”，又说“诸挽联中以先生之词最为沉痛”。① 足见韩国钧与这位青年才俊的忘年之交。

史量才

史量才（1880—1934），名家修，祖籍江苏江宁（今南京），生于泗泾镇

---

① 韩忠言:《提携后进　春暖杏坛》,《书屋》2022 年第 1 期，第 81—83 页。

（今属上海松江）。早年入杭州蚕桑学馆求学。曾任上海育才学堂理化教员。1904 年在沪创办女子蚕桑学校，开中国女子蚕桑教育的先河。1908 年任上海《时报》主笔。1912 年与张謇等合资 12 万元购进《申报》，任总经理。1916 年起独资经营。1927 年买下《时事新报》部分股份，1929 年购进《新闻报》大部分股权，成为当时中国最大的报界企业家。还投资书局、药房、银行和纱厂。九一八事变后赞助抗战。1932 年出任上海市民地方维持会会长、上海临时参议会议长，并参与发起组织废止内战大同盟。其间，革新《申报》内容，发表中国民权保障同盟领导人宋庆龄、鲁迅、杨杏佛等的言论，公开表示拥护同盟保卫人权，保卫言论、出版自由的政治主张。1934 年 11 月 13 日在由杭州返沪途中，被国民党军统特务暗杀。著有《申报六十年发行年鉴之旨趣》等。

韩国钧与史量才的交集始于韩国钧二掌苏政期间。江浙战争爆发前，史量才曾与黄任之一起由沪至宁，与时任江苏督军的齐燮元晤谈，试图调解齐燮元与浙江督军卢永祥的矛盾，力图和平，可惜未得要领。战后，史量才又与韩国钧一起投入赈灾善后的工作中。从史量才致韩国钧的信函中可知，他参与到孙传芳军 20 万开拔费的筹集工作中，使得孙传芳军得以离沪。1932 年，里运河泛滥，危及里下河地区，卸职归里的韩国钧请秘书马隽卿三度到沪请求国会水灾会拨款赈灾，是史量才出面力商，才使得时任财政部部长的宋子文允以拨款 20 万元。

张宗昌

张宗昌（1882—1932），字效坤，山东掖县（今莱州）人。1899 年赴东北谋生。武昌起义后，亲率百余人投山东民军都督胡瑛，后至上海，任光复军骑兵独立团团长。1913 年 7 月投靠冯国璋，先后任江苏陆军军官教育团监理、江苏将军公署副官长、总统府侍从武官长。后改任江苏暂编第一师师长。率部进攻护法军，任第二路总指挥。1920 年兵败，所部被解散。1921 年至奉天张作霖处，先后任绥宁镇守使、吉林省防军第三旅旅长。1924 年 9 月第二次直奉战争时，任镇威军第二军副军长。战后改任宣抚军第一军军长。1925 年初任苏皖鲁三省剿匪总司令；4 月任山东军务督办，残酷镇压青岛日商纱厂工人罢工，造成“青岛惨案”；7 月兼任山东省省长。1926 年初任直鲁联军总司令兼安国军副总司令。1928 年 8 月兵败下野，一度亡命日本。督鲁三年期间，横征暴敛，捐税多达 50 余种，曾镇压济南工人运动。1932 年由日本回国，潜居天津租界。同年 9 月 3 日被山东省政府参议郑继成枪杀于津浦铁路济南车站。

韩国钧与张宗昌的交集是在第二次江浙战争期间。1924 年 12 月 11 日，新就任中华民国临时政府执政的段祺瑞免去了齐燮元的江苏督军职务，令韩国钧以江苏省省长兼任督办江苏军务善后事宜。因刚刚取得第二次直奉战争胜利的奉系欲将苏、沪划入自己的势力范围，故张作霖以张宗昌为宣抚军第一军军长，归新任的苏皖宣抚使卢永祥节制，开始向江苏进军。被免职的齐燮元决心拥兵自立，阻挡奉军进入江苏，在韩国钧劝说未果下与奉军开战，但为张宗昌的宣抚军击溃。面对苏沪间军阀的混战，韩国钧政令无所出，多数政令均需听从张宗昌。韩国钧作为江苏省省长，欲让驻苏的奉军撤军，张宗昌也仿照张勋旧例要求开拔费，韩国钧不得不设法筹集，最后送走了张宗昌。心灰意冷的韩国钧就此决意仕途，辞去了本兼各职。

李平书

李平书（1854—1927），原名安曾，后改名钟珏，字平书，号瑟斋，别号且顽，祖籍江苏吴县（今苏州），曾祖时迁居江苏宝山（今属上海）。幼年丧父，14 岁当学徒，16 岁入私塾。1873 年考入龙门书院，后以优贡入仕。1878 年举家迁入上海县城。醉心于西学，遍览有关书刊。1883 年前后任职《字林沪报》，并参与筹创华界自来水厂活动。1887 年游历新加坡。1893 年至 1899 年，先后署广东陆丰、新宁、遂溪等县知县。1900 年入张之洞幕。翌年任湖北陆军武备学堂提调。1903 年任上海江南制造局提调，兼中国通商银行总董、轮船招商局董事等职。1903 年至 1911 年，在上海创立医学会，筹办中西女子医学堂、南市上海医院，开办华成保险公司、昆新垦牧公司，投资华兴面粉厂等近代工业，主持内地自来水厂、闸北水电公司等。1905 年任上海城厢内外总工程局总董，致力于上海地方自治活动。武昌起义后参与上海起义的筹划、组织。上海光复后出任民政总长，旋又兼任江苏民政长。“二次革命”失败后流亡日本。1916 年返沪，参与主持倒袁运动。后任上海市公所总董等职。著有《且顽老人七十自述》等。

韩国钧与李平书的交集主要集中在上海设立特别市方面。1925 年 1 月 11 日上海事变，上海由宫邦铎和张允明分治南市、北市，齐燮元进入上海后便赶走了宫邦铎，张允明也逃入租界，上海总商会趁机宣布上海为不设防城市。很快在第二次江浙战争中，齐燮元战败，溃兵大队到沪，韩国钧提前密令孙少江、朱叔源二人及宫邦铎在沪收集遣散溃兵，以免扰及沪上。等到奉军到达上海，江浙军阀签订上海两不驻兵之约，上海避免兵祸的愿望已经达成，松沪护军使也被废去，但上海民治事宜尚未落定，江浙两方的通电中指明上海应另外组成市政厅以处理民政事务。韩国钧于是在 1 月 31 日首先声明在上海设立特别市，聘请上海市公所总董李平书等 11 人为筹备委员。韩国钧之所以看重李平书，是因为他是上海商团公会会长，也曾参与了上海光复，在上海民间声望很高，最能代表希望避免兵祸的商绅民意。事实证明，李平书为上海的市政建设和社会改良运动作出巨大贡献。

张学良

张学良（1901—2001），字汉卿，号毅庵，奉天海城（今属辽宁）人，祖籍河北大城。其父为奉系军阀首领张作霖。1919 年毕业于东三省陆军讲武堂，先于奉系军中担任要职。1928 年，张作霖于皇姑屯被日本人炸死后，他任东三省保安总司令，迅速掌握了其父领导的奉系军阀，并宣布东北易

帜，终结了中华民国北洋政府时期。1930年任中华民国陆海空军副司令。在1931年九一八事变中，未能抵抗，导致东北快速沦陷于日本之手。1936年12月12日，西安事变爆发，张学良和杨虎城扣押时任国民政府军事委员会委员长的蒋介石以及陈诚、卫立煌、陈继承等中央军政大员，要求停止内战、一致抗日。12月25日，张释放蒋，并亲自护送蒋由西安回到南京。遭蒋介石父子长期软禁，直至1990年才恢复人身自由。1995年离台，侨居美国夏威夷。2001年10月14日病逝于檀香山。

韩国钧与张学良的交集始于第二次直奉战争后，奉系势力染指苏、沪，并通过第二次江浙战争赶走了齐燮元。1925年2月7日，张学良由宁到沪，韩国钧知道此举关乎东南局势，两人有过晤面。张学良此行停留未久，一周后就返回了奉天，而此时的韩国钧也是去意已决。1931年6月，当时居住在天津的张学良和刘君实邀请已经绝意仕途的韩国钧去北平小住。① 韩国钧早有重游旧京的想法，在张学良的安排下在北平游览了三月余，观赏了故宫的奏折和古书画，并去香山游览。但很快九一八事变爆发，张学良不得不返回奉天，而7—8月里运河大决口，里下河地区沦为泽国，接讯后，韩国钧也迅速返乡赈灾。

孙中山

孙中山（1866—1925），名文，字德明，号日新，改号逸仙，后化名中山樵，广东香山（今中山）人。1885年自檀香山经日本抵沪，旋赴江苏视察长江入海口地势。1894年偕同乡陆皓东自粤抵沪，会晤郑观应、王韬等。6月离沪赴津上书李鸿章，提出变革主张，遭拒，遂赴檀香山组织兴中会。

---

① 据韩莉华的口述："张作霖在东北开兵工厂，曾送给韩国钧八门小钢炮，用于看家护院，后来韩国钧送给陈毅五门钢炮打兴化。张作霖让张学良认韩国钧干爹，跟其学学问。因这层关系才有韩国钧1931年应张学良之邀的北平之行。"

次年2月自檀香山回国，经上海赴香港，成立兴中会分会，组织广州起义，起义失败后流亡日本。1900年8月抵上海策划南方六省独立。1905年在日本东京创立中国同盟会，被推为总理，提出三民主义学说，创办《民报》，宣传革命。后多次途经上海，会见宋教仁、熊克武、秋瑾等革命人士。1911年10月10日武昌起义爆发，各省响应；12月，在上海与黄兴、陈其美等商讨临时政府方案，并主持召开中国同盟会本部临时会议。1912年1月1日自上海赴南京就任中华民国临时大总统职。同年2月被迫辞去临时大总统职位。8月任全国铁路督办。10月偕张继、马君武等赴吴淞口视察，并考察江苏、安徽、江西境内的长江形势。1913年3月，因宋教仁被刺案，与黄兴商讨武力讨袁。7月22日于沪发表宣言、致袁世凯电、讨袁通电。因“二次革命”失败，被迫离沪。1915年10月在日本与宋庆龄结婚。1916年5月与廖仲恺、戴季陶等自日本赴上海，同月9日发表第二次《讨袁宣言》。1917年2月完成《会议通则》一书，系统阐述了西方国家民主制度有关会议的各项细则。同年7月南下护法。第一次护法运动失败后由广州途经日本抵上海。1919年5月发表《护法宣言》，《实业计划》（英文稿）也率先在《远东时报》发表，10月宣布改组中华革命党为中国国民党。1920年回广东，次年就任非常大总统。1922年因陈炯明叛变，退居上海。8月于上海会晤共产国际代表马林、中共领导人李大钊和苏俄使者越飞的代表，就与苏俄联盟及国共合作等问题会谈，同意中共党员以个人身份加入国民党。1922年9月在上海召开会议讨论改组国民党问题。1923年在广州重建大元帅府，离沪赴粤。次年1月召开中国国民党第一次全国代表大会，通过宣言，实行联俄、联共、扶助农工三大政策，把旧三民主义发展成为新三民主义，改组中国国民党成工人、农民、小资产阶级和民族资产阶级的革命联盟。11月应冯玉祥电，偕宋庆龄自广州北上，途经上海受到万余群众欢迎，并于寓所召开记者招待会，重申召开国民会议以谋求和平统一的主张。1925年3月12日因肝癌在北京病逝。

孙中山逝世后，1925 年 4 月 4 日，北京政府秘书厅致电时任南京督办的卢永祥、时任江苏省省长的韩国钧，令其妥善筹备孙中山的丧事。4 月 21 日，韩国钧在南京秀山公园参加了孙中山的追悼仪式。参加中山陵前期的部分筹备工作。5 月，韩国钧卸职江苏省省长，后续中山陵的营建方案选择和建设再没有参与。1934 年 6 月 8 日，韩国钧曾经到中山陵园和谭延闿墓拜谒。

李明扬

李明扬（1891—1978），原名敏来、逊吾，曾用名健，字师广，安徽萧县人。1907 年毕业于徐州师范学校，1910 年毕业于南京江苏陆军小学堂，1911 年肄业于陆军第四中学。1912 年秋任江西陆军步兵第十团团长兼湖口要塞司令。1913 年冬入日本大森浩然学社。1914 年春入德国柏林大学。1916 年夏回国，任广西护国第二军总部少将高级参谋。1917 年任护法军政府参谋本部警卫团团长。1920 年任赣军第一梯团司令。1921 年秋任赣军第一旅旅长。1923 年任建国赣军司令。1925 年任国民革命军第三军第九师副师长。1927 年先后任东路军先遣司令官，第 31 军副军长、独立第一师师长。1928 年任第十七军副军长兼第二师师长、第六旅旅长。1929 年冬任第一军副军长。1930 年 3 月任江苏省政府委员兼保安处处长。全民族抗战爆发后，于 1937 年 11 月任第五战区鲁苏皖边区游击总指挥。1938 年 1 月任江苏省政府委员，省第九区行政督察专员兼保安司令，徐州防空司令兼苏北第二、第四游击区指挥官。1939 年 8 月任鲁苏皖边区游击总指挥，驻防泰州。1943 年 11 月在泰州任苏鲁战区副总司令、长江下游挺进军总司令。1945 年 2 月改任第十战区副司令长官、江苏省特别行政区主任；5 月当选国民党第六届中央监察委员。中华人民共和国成立后，历任江苏省政协第一届委员会副主席，江苏省农林厅厅长，华东军政委员会委员，国防委员会委员，全国政协委员，第一、二、三、五届全国人大代表，中国国民党革命委员会团结委员会委员等职。1978 年病逝于北京。

韩国钧与李明扬的交游始于北伐战争期间。1927 年，随国民革命军北上的李明扬与韩国钧晤谈北伐之事，两人就“意甚相得”，这为两人在后来抗战期间的合作奠定基础。1940 年，当时驻扎在扬州的李明扬与江苏省主席韩德勤不合，陈毅见此，从抗日民族统一战线的大局出发，制定了“灭敌、联李、反韩”的策略。为促进和谈，韩国钧出面召开“联合抗日座谈会”，李明扬复函赞同会议主张。10 月底，韩国钧再和李明扬等召开“苏北抗敌和平会议”，巩固了苏中抗日民族统一战线。

陶行知

陶行知（1891—1946），原名文濬，后改知行，复改行知，安徽歙县人。早年毕业于南京金陵大学文学系。1914 年赴美，先后获伊利诺伊大学政治学硕士和哥伦比亚大学教育学硕士学位，是美国实用主义教育家杜威（John Dewey，1859—1952）的学生。1917 年回国执教。20 世纪 20 年代曾力倡改造旧教育，发起平民教育和乡村教育运动，提出“生活教育”理论。1929 年上海圣约翰大学授予其名誉博士学位。1931 年任《申报》总经理处顾问。同年发起“科学下嫁运动”，介绍科学知识和自己的教育主张。次年发起普及教育运动，创办山海工学团，组织报童工学团、晨更工学团等，在杨树浦等工厂区办工人夜校和识字班；成立中国普及教育助成会，推广“小先生制”。1934 年创办并主编《生活教育》半月刊，介绍生活教育的理论和实践。1935 年参与新文字运动和大众语文运动。一二・九运动后，与沈钧儒等发起组织上海文化界救国会，任执委。1936 年初发起组织国难教育社，倡行国难教育。7 月，与沈钧儒等发表《团结御侮》宣言，赞成中共抗日救国政策。1939 年起在重庆倡导民主教育和社会大学运动。1946 年 4 月莅沪，致力反内战、反独裁、争和平民主运动，筹划重庆育才学校迁沪、在沪兴办社会大学等事，并指导、支持上海市中等教育研究会主办《文汇报》副刊《教育阵地》。

韩国钧一向重视教育，与作为“人民教育家”的陶行知多有往来。1929年，已经赋闲归里的韩国钧谋划在家乡海安兴办教育，于是致函陶行知请他推荐教员，陶行知则从培育教育人才的角度出发，提议韩国钧不如在当地挑选优秀的人才来其兴办的晓庄学校，学习数月后，再返乡教学。

叶楚伧

叶楚伧（1887—1946），原名宗源，字楚伧，别字小凤、卓书，江苏吴县（今苏州）人。1909年参加中国同盟会。1910年加入南社。1912年后在上海创办《太平洋报》，并一度入《民立报》操笔政，从事写作。1916年《民国日报》创刊，任总编辑，反对袁世凯称帝。1924年当选中国国民党中央执行委员，并任国民党上海执行部常务委员兼青年部、妇女部部长。1925年参加西山会议，为西山会议派重要成员。1927年受蒋介石指派与吴稚晖、白崇禧等另组上海临时政治委员会，统揽上海党、政、军、财大权。南京国民政府成立后，历任国民党中央工人部代理部长、宣传部部长，江苏省政府主席，立法院副院长，国民党中执委常委兼秘书长，苏浙皖三省京沪两市宣慰使等职。曾创办大型刊物《文艺月刊》，编印《文艺丛书》《读书杂志》等。著有《世徽堂诗稿》《楚伧文存》《叶楚伧诗文集》等。

韩国钧与叶楚伧的交游集中在叶楚伧1930年3月任江苏省政府主席之后。此时，韩国钧已辞别官场多年，但关心地方建设。1931年大运河决口后，两人之间的信函多以对堤坝的修复以及淮扬地区水利设施的建设为重点。韩国钧逝世后，叶楚伧在延安《解放日报》上发表唁电致哀。

余井塘

余井塘（1895—1985），原名愉，初字景棠，后改字井塘，江苏兴化人。

1914 年 9 月考入上海复旦公学中学部。1917 年 9 月升入该校大学部商科。在校期间参加五四运动，发起并领导平民周刊社、平民学社、上海合作社联合会，以愉、心俞笔名发表诗文译著。毕业后，赴美国留学，入西北大学攻读经济学。1924 年转入爱荷华大学，获经济学硕士学位。在美期间，加入中国国民党，任旧金山《少年中国晨报》总编辑。1927 年 5 月任国民党中央组织部秘书兼国民党中央党务

学校教授，主讲合作经济。1928 年任中国合作学社执行委员。1929 年 3 月当选国民党第三届候补中央执行委员；4 月代理国民党中央组织部部长；6 月任中央政治学校教授兼教务主任；12 月任国民政府考选委员会委员。1931 年当选国民党第四届候补中央执行委员。1934 年任江苏省政府委员兼民政厅厅长。任内推进地方自治和保甲制度，提倡禁销禁吸鸦片，组织四十万民工参加导淮工程。1935 年当选国民党第五届中央执行委员。1938 年任中央政治学校毕业生指导部主任。1939 年任国民政府教育部常务次长。1944 年任国民党中央组织部副部长。1945 年当选国民党第六届中央执行委员。1946 年当选制宪国民大会代表。1949 年去台湾，任“内政部”部长、“行政院”政务委员、“国民大会”宪政研讨委员会常务委员、国民党中央评议委员、“行政院”副院长兼经济动员计划委员会主任委员等职。1966 年受聘为“总统府”资政。1985 年 9 月 2 日在台北去世。

韩国钧与余井塘的交集是在导淮一事上发生的。1931 年，里运河溃堤，洪水肆虐，危及里下河地区，韩国钧返里后便投入紧张的赈灾善后工作中。善后之余，韩国钧也在思考导淮之事，并多次向余井塘致函说明此事的重要性，同时提议省府发行公债建设水利工程。1934 年，时任江苏省民政厅厅长的余井塘邀请韩国钧赴宁商讨导淮一事，一向关心水利的韩国钧再次赴宁，力陈导淮一事的重要性。

蒋介石

蒋介石（1887—1975），原名瑞元，学名志清，后改名中正，字介石，浙江奉化（今宁波市奉化区）人。1907 年入保定陆军军官学校，次年留学日本东京振武军事学校，并加入中国同盟会。辛亥革命爆发时回国，追随陈其美参加光复上海、杭州之役，旋任沪军团长。1912 年 1 月受陈其美指使暗杀陶成章后，一度避往日本。后继续随陈其美在上海从事反袁军事活动，参加“二次革命”和肇和舰起义，曾三次受到上海军阀当局通缉，再赴日本。1916 年，陈其美被刺身亡后，与张静江等在上海证券交易所投机股票交易。1918 年南下广东，参与孙中山领导的护法运动。先后任援闽粤军总司令部作战科主任、第二军参谋长，其间数度离职回浙江、上海等地。1922 年陈炯明叛变时去广东随侍孙中山。次年被派往苏联考察军事，回国后任黄埔军校校长。1925 年任国民革命军第一军军长。1926 年策划发动“中山舰事件”和“整理党务案”，排斥共产党人，攫取国民党的党权和军权。不久，担任国民党中央组织部部长兼军人部部长、中央执行委员会常委会主席、国民革命军总司令，掌握广东国民革命阵营最高权力。7 月率军北伐。1927 年 3 月 26 日随军入沪，不久制造四一二反革命政变，造成国共合作分裂。同年，在上海与宋美龄结婚。随即在南京组成国民政府，任军事委员会委员长、国民政府主席兼海陆空军总司令等职。1931 年九一八事变后，坚持“攘外必先安内”政策，继续进行反共内战。1936 年西安事变后开始转变政策，停止内战，联共抗日。全民族抗战爆发后，以军事委员会委员长身份领导和指挥正面战场对日作战。1938 年当选国民党总裁，次年任国防最高委员会委员长。太平洋战争爆发后，担任同盟国中国战区最高统帅。抗战胜利后与中共进行内战。1948 年 4 月被“国民大会”选为“总统”。1949 年 1 月被迫“引退”，仍在奉化、上海等地暗中操纵战事。12 月 10 日去台湾，后复任“总统”，续任中国国民党总裁。1975 年 4 月 5 日病死于台北。

韩国钧与蒋介石的交集集中在导淮一事。1928 年 1 月，南京国民政府设立导淮委员会，蒋介石亲任委员长，1932 年 4 月导淮工程正式进入施工阶段。韩国钧不仅详细阅读导淮工程计划书，对此提出详细的意见，并亲自奔走在各施工现场视察。南京国民政府的导淮工程因全民族抗战的爆发而被迫中断，而蒋介石下令炸开花园口黄河大堤，试图“以水代兵”阻止日军，导致黄河泛滥危及里下河地区，韩国钧为此又联系时任经济部长的翁文灏要求消弭水患。1940 年后，抗日战争进入相持阶段，时任江苏省政府主席的韩德勤不思抗日反而拥兵自重，与北上开辟抗日根据地的新四军制造摩擦。韩国钧痛感于此，两次致电蒋介石，痛陈韩德勤丑恶无能的罪行，迫使韩德勤不得不向蒋介石请求处分和辞职。在韩国钧溘然长逝后，蒋介石作为重庆国民政府最高统帅发来唁电，表示对韩国钧身陷敌后仍能保持民族气节的高度赞扬和其一生功绩的高度肯定。

顾祝同

顾祝同（1893—1987），字墨三，江苏安东（今涟水）人。辛亥革命爆发后，曾参加革命军，以推翻清政府。1912 年加入国民党，后毕业于武昌预备军官学校，再升读保定陆军军官学校第六期步科。1921 年冬到桂林投奔孙中山，任粤军许崇智部军事教导队区队长。1922 年陈炯明兵变期间，与蒋介石相识。黄埔军校成立后，调任军校战术教官、管理部主任。1925 年参加东征后，任教导团营长。国民革命军北伐时，升任师长、军长。之后参加中原大战，任十六路军总指挥。1931 年任国民政府南京警卫军军长。同年 12 月 15 日任江苏省政府主席。1933 年指挥对中央革命根据地的第四次、第五次“围剿”。1935 年晋升上将。同年秋，受命往贵州、四川，任重庆行营主任，并兼贵州省政府主席等职。全民族抗战时期，任第三战区司令长官，主持江苏、浙江、福建、江西、安徽东南五省抗战。1941 年参与制造皖南事变。抗日战争胜利后，任徐州绥靖公署主任，后担任陆军总司令、郑州绥靖公署主任、国防部参谋总长等职。1949 年随蒋介石当局败退台湾。1950 年 3 月兼任“国防部”代部长。1954 年晋任陆军一级上将。1959 年 6 月为“国防会议”秘书长。1967 年调任“总统府”战略顾问委员会副主任。1972 年任“总统府”战略顾问。1987 年 1 月 17 日在台北去世。

韩国钧与顾祝同的交集始于 1932 年顾祝同接任江苏省政府主席后。1931 年夏，里运河大决口，江淮地区受灾严重，时任江苏省政府主席的叶楚伧被弹劾后，顾祝同接任。顾祝同和江苏省建设厅厅长董修甲见此形势，组成了一个江北运河善后工程委员会，但是顾祝同仅是挂名而已，实际主事者是韩国钧。一向体恤民情的韩国钧为筹集赈灾善款、主办堵口疏浚工程，以古稀之年在各个施工现场间奔走。在验收堵口复堤工程时，董修甲奉顾祝同之命竟节外生枝，提出要施工人员具结保固，并赔偿难工堤段的返工费用。韩国钧闻之相当愤慨，当即表示施工人员是他请来的，不是招标包工的，经费实支实销，如果要保要赔则由他一人承担。董修甲自知理亏，只得作罢。

韩德勤

韩德勤（1892—1988），字楚箴，江苏泗阳人。早年入南京陆军小学、河北陆军学堂、保定陆军军官学校第六期。1918 年毕业后分发北洋陆军任下级军官。后入川军第一混成旅，任旅部参谋、第一团团副。1925 年负伤归故里。次年到广州，入中国国民党，得顾祝同（保定陆军军官学校同期）保荐任国民革命军新编第 21 师司令部中校副官处长。后随顾祝同的升迁不断晋升。全民族抗战期间，任江苏省主席、鲁苏战区副总司令，参与徐州会战、策应武汉会战、参加冬季攻势等，与新四军发生多次冲突。1940 年 10 月 4 日，韩德勤发动黄桥战役，结果被新四军击败。1943 年

3 月在山子头战役中被俘虏，随即又被新四军释放。1949 年 1 月任国防部联勤总部副总司令。同年 3 月退往台北。任“总统府”战略顾问，第一届“国大”第 2—6 次会议主席团主席。1988 年 8 月 15 日病故于台北。

韩国钧与韩德勤的交集始于 1938 年蒋介石下令炸开花园口黄河大堤试图“以水代兵”阻止日军，反酿成洪祸之后。韩国钧眼见黄河泛滥后向南肆虐将要波及里下河地区，而时任江苏省主席的韩德勤却熟视无睹，便为民呼吁，急电翁文灏、张一麐、黄炎培等请求消弭水患、修坝排涝。翁文灏决定成立“苏北黄灾救济委员会”，以韩国钧为主任委员。1938 年 8 月 4 日，韩国钧再次赴省面见韩德勤，述说自己的防水计划与救济地方方案。10 月 3 日，韩德勤分发防汛委员三千元以为酬劳，韩国钧一再推辞不受，最后迫不得已才领取了其中的一千元，并捐给地方用于赈济。尽管苏北黄灾救济因战事原因未能完全办成，但韩国钧为此付出的心血是无法估量的。1940 年，新四军在陈毅的领导下开往江北开辟抗日根据地，韩德勤以顾祝同为后台，拥兵自重，不思抗日，反而制造摩擦，多次令部下阻击新四军，反遭失败。韩国钧不忍见国共两军摩擦升级，居中调解，力求促成和谈，9 月中旬在海安旧宅主持召开“联合抗日座谈会”，但韩德勤拒绝参加。韩国钧见状即联名向重庆方面发电报揭发韩德勤罪行。韩国钧意识到和谈无望，致信陈毅表示对新四军抗日的拥护，并表示胜利一定属于新四军。10 月，韩德勤一意孤行地再次大举向黄桥的新四军进攻，结果遭到惨败，只得狼狈逃回省府兴化。此役后，韩国钧联名乡耆 250 人向蒋介石和国民党军政要员揭露韩德勤罪行，迫使韩德勤向蒋介石请求处分和辞职。10 月底，陈毅再次要求韩德勤放弃反共错误立场、合作抗日，冥顽不化的韩德勤一面假意应允，一面将韩国钧长孙韩忠训挟持到泰州，以示胁迫。识破阴谋、救回长孙后，韩国钧对韩德勤破坏抗战大局的行径义愤填膺，在其主持召开的“曲塘和会”上，再次愤慨地揭露了韩德勤的卑鄙行径，会后意见由韩国钧电报韩德勤和重庆国民政府。

陈毅

陈毅（1901—1972），字仲弘，四川乐至人。1919 年赴法国勤工俭学。1921 年因参加中国留法学生爱国运动被驱逐回国。1922 年加入中国社会主义青年团。1923 年秋入北京中法大学学习，11 月加入中国共产党。1927 年 8 月参加南昌起义部队。1928 年 1 月参与领导湘南起义，4 月与朱德率部上井冈山，同毛泽东领导的秋收起义部队会师。历任工农革命军第四军政治部主任兼第十二师师长，红军第四军军委书记、前委书记、政治部主任，中共赣西南特区委书记、江西军区总指挥部总指挥兼政委等职。参与领导中央革命根据地建设和反“围剿”斗争。曾两次当选中华苏维埃共和国中央执行委员。中央红军主力长征后，任中共苏区中央分局委员、中华苏维埃共和国中央政府南方办事处主任，领导艰苦卓绝的南方三年游击战争。全民族抗战爆发后，任新四军第一支队司令员，江南、苏北指挥部指挥，华中新四军八路军总指挥部代总指挥、副总指挥，新四军代军长、军长、代理军委华中分会书记，中共中央华中局副书记、华东局副书记，新四军军长兼山东军区、山东野战军司令员，华东野战军司令员兼政委、华东军区司令员，中原军区、中原野战军第一副司令员、中共中央中原局第二书记（继续担任华东军政职务），第三野战军司令员兼政委、兼上海市军管会主任和中共上海市委副书记、市长。中华人民共和国成立后，任中央人民政府人民革命军事委员会副主席，中共中央华东局第二书记，上海市市长，国务院副总理兼外交部部长，中共中央军委副主席等职。“文化大革命”中，同林彪、江青两个反革命集团进行坚决斗争。1955 年被授予中华人民共和国元帅军衔。是中共第七、九届中央委员，第八届中央政治局委员，第三、四届全国政协副主席，第一至三届国防委员会副主席。主要著作编为《陈毅诗稿》《陈毅诗词选集》《陈毅军事文选》。

韩国钧与陈毅的交集始于 1940 年。陈毅部新四军开往江北开辟新的抗日根据地，中共中央书记处指示：“望你们把与韩国钧等苏北绅耆的统战工作看成是党争取民族资产阶级的一部分最重要的任务，把对这个问题的认识提高到党的策略原则的高度。”[①] 陈毅结合实际情况，确立了“灭敌、联李、反韩”的策略方针，争取江苏名耆韩国钧的支持。1940 年春，陈毅与韩国钧取得联系，请求他支持新四军抗日，在日寇全面侵华后深感愤怒的韩国钧在复信中表达了对新四军和陈毅抗日救国的热情与拥护。然而时任江苏省主席的韩德勤却不断派兵阻击，刻意制造国共摩擦，为此，陈毅致函韩国钧请求纾解纠纷。韩国钧不忍见此，反复奔走居中调停，连连责备李明扬、李长江大敌当前进攻新四军的错误。同时，韩国钧召集各界代表在自家小花厅内召开了“联合抗日座谈会”，呼吁一致抗日，李明扬、李长江和陈泰运也复电赞成，唯有韩德勤迟迟不予答复。韩国钧见其毫无和谈诚意，联名向重庆军政当局揭露韩德勤的腐败无能，此举大大提高了新四军在当地人民心中的政治地位。韩德勤一意孤行继续向新四军进攻，奔走调停无果后彻底绝望的韩国钧向陈毅致电，坚信胜利属于新四军并让陈毅提醒新四军早做准备。新四军在黄桥战役中再次击退韩德勤后，韩国钧再次向重庆方面发起通电，迫使韩德勤辞职，又一次在道义上帮助了新四军。黄桥战役后，新四军进驻海安，陈毅军部与韩宅比邻，双方接触增多，斟酒论文，交互甚多。1940 年 10 月底，陈毅在曲塘召开苏北抗敌和平会议，韩国钧再次出席讲话，热情赞扬新四军的抗日功绩，要求各界共同支持新四军东进抗敌。皖南事变后，新四军北进盐城，海安再次沦入日军之手，韩国钧不得不再次避居乡下。陈毅考虑到他的安全，曾请他移居盐城，同时还与黄炎培商讨将韩国钧转移到香港的方案，但因故都未能达成。不久，日军侦查到韩国钧乡下居所并派兵包围，威逼其出任伪江苏省省长，被韩国钧严词拒绝后，日军开始对其进行软禁。韩国钧在危难时刻仍不忘抗战大局，分别给陈毅、黄逸峰、李明扬各方写信，要求联合抗日。在韩国钧溘然长逝后，陈毅写下了悼诗并主持在盐阜军部召开的追悼会。陈毅与爱国耆老韩国钧晚年的这段交集堪称一段佳话。

---

① 中共中央文献研究室编：《毛泽东年谱（1893—1949）》（中卷），中央文献出版社 2013 年版，第 211 页。

刘少奇

刘少奇（1898—1969），湖南宁乡人。1921年赴莫斯科东方大学学习，同年加入中国共产党。1922年回国，在中国劳动组合书记部工作，随后任中共湘区执行委员会委员。1925年任中华全国总工会副委员长。1926年10月任中华全国总工会汉口办事处秘书长。1927年4月出席中国共产党第五次全国代表大会，当选为中央委员。大革命失败后，先后在上海等地领导中共地下工作，参加中共顺直省委的领导，任中共满洲省委书记。1930年赴莫斯科出席赤色职工国际第五次代表大会，当选为执行局委员，留赤色职工国际工作。1931年1月在中共六届四中全会上被选为中央政治局候补委员。同年秋回国，任中共临时中央职工部部长、中华全国总工会组织部部长。1932年冬到中央革命根据地，先后任全总苏区中央执行局委员长、中共福建省委书记。1934年10月参加长征，先后任红军第八军团、第五军团中央代表和第三军团政治部主任。在遵义会议上支持毛泽东的正确主张。1936年任中共中央驻北方代表，在华北地区正确执行抗日民族统一战线政策。1937年4月返回延安，参与主持中共白区工作会议。同年8月任中共中央北方局书记。1938年9月起任中共中央中原局书记，华中局书记兼中央军委华中分会书记，华中新四军八路军总指挥部政委、新四军政委。1943年任中共中央书记处书记、中央军委副主席，参与领导各根据地的抗日战争。1945年在中共七届一中全会上当选中央政治局委员和中央书记处书记。抗日战争胜利后，曾任中共中央代主席。1946年起任中央军委副主席兼总政治部主任。1947年任中央工作委员会书记，同年7月主持召开全国土地会议，制定《中国土地法大纲》。中华人民共和国成立后，历任中央人民政府副主席、中央军委副主席、全国总工会名誉主席、全国人大常委会委员长、中华人民共和国主席兼国防委员会主席。1956年在中共八届一中全会上当选中共中央副主席。1966年“文化大革命”开始后，受到错误批判和林彪、“四人帮”反革命集团等的迫害，1969年11月12日在河南开封逝世。1980年中共十一届五中全会为刘少奇平反昭雪、恢复名誉。主要著作编入《刘少奇选集》。

韩国钧与刘少奇的交集在 1940 年“曲塘和会”成功召开后，化名胡服的刘少奇到达海安，在陈毅、朱克靖的陪同下拜访了韩国钧。当时韩国钧虽然不知道胡服的真实身份，但他猜到了胡服应该不是一般领导干部。胡服的亲自登门拜访让韩国钧备受感动，更加感受到了中国共产党和新四军体察民情，是人心所向。在韩国钧抱憾长逝后，1942 年 5 月 5 日，刘少奇、陈毅等新四军领导人在新四军驻地阜宁召开追悼会，刘少奇亲撰挽联致哀。

六、韩国钧一生行迹

韓國鈞

韩国钧中举之后，先后入如皋、甘泉、六合、金陵、昭文等县幕任教读，1889 年应大挑得一等后，任河南镇平、祥符、武陟、永城、浚县知县，以及河北矿务局总办、交涉局会办、奉天交涉局兼开埠局局长、两广督练公所参议兼兵备处总办、奉天交涉使兼葫芦岛商埠督办、吉林保安会副会长等职。其间赴京觐见君主，东渡日本考察实业。辛亥革命后，历任江苏民政长、安徽巡按使，后辞任湖南巡按使。1922 年任江苏省省长，1924 年兼任督办江苏军务善后事宜，次年旋去职返乡。退隐后的韩国钧并未恬于颐养天年，仍热心地方事业，到处奔走。本章将整理韩国钧一生 85 年间所有的行迹，将之形象化展示于公众。

国　内

（一）江苏省

1. 海安（1857—1880；1905—1906；1912—1913；1915—1922；1925—1942）

海安是韩国钧的家乡。1857—1880 年，韩国钧攻读取仕、娶妻生子，在海安度过了他的青少年时光。1905 年，韩国钧在赴日考察前返乡安葬了二姑母，年底从日本考察回国后又返乡直到次年赴豫为官。1913 年，韩国钧曾在家赋闲一段时间，直到赴省履新。1915—1922 年间，卸任安徽巡按使的韩国钧住在家乡，其间多为盐垦之事四处奔走。1925 年卸任江苏省省长后，韩国钧在海安度过了他的晚年，其间开办平民工厂、开创教育事业、兴修水利，造福桑梓，直至 1942 年溘然长逝。抗战期间，韩国钧曾在海安先后主持召开联合抗日座谈会和苏北抗敌和平会议，有力地团结了抗日力量。

2. 江阴（1879）

1879 年，韩国钧曾和友人陆子才一同去过江阴。

3. 如皋（1880—1883；1927；1935；1937）

1880—1883 年间，韩国钧曾在如皋知县刘梅荪幕府中任教读。1927 年，韩国钧由通赴沪途中被如皋县县长误拘，经张孝若、伍文渊等人的营救才脱身。1935 年，韩国钧曾赴如皋查减苛捐杂税。1937 年，韩国钧曾与泰县县长张维明一同去如皋商谈开浚焦港之事。

4. 徐州（1883；1886；1889；1934）

1883 年、1886 年、1889 年，韩国钧三次赴京参加会试，均经过徐州。1934 年，韩国钧从河南乘火车南返途中曾路过徐州。

5. 邗江（1883）

1883 年，韩国钧曾作为幕僚随刘梅荪一同调任甘泉县。

6. 六合（1884—1888）

1884—1888 年间，韩国钧曾在六合知县刘梅荪、吕宪秋府中当过幕僚，同时在 1886—1888 年间兼任六合书院掌教。

7. 南京（1909；1913—1914；1922—1925；1927；1931—1933；1934；1935；1936；1937）

1909 年，韩国钧由粤赴奉就职曾途经南京。1913—1914 年间，韩国钧从吉林卸职后曾到南京晤见江苏民政长及内务司司长了解江苏省的军政、财政情形。后任江苏民政长，其间“礼送”张勋、主持水利工程，闲暇间曾游览过紫金山、鸡鸣寺、玄武湖、明故宫、燕子矶等景点。1922—1925 年间，韩国钧二掌苏政，发行新国债、处理议教纠纷、重点关注教育业和水利工程，在秀山公园参加了追悼孙中山的仪式，并参加了中山陵前期的部分筹备工作，闲暇间曾游览过紫霞湖和雨花台。1927 年，韩国钧又曾受邀返宁一次。1931 年里运河大水，韩国钧多次往来省府参加救济善后会议，直到 1933 年事竣。

1934 年，韩国钧先后赴宁参加省府禁烟委员会、农民银行监理委员会、江苏苛捐杂税监理委员会，同年拜谒了中山陵及谭延闿墓。1935 年、1936 年、1937 年，韩国钧又先后三次到南京参加全国水利委员会，并参观水利设施。

8. 常熟（1888—1889；1914；1925）

1888—1889 年间，韩国钧曾在昭文县知县徐树钊幕中任过教读，并曾游览过虞山，拜过言子墓。1914 年，韩国钧曾到过常熟视察白茆河的水利工程。1925 年，韩国钧故地重游，游览了虚廓园等景点。

9. 扬 州（1905；1913；1918；1919；1920；1921；1922；1923；1930；1931；1932；1933；1934；1935）

1905 年，韩国钧赴日本考察前曾到过扬州。1913 年，韩国钧曾到扬州与周树年、方泽山商讨免特别米捐之事。1918 年，韩国钧曾到扬州商讨盐垦之事并视察当地水利设施。1919 年，韩国钧赴扬州开泰源盐垦公司成立会，此后三年每年都赴扬州开公司常会。1930 年、1932 年、1933 年又三次至泰源公司开董事会议。1920—1923 年、1934 年，韩国钧五次赴扬州开运河局评议会。1931 年里运河大水后，韩国钧连续两年赴扬州勘察水情、赈济救灾、验收工程，出力甚多。1935 年，韩国钧开完全国水利委员会会议返里途中又经过了扬州。

10. 苏州（1906；1913；1920；1925；1932；1935）

1906 年，韩国钧第一次到苏州查访本族家谱。1913 年，韩国钧到苏州拜访程德全，谋求江苏省的军政统一。1920 年，韩国钧到苏州拜访了郑士敬。1925 年，刚刚卸职的韩国钧到苏州游览了虎丘并参观纸厂。1932 年、1935 年，韩国钧又两次到苏州拜访友人商讨事情。

11. 清江浦（1880；1906）

1880 年，韩国钧第一次赴京会试曾经过清江浦。1906 年，韩国钧赴豫任职时曾经过清江闸。

12. 姜堰（1908）

1908 年，韩国钧在被两宫召见回家途中经过姜堰。

13. 南通（1908；1913；1919；1925；1926；1927；1935；1936；1937）

1908 年，韩国钧曾赴南通晤见张詧、张謇兄弟两人商量面粉厂之事。

1913 年“二次革命”期间，韩国钧曾被张謇电邀至南通商量保卫地方事宜。1919 年，韩国钧曾至南通游览狼山，参观了盲哑学校。1925 年，韩国钧卸任归里途中曾经过南通，并参观了电灯厂和通俗教育馆。1926 年，韩国钧赴南通吊张謇之丧；1935 年，韩国钧又赴南通吊张孝若之丧。1927 年，韩国钧赴上海时经过南通。1936 年，韩国钧曾将从南京过来探视自己的友人曾怡笙送至南通港口。1937 年，韩国钧由海门返回时经过南通。

14. 泰州（1913；1917；1920；1922；1925；1931；1934；1935；1938）

1913 年“二次革命”期间，韩国钧曾至泰州商量保卫地方事宜；1925 年浙奉战争期间，韩国钧又被电邀至泰州商量维持地方治安事宜。1917 年，韩国钧被电邀至泰州商晤剿匪事宜。1920 年、1922 年、1931 年，韩国钧又三次赴泰州，其中 1920 年是为修志之事。1934 年，韩国钧为治疗牙痛赴泰州基督医院请西医诊治。1935 年，韩国钧赴泰州时敏中学（今江苏省泰州中学）开董事会，同年又赴泰州查减苛捐杂税。1938 年，韩国钧曾赴泰州晤见李明扬指挥并祝贺县长张燡升迁专员。

15. 镇江（1914；1920；1925；1931—1937）

1914 年、1920 年、1925 年，韩国钧三次游览镇江焦山。1931—1937 年，韩国钧多次前往当时作为省府的镇江参加水利、财政等会议。1934 年，韩国钧曾去镇江拜会著名水利专家李仪祉。

16. 东台（1916；1919—1921；1925；1926；1934；1938）

1916 年，韩国钧六十大寿时，曾前往东台安丰游览。1919—1921 年、1925—1926 年、1934 年，韩国钧又多次前往东台安丰、弶港、三仓视察垦区并开垦务会议。全民族抗战时期，韩国钧曾在东台避居过一段时间。

17. 兴化（1918；1931）

1918 年，韩国钧由扬州返回时曾经停过兴化。1931 年里运河水灾后，韩国钧曾在兴化视察灾情。

18. 如东（1919）

1919 年，韩国钧到如东掘港镇考察垦务。

19. 无锡（1920；1921；1932）

1920 年，韩国钧到无锡游览梅园。1921 年，韩国钧又到无锡参加苏社常会。1932 年，韩国钧又到无锡筹措水灾赈济款项。

20. 高邮（1921；1931—1933；1934；1938）

1921 年，韩国钧往高邮视察水情。1931 年里运河水灾后，任善后工程处副主任委员的韩国钧多次前往高邮赈灾并视察验收复堤工程，直到 1933 年事竣。1934 年，韩国钧又赴高邮视察水利工程。1938 年，韩国钧自淮阴返乡途经高邮，视察水情。

21. 大丰（1922；1938）

1922 年，韩国钧赴大丰小港视察水利工程。1938 年，韩国钧又赴大丰开海警委员会。

22. 太仓（1922）

1922 年，韩国钧往太仓视察海塘工程。

23. 昆山（1925）

1925 年，韩国钧往昆山看顾炎武《天下郡国利病书》原稿。

24. 淮安（1932；1934）

1932 年，韩国钧到过淮安北河验收复堤工程。1934 年，韩国钧曾到淮安参观导淮入海工程。

25. 常州（1932）

1932 年，韩国钧到常州筹措水灾赈济款项。

26. 宝应（1932）

1932 年，韩国钧在宝应验收复堤工程。

27. 宜兴（1934）

1934 年，韩国钧去宜兴游览善卷洞、张公洞。

28. 涟水（1934）

1934 年，韩国钧到涟水考察泰县、高邮两县应征的民夫，并亲自到这些民夫居住的地方视察。

29. 海门（1937）

1937 年，韩国钧赴海门龚芑荪家，为其太夫人行成主礼，又去长乐镇参加张謇故居落成礼并发表演说。

30. 淮阴（1938）

1938年，韩国钧受江苏省主席韩德勤的邀请赴淮阴考察防水工程和救济事宜。

（二）山东省

1. 郯城（1880）

1880年，韩国钧第一次赴京会试曾途经郯城。

2. 临沂（1880）

1880年，韩国钧第一次赴京会试曾途经临沂。

3. 泰安（1880；1917）

1880年，韩国钧第一次赴京会试曾途经泰安。1917年，韩国钧曾至泰安游览泰山。

（三）河南省

1. 开封（1883；1886；1889—1894；1898—1899；1901；1902；1904；1905；1906—1907；1908；1934）

1883年、1886年、1889年，韩国钧三次赴京参加会试，均经过开封。1889—1892年间，韩国钧在河南学使吴树棻幕中，后在开封为官至1894年。1898—1899年间，韩国钧担任河南铸钱局总办兼官钱局帮办。1901年，两宫回銮经过开封，韩国钧曾在行宫门外听差。1902年韩国钧在开封以道员身份等待补用。1904年，韩国钧赴开封请辞。1905年，韩国钧由开封启行赴日本考察。1906—1907年间，韩国钧历任河南陆军参谋处总办、河南矿务议员等职。1908年，两宫召见途中迂道开封谒见林绍年①。1934年，韩国钧又赴开封考察黄河防汛水利工程，顺道拜访旧友。

2. 商丘（1883；1886；1889）

1883年、1886年、1889年，韩国钧三次赴京参加会试，均经过商丘。

① 林绍年，字赞虞，福建闽县（今福州）人。

3. 尉氏（1894）

1894 年，韩国钧赴镇平就任途中曾经过尉氏。

4. 许昌（1894）

1894 年，韩国钧赴镇平就任途中曾经过许昌。

5. 襄城（1894）

1894 年，韩国钧赴镇平就任途中曾经过襄城。

6. 叶县（1894）

1894 年，韩国钧赴镇平就任途中曾经过叶县。

7. 方城（1894）

1894 年，韩国钧赴镇平就任途中曾经过方城。

8. 南阳（1894）

1894 年，韩国钧赴镇平就任途中曾经过南阳。

9. 镇平（1894—1895）

1894—1895 年间，韩国钧任镇平知县，其间断讼判案、缉拿盗贼，出力甚多。

10. 祥符（1895—1896）

1895—1896 年间，韩国钧任祥符县知县，以寒素任。

11. 武陟（1896—1897）

1896—1897 年间，韩国钧任武陟县知县，其间翻沙造田，造福百姓。

12. 永城（1899—1900）

1899—1900 年间，韩国钧任永城县知县，其间查访赈灾，任上著《永城土产表》。

13. 浚县（1900—1901）

1900—1901 年间，韩国钧任浚县知县，其间断讼判案、博访地方，将盗贼一一登录入册。

14. 滑县（1902）

1902 年，韩国钧担任河北矿务局总办、交涉局会办，时驻浚县道口镇（今属安阳市滑县）。

15. 博爱（1903—1905；1906）

1903—1905 年间，韩国钧担任河北矿务局总办、交涉局会办，时驻河内县清化镇（今属焦作市博爱县）。1903 年，韩国钧曾在清化镇设立专门蚕桑中学校，并种植两万余株湖桑，发展当地桑蚕业。

16. 郑州（1904）

1904 年，韩国钧曾在荥泽（今郑州市惠济区）渡黄河，未料遭遇大风，漂泊无定十七小时后方才得救。

17. 济源（1906）

1906 年，韩国钧曾到济源多地查勘矿源。

18. 安阳（1906）

1906 年，韩国钧曾在彰德办理秋操。

19. 修武（1906）

1906 年，韩国钧曾至修武参观英国福公司及凭心公司的各处煤矿。

20. 信阳（1906）

1906 年，韩国钧曾到信阳鸡公山查案并查勘矿源。

（四）北京市

北京（1880；1883；1886；1889；1908；1912；1914；1931）

1880 年、1883 年、1886 年、1889 年，韩国钧四次赴京参加会试均落第。1908 年，韩国钧被送部引见，在颐和园得到了慈禧太后、光绪帝的召见。1912 年，韩国钧辞职后曾在北京候命。1914 年，韩国钧在北京“觐见”袁世凯、黎元洪，提议修正官制、发行内债，同时游览了颐和园。1931 年，韩国钧应张学良、刘君实等的邀请到北京游览了三个月，参观了故宫和香山等景点。

（五）天津市

1. 静海（1900）

1900 年，韩国钧被送部引见，但到静海时因义和团运动而中途折回。

2. 天津（1907；1912）

1907 年，韩国钧由豫赴奉任职途中曾经过天津。1912 年，韩国钧从吉林卸任回京候命途中又经过了天津。

（六）河北省

1. 东光（1900）

1900 年，韩国钧被送部引见途中因为义和团运动而中途折返，在东光县境内遭遇匪盗，幸而逃生。

2. 大名（1900）

1900 年，韩国钧被送部引见途中因为义和团运动而中途折返，在大名府龙王庙境内（今邯郸市大名县龙王庙镇）遭遇匪盗，幸而逃生。

3. 武安（1906）

1906 年，韩国钧曾到武安查勘煤矿。

（七）安徽省

1. 亳州（1905；1906）

1905 年，韩国钧由开封启行赴日本考察时曾在亳州由涡入淮。1906 年，韩国钧由家赴豫时又经过亳州。

2. 五河（1906；1917）

1906 年，韩国钧由家赴豫时曾经过五河。1917 年，韩国钧从泰山游览返回途中再次经过了五河。

3. 安庆（1914—1915）

1914—1915 年间，韩国钧任安徽巡按使，驻安庆，任职期间于安徽教育事业以及皖北农业畜牧业均有改良。

4. 芜湖（1914）

1914 年，韩国钧任安徽巡按使期间曾到过芜湖。

5. 铜陵（1914）

1914 年，韩国钧任安徽巡按使期间曾到过铜陵大通镇。

6. 东至（1915）

1915 年，韩国钧任安徽巡按使期间曾到过东流县八都湖（今在池州市东至县）。

7. 和县（1915）

1915年，韩国钧卸任安徽巡按使返乡途中，曾在和县游览了西梁山。

（八）上海市

1. 上海（1905；1909；1912；1913；1920；1922；1924；1925；1927；1932）

1905年，韩国钧从日本考察回国曾经过上海。1909年、1912年，韩国钧从广东、吉林卸任返乡途中经过上海。1913年，韩国钧多次到上海晤见友人，在“二次革命”期间目睹上海战局，就任江苏民政长后在上海会见了各国驻沪领事。1920年，韩国钧曾到上海参观职业学校、南市救火会以及慈善医院。1922年，二掌苏政的韩国钧又到上海晤见各国驻沪领事和松沪护军使何丰林。1924年、1925年，两次江浙战争期间，韩国钧曾赴上海宣慰军队、赈济善后，1925年，韩国钧卸任归乡途中曾经过上海。1927年，韩国钧曾旅沪四月余。1932年，韩国钧曾经上海赴里运河勘灾，并请上海史量才出面商请宋子文拨款赈济水灾。

2. 宝山（1922）

1922年，时任江苏省省长的韩国钧曾到宝山视察海塘工程。

（九）辽宁省

1. 沈阳（1907；1909—1911；1912）

1907年，韩国钧任奉天交涉局局长、农工商局副局长。1909—1911年，韩国钧在奉天交涉司任职，其间办理了防疫事务。1912年，韩国钧曾赴奉天为都督赵尔巽送行。

2. 葫芦岛（1910）

1910年，韩国钧在葫芦岛督办商埠事务。

3. 本溪（1910；1911）

1910 年，韩国钧与日本人签订本溪湖矿约。1911 年，韩国钧又到本溪考察本溪湖矿山。

4. 辽阳（1911）

1911 年，韩国钧在卸任奉天交涉使后曾到辽阳太子河视察。

5. 北镇（1912）

1912 年，时任吉林民政使的韩国钧曾将都督赵尔巽送到北镇沟帮子站。

（十）广东省

1. 广州（1907—1909）

1907—1909 年间，韩国钧任广东省督练公所参议兼兵备处总办。

2. 东莞（1908）

1908 年，韩国钧到虎门（今东莞市虎门镇）沙角各炮台试验射击，又到虎门考试陆军毕业生。

（十一）香港特别行政区

香港（1909）

1909 年，韩国钧送载洵至香港出国考察海军事务。

（十二）浙江省

杭州（1909）

1909 年，韩国钧到杭州与旧友陈汉第一同游览烟霞洞。

（十三）吉林省

1. 吉林（1911—1912）

1911—1912 年，韩国钧任吉林民政使，处理矿务、交涉等案。

2. 长春（1913）

1913 年，韩国钧卸任吉林民政使返京候命，曾途经长春。

国外（日本）

1. 长崎（1905）

1905 年，韩国钧赴日本考察时曾经过长崎。

2. 东京（1905）

1905 年，韩国钧赴日本考察，在东京考察了当地的教育业、工商业和市政设施的情况，拜访了日本当地的官员，参观了植物园、动物园、水族馆、炮兵工厂和当地孔庙，并在河南旅日同乡会作演讲。

3. 茂原（1905）

1905 年，韩国钧在日本考察时曾到茂原参观农校、缫丝厂及当地小学。

4. 千叶（1905）

1905 年，韩国钧在日本考察时曾到千叶晤见千叶县署第二部长三桥得三，了解当地兵役情况。

5. 古河（1905）

1905 年，韩国钧在日本考察时曾到古河考察矿业、镕铜厂与炼炭所。

6. 宇都宫（1905）

1905 年，韩国钧在日本考察时曾经过宇都宫。

7. 日光（1905）

1905 年，韩国钧在日本考察时曾到日光拜谒过德川将军墓，参观了足尾铜山，游览了华严瀑布、中禅寺湖、原浴温泉。

8. 那须（1905）

1905 年，韩国钧在日本考察时曾经过西那须野。

9. 神户（1905）

1905 年，韩国钧赴日本考察时是坐船从神户往返的。

10. 大阪（1905）

1905 年，韩国钧在日本考察时曾到大阪考察过生野矿山。

七、韩国钧仕进之途

清　代

1857 年（咸丰七年）　· 诞于海安。

1879 年（光绪五年）　· 参加江南乡试中举，列第九十六名。

1880 年（光绪六年）　· 入如皋县知县刘梅荪幕府，任教读。

1886 年（光绪十二年）　· 受聘为六合书院掌教。

1887 年（光绪十三年）　· 入六合县知县吕宪秋幕府，任教读。

1888 年（光绪十四年）　· 辞去六合书院掌教之职，入昭文县知县徐树钊幕府，任教读。

1889 年（光绪十五年）　· 应大挑得一等，入河南学使吴树棻幕府。

1892 年（光绪十八年）　· 改分河南省，在地方候补。

1894 年（光绪二十年）　· 任南阳府镇平县知县。

1895 年（光绪二十一年）· 调任开封府祥符县知县。

1896 年（光绪二十二年）· 调任怀庆府武陟县知县。

1897 年（光绪二十三年）· 卸任武陟县知县，回开封府待命。

1898 年（光绪二十四年）· 任河南铸钱局总办兼官钱局帮办。

1899 年（光绪二十五年）· 调任归德府永城县知县。

1900 年（光绪二十六年）· 任卫辉府浚县知县。

1901 年（光绪二十七年）· 以道员身份仍在河南省候补。

1902 年（光绪二十八年）· 奉旨以道员归河南补用。
· 4—5 月，任河北矿务局总办、交涉局会办。

1905 年（光绪三十一年）· 辞去官职，赴日本考察农工商矿。

1906 年（光绪三十二年）· 被委任为河南陆军参谋处兼矿政调查局总办。

1907 年（光绪三十三年）· 3 月，任奉天交涉局兼开埠局局长，兼任农工商局副局长、农工商部札派奉天同务议员。
· 5 月，仍回河南省候补。
· 6 月，充任河南陆军参谋处总办、交涉局会办，兼营务处总办。
· 8 月，豫抚张人骏升任两广总督，奏调韩国钧随行。
· 10 月，任广东督练公所参议兼兵备处总办。

1909 年（宣统元年）· 6 月，署广东劝业道。
· 年底，任奉天交涉使。

1910 年（宣统二年）· 兼任葫芦岛商埠督办。

1911 年（宣统三年）· 接任吉林民政使。

中华民国

1913 年（民国二年） · 出任江苏民政长。

1914 年（民国三年） · 北洋政府改民政长为巡按使，调任安徽巡按使。

1915 年（民国四年） · 派任湖南巡按使，未就，辞职返回故里。

1920 年（民国九年） · 任运河局会办。

1922 年（民国十一年） · 先后被任为山东省省长、江苏省省长，均辞不就。国务院不许其推辞，7 月赴南京，上任江苏省省长。

1924 年（民国十三年） · 兼任督办江苏军务善后事宜。

1925 年（民国十四年） · 先辞任督办江苏军务善后事宜，再卸任江苏省省长。

1931 年（民国二十年） · 被推举为水利协会主席，任善后工程处副主任委员。

1934 年（民国二十三年） · 被南京国民政府全国经济委员会聘为全国水利委员会委员，被行政院聘为江苏省苛捐杂税监理委员会主席委员。

1938 年（民国二十七年） · 任苏北黄灾救济委员会主任委员。

1940 年（民国二十九年）· 中国共产党苏北临时参议会在海安召开，被推选为名誉议长。

1941 年（民国三十年）· 日伪威逼其出任伪江苏省省长，被其严词拒绝。

1942 年（民国三十一年）· 与世长辞。

八、家世传承

韓國鈞

（一）韩国钧与《韩氏宗谱》

韩姓是一个历史十分悠久的姓氏，其渊源可追溯到轩辕黄帝，从那以后有了长达数千年的发展演变历史。从韩氏宗族的迁徙与分布调查看：江南有三支：一是韩琦之裔韩膺胄、韩肖胄之后代，自浙江省萧山迁来，分布在苏州、江阴、镇江一带；二是韩世忠部分后裔，分布在苏州、无锡、金坛等地；三是安徽凤阳韩氏后裔，明初朱元璋军队占苏州后，部分韩氏军人定居在苏州市北部地区。长江以北沿江地带有苏州韩氏后裔迁至泰州、扬州等地，韩国钧所在宗族即此支。

明清时期，私家修谱之风盛行，韩氏现存家谱大都是清末至 1949 年以前所修撰的。《韩氏宗谱》共计 12 卷、14 册，是 1913 年由韩国钧、韩国霖等人合力编撰的。总目细分为卷一：序、凡例、艺文、家训、宗法、祠图、恩纶、坊图；卷二：世系图（唐宋云东本镇及本镇另系全）；卷三：本镇世系图考（始祖至汝昌公支）；卷四：本镇世系图考（汝进公至汝章公支）；卷五：本镇世系图考（锡祚公至瑞徵公支）；卷六：本镇世系图考（志刚公至广澐公支）；卷七：本镇世系图考（西纯公至忠朝公支）；卷八：本镇嫡支图考（君趣公至山仑公支）；卷九：东河世系图考（鹏实公至詠连公支）；卷十：南庄世系图考（鹏昂公至成用公支）；卷十一：东壩世系图考；卷十二：旁支待考图（祠产及捐款支款各跋附后）。

《韩氏宗谱》记载了包括韩国钧一支在内、作为海陵望族之一的韩氏，自元朝末年始祖淑洋公避张士诚之乱至民国初年越 500 年的悠长历史。其中“恩纶”一章记载了韩国钧于 1908 年 10 月 9 日（农历九月十五日）得到慈禧太后、光绪皇帝召见奏对的历史，最具价值。

（二）韩氏家训和子孙排辈

1.“有怀堂”韩氏家训：

孝父母　敬长上　和兄弟　训子孙　端闺范　睦族党

勤职业　戒嗜好　惩奸恶　择交游　广阴德

2. 韩氏十七世以下子孙排辈：

国宝忠良士　家珍孝友人　传经绵祖德　作善裕孙曾

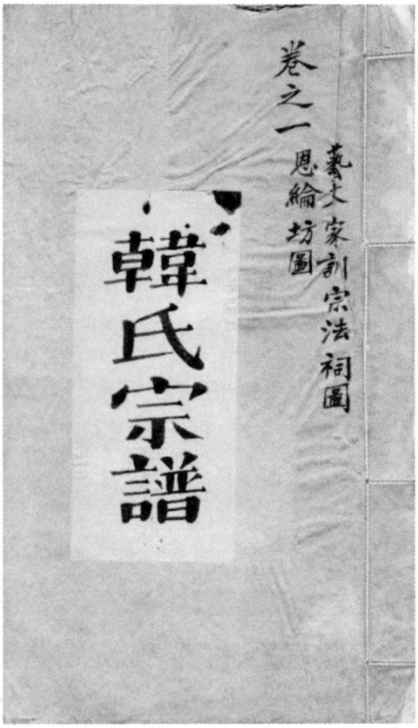

图 8-1 《韩氏宗谱》封面

（三）韩氏族人选录①

始祖韩淑洋

韩氏之先有淑洋，利名牵入卫兵行。

明初王法何严密，未得东归去建昌。

海安“有怀堂”韩姓的始祖韩淑洋是唐朝韩愈、宋朝韩琦的后代。韩淑洋家本来世居苏州府，元末张士诚率盐民造反，韩淑洋为躲避战乱从苏州迁居如皋县北鲜鱼庄（今海安仁桥）。

明朝洪武初年，淑洋公加入富安盐场灶民户籍后，被蔡玄首举告私卖灶盐，被惩罚充军江西建昌府左卫军，行至中途见路旁遗尸，设法逃出，重新回到苏州后又娶妻生子。苏州云东世系的始祖思聪公就是他的小儿子。

韩淑洋后世绵延至今六百多年，人口近万人，成为苏州之鼎族。

一世祖韩思铭

韩思铭是淑洋公的二儿子，是韩姓子孙海安镇世系的一世祖。

他资质英敏，相貌堂堂，靠勤劳节俭积累了不少钱财，忠实诚信，与邻里和睦相处，平和处世，不欺弱怕强。妻子贤淑，子女聪颖，最后以海安少有的高寿乐享天年。

先祖韩凤翔

韩国钧的祖父凤翔公很有侠义心肠。

道光年间江淮大水，一片泽国，海安坝周边到处是逃难的灾民，每遇店家便跪拜乞讨。韩凤翔时开酒行营生，乡下有五六亩薄田，日子将就可过。但韩凤翔不忍心看灾民的凄惨状况，他将三间堂屋拆卖筹得银两，购米麦，设粥厂，赈济灾民。韩凤翔仗义疏财的善举，广为乡人传颂，但也使本不富足的韩家大伤元气。

敦实君子韩香池

香池公（韩芹，字香池）与韩凤翔同为海安“有怀堂”第十五代子嗣，

---

① 该事略为江苏省海安市韩国钧故居（人称“韩公馆”）馆陈所采纳文字，在此致谢。

是韩国钧的族祖父，韩国钧称他“敦厚质实有古君子之风”。香池公深孚众望，主管家族事务，殚竭心力，洪纤必亲，任劳任怨，数十年如一日。他曾准备修家谱，已经召集族人商议了，正想着手却因时势变化未能如愿。韩国钧极为敬重他，从河南回家省墓时，两人谈及修谱之事，香池公勉励韩国钧来主持，韩国钧因为做官尽职，服务在外，还没能着手操持，香池公就在馆舍离世了。香池公的长子廪典继承父亲的职司管理家族事务，次子康、三子庭出钱出力，三人继承父亲的遗志，终于续修了韩氏家谱。修谱期间，韩国钧亲自为香池公作传。

父亲韩希彭

父亲韩希彭继承祖业，继续经营酒行，家庭稍稍兴旺就想复建祖居。他特别好客，建屋也思谋着从外往内，先建门厅及东侧待客的小厅，再建主屋。可惜还没来得及兴造，没到 40 岁就离世了。

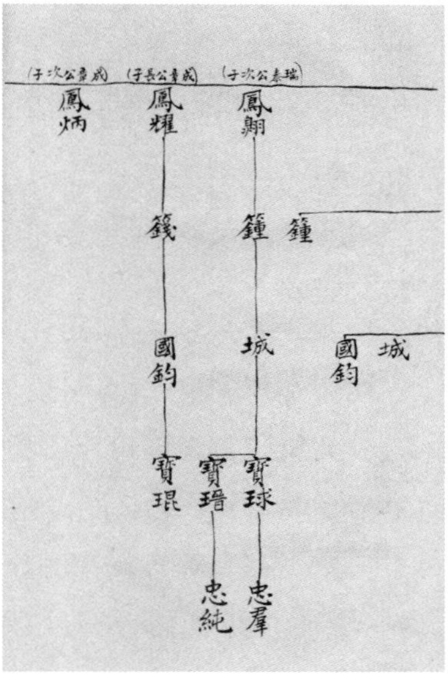

图 8-2 《韩氏宗谱》中韩国钧一支

韩希彭相貌清癯，常身着旧呢袍，每天中午自外面回到家中，叉手于背，手拿瓦棱式的黄铜烟匣，满贮青条烟丝，神情严峻。这个时候，韩国钧正从学塾回家吃饭，二人经常在门口相遇，韩国钧害怕得不敢上前。直到晚年韩国钧都觉得“此景犹在余目”。

韩希彭好善尚侠，待人以和，接物以诚。他特别喜欢诗词文学，《辆川同人集》有其题《辆川图》绝句四章。

自韩希彭去世后，韩家日渐中落，原来预备建屋的木材，甚至穿厅的坐具都全部用于还债。直到 1906 年韩国钧自河南返里，才开始在旧址上重建祖屋，此时距离主屋拆卖已经七十多年。

母子连心

韩国钧一生豪于饮，这可能和他成长的环境有关。韩国钧的母亲颇能喝酒，喜欢将大枣浸泡在酒中，泡过酒后的大枣红酣如樱桃，甘芳可口但其性很烈。韩国钧6岁时，曾乘大人不在偷吃了几颗，结果大醉。醒后，母亲说："把你抱坐在天井中不停地用新汲的井水冲头，一个多小时后才醒。"

韩国钧刚入私塾时，不喜欢记诵，每天早晨起来，就希望到别的地方去。一次在私塾门外徘徊，被母亲责罚了一通，他深感愧悔，从此发奋苦读。母亲的这次惩戒，使他终身受益。

叔父韩秉元

韩国钧的叔父韩秉元很有才，但是20岁就去世了。韩国钧没有见过叔父本人，但小时候读过他的诗歌，觉得其诗"清丽芊绵，雅近义山（李商隐——引者按）"。韩国钧在晚年撰写《永忆录》时既感慨叔父的才华与英年早逝，又惋惜叔父诗稿遗失。

二姑母在室守贞

韩国钧9岁时父亲去世，12岁时母亲去世。自父母离世，他全靠二姑母的抚养教育，方至成人。

1869年，韩国钧的嗣祖凤余公逝世，遗产只留下一张桌、一把锄头，家人引为笑谈，二姑母斥责说："你们不要轻视长辈，男儿志在四方，该有直上青云的志气，怎么能寄靠先人的余荫！"

二姑母在室守贞，在韩家操持了一生，80岁时病故。晚年韩国钧忆及二姑母，自觉"虽博一官，为民为国，一无建树"，深感"愧无可报"，有负二姑母的期望。

识才外舅王西州

王西州是韩国钧的岳父。他先看中了韩国钧再请塾师何伯溟保的媒。女儿出嫁后，王西州来看望女儿女婿，他说："汝夫妇毋忧贫，后福必大于我。"

他对韩国钧视如己出，特别关爱。韩国钧初次到扬州参加贡试时，正值严冬，翁婿二人同睡一个被窝，每晚宿店，王西州总是先打来热水，让韩国钧先泡脚暖足，安顿妥当，自己才上床。韩国钧考试回来，乘舟至塘湾时，河冰把船冻住了，王西州就提壶登岸，买酒来让他御寒。

兄长

韩国钧的长兄韩梅生患有肺痨（肺结核），不能主家事店务。仲兄坚甫（韩诚）16 岁即出主家事，料理酒行生意，但终因不善经营之道，加之用人不当，致酒行生意年年亏损，从此韩家家道一落千丈。1878 年 7 月 30 日，韩坚甫到海安西乡借钱还债未果，在曲塘西桥下意外溺亡，此后韩家更为困厄。韩国钧过早地尝到世态炎凉的滋味，在生活的艰辛中，他更加理解和同情下层民众，并坚定了“求富贵，出人头地”的人生理想。

和均淑顺王夫人

韩国钧的夫人王氏，是乡贤王西州的二女儿。关于这桩婚事，民间有“姐妹易嫁”的传说，说王家原先许的本来是大女儿，但迎亲时发生了变故，大女儿觉得家道中落的韩家太穷了，嫁过去要过苦日子，死活不肯上轿。王家的二女儿上前劝说，却被大姐奚落“饱汉不知饿汉饥”。二女儿深明大义，不愿意家里背上悔婚的恶名，认为“韩郎是个读书人，绝不会长久贫贱”，当即与大姐换装，戏剧性地嫁给了韩国钧。甚至后来陈毅纪念韩国钧的诗文也提到这件事。此说言之凿凿，细考却无凭据。

婚后的韩王夫妇确实也过了一段苦日子，但二人相濡以沫，伉俪情深。后来韩国钧进入官场，官职、声威日渐显赫，身边陪伴的始终只有王二姑娘，韩国钧一生未曾纳妾，也没有续弦。

韩国钧以善于断案出名，人称“韩青天”“韩一堂”。王夫人贤淑多慧，也曾帮助韩国钧断案。

1923 年，王夫人于瞻园寓所去世，当时备极哀荣。石印有《亡室王夫人画像赞》，韩国钧自书序文于前，康有为、梁启超、张謇等几十个名人题诗、吊文于后。

王夫人生前虔诚信佛，为怀念她，韩国钧诚邀蒋维乔星期天到府上为他讲解佛学。蒋维乔深有感触，专门将此事记载于《韩紫石先生传》。

故居小花厅侧房是王夫人生前念经的佛堂，韩国钧晚年乡居归隐将此作为自己的卧室，以一种独特的方式继续缅怀着夫人。

三子韩宝瑄

韩宝瑄，人称“韩三少”，1889 年出生于韩国钧河南任上，后随父就学于东北，肄业于奉天中学。1911 年辛亥革命爆发，宝瑄随父南归，后帮助“经理家务”，贡献良多。

1906 年韩国钧出访日本考察实业，回来后整理并出版《实业界之九十日》，其间宝瑄帮助绘图。韩国钧颇为欣慰，在序文中特地带上一笔“若夫矿脉地质诸图，则儿子宝瑄所学绘也”。《实业界之九十日》初版于 1906 年的上海，时韩宝瑄 17 岁，可谓少年英才。

1936 年，韩宝瑄不幸因肺病亡故，时年 47 岁。

四子韩宝琨

韩宝琨，毕业于保定军校，曾任东北讲武堂教官、国民革命军第二十五路军少将参谋长，又就学于上海同济大学土木工程系，毕业后去德国留学。他亲自主持设计建造火车厢式的花厅和二层欧式小洋楼，开海安近代建筑风气之先，而后无来者。

1926 年，韩宝琨与士绅王传桐在道观三茅宫创办海安通俗教育馆，为海安最早的社会教育设施之一。教育馆内设四部，首为图书部，有益启蒙民智。他在韩家后花园草庐创办《海安报》，开海安民间办报先河。1936 年，韩宝琨与解效文、江春霖等倡议创办紫石中学，紫石中学即今日江苏省海安高级中学的前身。

1938 年 3 月 17 日，日军一〇一旅团约 5 000 人由姚港登陆南通，拟进犯盐城协同进攻徐州。19 日韩国钧乘小船避至海安近郊，20 日海安、曲塘沦陷。26 日宝琨赴东弶、李堡等处访问各地情形。4 月 4 日李堡沦陷，10 日韩国钧避难兴化坂伦，秋后转海安徐庄。7 月 27 日日寇从东台、海安撤出，据守如皋。11 月 21 日韩国钧由徐庄回到海安镇老宅，检点沦陷时各物损失。韩宝琨由盱眙的打石山林场回到海安，后应徐季厚之邀陪韩国钧、徐季厚、李明扬、郝鹏举在海安中大街集贤馆晚餐。餐后韩国钧先回老宅，宝琨陪徐、李、郝等到小洋楼打麻将，中途宝琨头晕坐在栏杆上吹风，不幸坠楼重伤，23 日午后亡故。韩国钧衰年再失爱子，悲痛万分，其祭联写道："不爱其身以遗亲忧，是可谓不孝；既亡汝兄又见尔死，吾何以家为？"其《永忆录》中念及国破家亡，再次悲叹："天似悯余之劳而畀以大年，何以不悯余之老使之有子而无子。"此意外厄运成为韩国钧一生中最大的遗憾。

二女韩柳娴

韩云英，字柳娴，毕业于青岛大学，通英语，且枪法不错，长于见识，颇得韩国钧宠爱。

韩国钧去世后，韩柳娴成为韩府的主要当家人。1942 年 5 月 5 日，经陈毅发起，新四军在阜宁张庄为韩国钧举行盛大追悼会，韩柳娴拟电答谢陈军长。

1943 年新四军侦察参谋胡俞轩在海安镇活动时，被日寇从韩家抓走，韩柳娴出面营救，先以全家人的性命作担保，日军宪兵司令部不答应，敲诈了韩家几十两金子后才在 24 小时内放人。

韩柳娴本人婚姻不幸，染有抽大烟的恶习，解放后被收容改造。1958 年经时任省长惠浴宇特批，回家调养，不久亡故。

族弟韩鼐臣

韩国铭，字鼐臣。1916 年开设海龙米厂，是海安从事国际贸易第一人。

他是香池公的孙子，小韩国钧十多岁，两人感情很好。1925 年韩国钧辞任省长前，曾将他约到南京，商议修缮房子的事，鼐臣一应相承，出钱出力，亲自监工，将韩公馆修缮一新。韩国钧是个清官，手上并无多少钱财。没有韩鼐臣的助力，韩公馆就没有后来的规模。

他是儒商，将多年经营所得的大部分用于营造花园。花园于 1917 年落成，1927 年又扩建，占地近四亩，园内古树名木、盆景、假山众多，蔚为大观。韩国钧将其命名为"补园"并题额，又为花园草堂撰书一联："半世经营因俗累，一生辛苦为花忙。"

族侄韩汉雏

韩汉雏是韩鼐臣的儿子，是和韩国钧来往最密切的晚辈之一。他 1918 年毕业于江苏省立第七中学（今南通中学），因严重胃病几乎不治，未能继续升学。病体恢复后，韩国钧将他带至南京的省长公署签押房（省长办公室）任职。他初任办事员，韩国钧对他不时教导，他自己又能虚心向前辈幕僚请益，进步较快，常得韩国钧赞许，后由科员升任韩国钧机要秘书。

1925 年韩国钧任满回籍，荐韩汉雏至外交部上海交涉署任秘书。韩国钧对他一直非常关心，二人常有书信往还，韩国钧在信中曾鼓励他道："侄须知天生我材必有用，譬锥处囊中其末立见。"抗日战争期间，韩国钧仍与远在重庆的韩汉雏保持联系，关心他的生活与工作。韩汉雏结婚时，韩国钧专门用工楷写了一封贺信，并问："新妇是何学校毕业？"足见韩国钧对家人文化教育的重视。

长孙女韩忠云

韩忠云嫁与海安李堡仲家，与仲浦云（兆栋）结为夫妻。夫妇二人撰有专文怀念祖父韩紫石。

李堡仲家是海安东乡的名门望族，向以诗书传家。韩忠云曾任上海市卢湾中学职员，"文化大革命"期间受到冲击。

长孙韩忠训

韩忠训是韩国钧钟爱的长孙，韩国钧特别喜欢把他带在身边。老先生常对孙子说："我是先有国，后有家，国事、家事、天下事，事事有我！"

韩国钧和张謇互为知己，两人的深厚交谊也影响到了后代。韩忠训与张謇三孙女张聪武相恋，张聪武参加演出宣传抗日，1938 年被日本人在韩庄打死，韩忠训痛彻心扉，经韩国钧同意，秘密把张聪武遗体安葬在自家田里。

1938 年秋，韩忠训遵照韩国钧的安排与弟弟忠诰一起进入刚创办的东台光实中学，后结识同学袁杏芬，并萌生爱意。二人于 1941 年结婚。

1941 年底，日寇十二旅团旅团长南浦襄吉为胁迫韩国钧，派人把韩忠训从徐庄抓到东台，准备押往泰州做人质，在船运途中韩忠训被李明扬设法救出。

长孙媳袁杏芬

袁杏芬出生于东台小海，曾就读于东台光实中学，是学校的校花。韩忠训相中她后，1941 年由韩国钧做主成婚。她性格正直刚毅，不让须眉。作为有学识、有主见的长孙媳，她经常参与料理家事。

袁杏芬 1951 年从当时被誉为华东最高学府的华东人民革命大学毕业，被分配到西安西北区人民银行工作，后又被调到新疆人民银行。她业务能力强、文章写得好、字写得漂亮，是公认的才女，曾担任科、处级职务。后来又被调到西北区计委财商处，多次参加国家计委召开的会议。

1943 年新四军侦察参谋胡俞轩被捕事件在数十年后再起波澜。解放后胡参谋在省里做事，胡韩两家本无瓜葛，但“文化大革命”期间，红卫兵到新疆逼袁杏芬写材料证明胡是叛徒，被袁杏芬当即拒绝。袁因此被打成“历史反革命”，身心备受摧残，去世时仅 57 岁，1979 年得平反昭雪。

别离

家事联国运。1949 年初国民党大量军政人员撤往中国台湾。韩国钧的孙辈忠英、忠训、忠俊、忠诰、忠谦五人也先后赴台，远别家乡。

韩忠训是国民党三青团团员，袁杏芬则倾向中共。1949 年 1 月 3 日韩忠训从上海吴淞口坐海星号轮船（蒋介石拉金子的船）去中国台湾，袁杏芬在上船前等待期间，借口买烟离开，乘火车投奔在南京开展中共地下工作的姨妈。韩忠训、袁杏芬从此夫妻分离，再未得见。

1949 年 4 月 21 日晨，中国人民解放军第二、第三野战军全线发起渡江战役，4 月 23 日南京解放。5 月 27 日上海解放。1949 年 10 月 1 日中华人民共和国成立，社会日新月异。

回家

韩忠训后居台湾高雄，20 世纪 90 年代后数次回访海安故居。

“人事有代谢，往来成古今”，“少小离家老大回，乡音无改鬓毛衰”。历经半个多世纪，远离他乡的游子终得寻根问祖，流连故园。

九、缅怀紫老

韓國鈞

臧克家《有的人》写道：“有的人活着，他已经死了；有的人死了，他还活着……有的人，他活着为了多数人更好地活……他活着为了多数人更好地活着的人，群众把他抬举得很高，很高。”“民族抗战之楷模”韩国钧早已离我们远去，但紫老的事迹与精神长存，一直被后人铭记。

(一) 紫公墓

1942 年 1 月 23 日，韩国钧逝世当晚，曾叮嘱家人说：“抗日胜利之日，移家海安，始为余开吊，违此者不孝。”家人谨遵遗言，在他离世之后，一度将其灵柩暂厝于徐庄。

抗战胜利后，韩家后人返回海安故宅，开始筹备韩国钧的移灵安葬事宜。1948 年，韩国钧灵柩归葬海安县海安镇北郊明道村凤山，建成“紫公墓”，背依海安凤山，南滨新通扬运河。立三门花岗岩石坊，中门额刻字两行，上行“江淮柱石”，下行“韩紫石先生之墓”，左右门额分别刻“崇德”“表忠”。石坊刻联两副，一为“两间正气钟淮海，毕世精诚贯日星”，一为“力挽狂澜降生先大禹一日，滂流惠泽在世多如来五年”。石坊以北的宽阔甬道中间建碑亭，亭内立“前江苏省长泰县韩公紫石神道碑”，碑文由前清诰授光禄大夫农工商部左侍郎署理尚书唐文治撰写。甬道两侧建有厢房若干，碑亭后的二级平台之上即为韩紫石圆形墓冢，周立护栏，墓后护墙上书“紫公墓”，墓区树木葱郁，肃穆庄严。

“文化大革命”中，“紫公墓”遭遇浩劫被摧毁，荡然无存。1982年，为纪念韩国钧逝世40周年，中共海安县委出资4 800元修复“紫公墓”，施工面积为170平方米，修复了墓冢、护墙和两级平台。1982年6月，被公布为海安县文物保护单位。2004年8月，南通市政府将韩紫石墓公布为南通市文物保护单位。

（二）韩公馆

海安县博物馆成立于1959年3月3日，原附设在县文化馆内，1961年底停办。

韩国钧故居“小花厅”为1940年9月陈毅提议韩国钧主持召开的“停止内战，一致团结抗日座谈会”，即联合抗日座谈会会址。1960年，海安县将其列为海安县文物保护单位。1982年，又公布为江苏省文物保护单位。

1985年秋，海安县文化局接管了位于海安镇宁海路58号的县人武部原驻地——韩国钧故居（韩公馆）。江苏省文化厅、海安县人民政府拨款，交海安县文化局承办，着手筹备修复工作。韩公馆修复工程于1986年9月全面动工，1988年竣工。2月8日，海安县博物馆重设，馆址放在了修缮一新的韩国钧故居内。2月17日举行试开馆仪式。1989年5月5日正式开馆，举行隆重的开馆仪式。1989年，海安县将韩国钧故居整体公布为海安县文物保护单位。

1998年、2001年，江苏省文化厅两度授予海安县博物馆“江苏省优秀博物馆”称号。

2004年，海安县博物馆筹集资金15万元，耗时3个月，完成韩国钧故居（联合抗日座谈会会址）修缮工程。维修项目包括门窗格扇油漆、屋面修整、庭院重铺、调整展厅、充实展品、剪扎花木等。

2008年，海安县博物馆被列为江苏省首批免费开放的174家公共博物馆之一。2013年，韩国钧故居（韩公馆）被国务院列为第七批全国重点文物保护单位。

2019 年 8 月 5 日，海安市博物馆新馆（位于韩公馆东侧）建成，对社会公众免费开放。

2021 年，海安市博物馆成功创建国家 4A 级旅游景区。

（三）诞辰周年纪念

1987 年 3 月 29 日，海安县政协、县委统战部在新修复的韩国钧故居白玉兰树下的大客厅，联合举办纪念韩国钧诞辰 130 周年座谈会。此次纪念活动，是中华人民共和国成立后官方首次正式举办的纪念韩国钧的活动。政协江苏省海安县委员会文史资料研究委员会编辑《纪念韩紫石专辑》，作为《海安文史资料》第三辑出版。该专辑本着高举爱国主义旗帜、求实存真的原则，搜集了一批能反映韩国钧先生思想风貌、持身治事、道德文章等方面的史料，选刊影印了征集所得的纪念诗文、书、画、印等文艺作品。《纪念韩紫石专辑》在本次座谈会上首发，其后寄赠有关人士。

1987 年 8 月 19 日，政协江苏省海安县第一、二、三、四届委员会副主席韩忠义及其子韩良愉，出于对社会主义事业的热爱，自愿向江苏省档案馆捐赠韩国钧先生的《朋僚函札》，捐赠仪式在江苏省档案馆举行。2003 年，江苏省档案馆申报《朋僚函札》为中国档案文献遗产获得成功，《朋僚函札》列为全省仅有的五份中国档案文献遗产之一。

1997 年 4 月 10 日，海安县政协、县委统战部举行座谈会，纪念韩国钧诞辰 140 周年，深切缅怀这位知名爱国民主人士。同年，韩国钧 1939 年创建的“海安私立紫石中学”被江苏省教委批准更名为“江苏省海安高级中学”。

2015 年 8 月 24 日，中国人民抗日战争暨世界反法西斯战争胜利七十周年之际，韩国钧入选经中共中央、国务院批准，民政部公布的第二批 600 名著名抗日英烈和英雄群体名录。

2015 年 8 月 20 日，江苏省纪念抗日战争胜利 70 周年献礼影片、大型

4K电影《韩国钧》在南京西康宾馆举行首映式。该电影由江苏省档案局牵头，江苏有线华博在线传媒有限公司与江苏星瑞影业公司联合制作，反映了1941年海安沦陷后避居乡下的韩国钧，面对日伪威逼他出任伪省长，至死不从的爱国情怀和民族气节。

2017年3月28日，江苏省泰州市集邮公司在南山寺举行“民族抗战之楷模——韩国钧先生诞辰一百六十周年”纪念封首发仪式。该纪念封为“泰州历史名人系列纪念封”集邮专列第二枚封，采用120毫米×230毫米的大规格ZL标准信封，比通常使用的DL信封更大气凝重，更适合人物题材的展示。纪念封正面上的《梅花邮资图》呼应了韩国钧的爱国气节，反面为韩国钧先生的生平事迹简介。同日，泰州市南山寺大雄宝殿举行了揭匾仪式，该匾额悬挂于南山寺新大雄宝殿的正上方，长4.8米、高1.8米，匾额上的“大雄宝殿”4个字系韩国钧早年手迹，遒劲有力。

十、大事年表

韓國鈞

1857 年（咸丰七年丁巳）1 岁

- 3 月 29 日，出生于江苏海安，世居海安。谱名国钧，字紫石，晚年自号止叟。祖父韩凤翔。父韩希彭，母李氏。①

1862 年（同治元年壬戌）6 岁

- 进入私塾学习，受业于同邑陆月舫②先生，连续读书七年，到 1868 年底止。

1864 年（同治三年甲子）8 岁

- 出嗣从叔祖凤余公。

1865 年（同治四年乙丑）9 岁

- 8 月 19 日，父韩希彭去世。

1868 年（同治七年戊辰）12 岁

- 3 月 17 日，母韩李氏去世。
- 同年起，开始跟随陆月舫先生学习八股文。

---

① 道光年间，里中发大水，韩国钧的祖父韩凤翔拆屋赈灾，以致家道中落，到韩国钧出生时，父母居无主屋。

② 陆月舫，名卿，字黼廷。

1869 年（同治八年己巳）13 岁

- 进入刘氏私塾，受业于何伯溟先生，连续读书八年，到 1876 年底止。
- 9—10 月间，嗣祖凤余公去世，韩国钧家中遗产仅剩下一桌一锄。

1875 年（光绪元年乙亥）19 岁

- 1 月，初应院试，诗赋位列扬属第八名，正场被黜。

1876 年（光绪二年丙子）20 岁

- 因为家道中落，在刘氏私塾发奋苦读，除夕元旦也一日不辍。

1877 年（光绪三年丁丑）21 岁

- 福建林天龄督学江苏岁试，诗赋位列扬属第一名，入学。

1878 年（光绪四年戊寅）22 岁

- 在本邑刘氏私塾从教。
- 1 月 12 日，娶妻王氏。
- 7 月 30 日，仲兄韩坚甫在曲塘西桥下意外溺亡。

1879 年（光绪五年己卯）23 岁

- 继续在刘氏私塾从教。
- 8 月 24 日，长女韩云娟出生。
- 10—11 月间，偕同年陆子才至江阴。
- 同年参加科试，位列二等，参加江南乡试中举，位列第九十六名，阅卷房师为刘梅荪、冯誉骥、许有麟，刘梅荪做主。

1880 年（光绪六年庚辰）24 岁

- 3 月，赴京参加会试，落第。
- 6 月由海路南返后，就加入了如皋县知县刘梅荪先生的幕府，担任教读，连续七年，到 1886 年止。

1882 年（光绪八年壬午）26 岁

- 仍在如皋县幕。
- 11 月 4 日，长子韩宝庆出生。

1883 年（光绪九年癸未）27 岁

- 第二次参加会试，又落第。
- 随刘梅荪先生赴任甘泉。

1884 年（光绪十年甲申）28 岁

- 随刘梅荪先生赴任六合。

1885 年（光绪十一年乙酉）29 岁

- 刘梅荪先生卸六合任，随刘梅荪住在金陵，仍然担任教读。

1886 年（光绪十二年丙戌）30 岁

- 刘梅荪先生返回广东故里，未随行。被聘为六合书院掌教。
- 第三次参加会试，又落第。
- 10 月 25 日，次子韩双庆出生。

1887 年（光绪十三年丁亥）31 岁

- 继续担任六合书院掌教，又在六合县知县吕宪秋幕中兼任教读。
- 跟随幕友、凤阳人胡广渊学习英文，但不久后就放弃了学习。
- 是年秋，黄河郑州处决堤。潜心阅读《禹贡锥指》，开始研究黄河变迁的历史，自绘《历代黄河变迁图》。

1888 年（光绪十四年戊子）32 岁

- 7—8 月间，次子韩双庆去世。

- 秋，辞去六合书院掌教之职，入昭文县知县徐树钊幕府，仍任教读。

1889 年（光绪十五年己丑）33 岁

- 2 月 27 日，三子韩宝瑄出生。
- 第四次参加会试，仍然落第。应大挑得一等，复挑河工，分发东河。
- 11—12 月间，到开封，旋入河南学使吴树棻先生幕府，连续三年，到 1891 年止。

1891 年（光绪十七年辛卯）35 岁

- 在吴树棻幕府三年期间，随同吴学使周历豫省南北总共九十六县，考察山川道路、民情风俗，以及地方利病。
- 同年，撰写《随轺日记》一卷，绘《经行道里图》。

1892 年（光绪十八年壬辰）36 岁

- 由河督许仙屏[①]甄别，改分河南，在地方候补。
- 秋，接受开封府发审局及按察使署督审局谳员委任。

1893 年（光绪十九年癸巳）37 岁

- 充任河南乡试同考官推荐考卷，推荐得志者八人。
- 开始研究西方政治。
- 3 月 30 日，长兄韩梅生去世。

1894 年（光绪二十年甲午）38 岁

- 7 月 13 日，长子韩宝庆去世。
- 11 月 2 日，四子韩宝琨出生。
- 12 月 25 日，奉檄调任南阳府镇平县知县，经由尉氏、洧川、许州、襄城、叶县、裕州、南阳府抵达县境。镇平县百姓素来好讼，在进入县

---

① 许仙屏，名振祎，江西奉新人。

境的前一天，韩国钧就接到了红呈五百余纸。在镇平县任上，事务繁多，最多曾一日之内审判二十六件案件，又要查清户口、缉拿盗贼，经常夜以继日地工作。但是正因为韩国钧善于断案，深受镇平县百姓的好评，民间称其为“韩青天”和“韩一堂”。

1895 年（光绪二十一年乙未）39 岁

- 11—12 月间，卸任镇平县知县，调任开封府祥符县知县，12 月 30 日到任，以寒素上任，祥符县财政赔累难以支付，向许州刺史吕宪秋贷款八千金救急。[①]

1896 年（光绪二十二年丙申）40 岁

- 1 月 25 日，次女韩云英出生。
- 9—10 月间，调任怀庆府武陟县知县，卸任祥符县知县，10 月 7 日到任。
- 是年冬，在武陟县署为长女云娟成亲。

1897 年（光绪二十三年丁酉）41 岁

- 武陟县濒临沁河、黄河两条携沙较多的河流，每次溃决，良田变成沙土，因而在武陟县翻沙造田，岁增熟田四万余亩。在武陟县任上劳累为民，不肯休养自逸。
- 11—12 月间，卸任武陟县知县，回开封府待命。

1898 年（光绪二十四年戊戌）42 岁

- 4—5 月间，接受河南铸钱局总办兼官钱局帮办委任，著《铸钱述略》一卷。
- 12 月至次年 1 月间，河南巡抚刘树堂觐见两宫，举荐韩国钧为良吏。与苏州徐寿兹一同奉朱批被送部引见。

---

① 韩国钧从镇平县调任祥符县时，祥符县财政难以支撑，韩国钧在到任前一天向时任许州刺史的吕宪秋（1887 年韩曾在吕宪秋幕中兼任教读）贷款八千金才勉强应付过去，然而这些钱不到一个月又用光了，可见该县当时财政的捉襟见肘。

1899 年（光绪二十五年己亥）43 岁

- 4 月，永城遇旱灾，加之邻县涡阳匪乱猖獗，奉檄调任归德府永城县知县。
- 4 月 14 日到任。永城位居三省交界处，邻近匪患猖獗的涡阳，治安较差，韩国钧采取团练的方式治理了土匪。又因为自然灾害，永城旱灾，勘灾赈济，不幸感染时疫，瘟热剧烈，时隔多月才治愈。
- 是年，著《永城土产表》。

1900 年（光绪二十六年庚子）44 岁

- 2 月，卸职永城县知县。
- 5—6 月间，沿着卫河由天津入京，被送部引见。恰逢义和团运动，行到直隶静海县时半路返回，在东光县和大名府下的龙王庙境内两次遇到匪盗，幸而生还，著《北行日记》一卷。
- 8 月 15 日，两宫西逃西安。
- 11 月 2 日，奉命担任卫辉府浚县知县。浚县与滑县相邻，盗贼较多，居民好讼。韩国钧到任后，遍访周围地方，将奸恶之人一一登录在册，盗贼多逃避他处。

1901 年（光绪二十七年辛丑）45 岁

- 8—9 月间，卸任浚县知县，以直隶州班候补，很快以道员身份仍在河南省候补。
- 10—11 月间，两宫回銮经过河南，奉命在行宫门外听差，获颁大小卷江绸各一端。①
- 12 月，会同河南臬司、清宗室钟筱舫查勘两宫回京途经河北各县的道路，又奉命解运行宫陈设到北京宁寿宫交差。

---

① 当时《辛丑条约》已经签订，西逃西安的两宫回銮经过开封，刚刚“跨服称道”在候补的韩国钧得以奉委在行宫门外听差。从 1900 年他被送部引见，到一年后得以在行宫门外听差可见，韩国钧在河南的治理受到了朝廷的嘉许，他由候补转正也就顺理成章了。

1902 年（光绪二十八年壬寅）46 岁

- 3 月 31 日，被引见，奉旨以道员归河南补用。①
- 4—5 月间，到开封，充任河北矿务局总办、交涉局会办。当时河南省与英国福公司签订了在怀庆附近办理矿务的合同，特设河北矿务局监督，兹值开办，交涉之事均交由韩国钧。福公司提议修筑运输矿产的铁路，之间购地、迁坟等烦琐之事，亦均交由韩国钧办理。当时京汉铁路还未通车，民间也不知道铁路为何物，只是信任为官多年的韩国钧不会欺骗自己，加之韩国钧取法胡林翼，廉洁奉公，更是巩固了当地百姓的信任，铁路最终得以成功地提前竣工。
- 10 月，因为办事得力获得奏保，奉旨受嘉奖。
- 是年，著《中国师船表》《中国新学学人姓名表》。

1903 年（光绪二十九年癸卯）47 岁

- 仍担任河北矿务局总办、交涉局会办，驻地由浚县道口镇移到了河内县清化镇。
- 8—9 月间，道清铁路竣工，接受抚院奏保。
- 12 月至次年 1 月间，又受派总负责办理河北蚕桑实业中学堂，在河内县李凹（在今焦作市博爱县清化镇附近）种植湖桑两万余株。
- 是年，著《十九省筹还赔款表》。

1904 年（光绪三十年甲辰）48 岁

- 英国福公司原来商定的矿约仅约定了怀庆府的周围区域，并无具体边界，英国商人因此想将彰德的矿区也占为己有。为此，韩国钧与英人议定福公司矿界分红黄两个区域，约定先开红色区域再开黄色区域，其他不在界内的区域不得开发。河南巡抚陈夔龙以交涉得体为由奏保韩国钧，韩国钧奉旨受嘉奖。

---

① 韩国钧此次以道员身份被引见，慈禧太后在上谕中称：“汝做官甚好，疆臣多保奏，汝回去仍应为国家出力。”

- 5 月 24 日，在家守贞的二姑母去世。韩国钧早年父母双双离去，二姑母将他抚养成人，韩国钧力求请假回家安葬，但未获批准。

1905 年（光绪三十一年乙巳）49 岁

- 1 月，韩国钧赴开封，归途中在荥泽县北渡黄河，遭遇大风，所坐船只樯桅均被折断。韩国钧随波逐流，四下无人，呼救无应，在水面上漂泊了十七个小时才获救得生，此时已经向下游漂泊了五十余里。
- 2—3 月间，再次请求辞职赴日本考察农工商矿。
- 4 月 14 日请假获准的韩国钧从开封启行，4 月 17 日由亳州涡河入淮河。
- 5 月 1 日渡过了洪泽湖，顺道 5 月 11 日回到了海安，距离韩国钧上次回到家乡已经十七年了，5 月 26 日安葬了二姑母，6 月 17 日因事赴扬州。
- 9 月 15 日，携同乡李保元① 出发，9 月 30 日乘安徽轮东渡日本考察。
- 10 月 2 日经过长崎，10 月 4 日到达神户登岸换车，次日抵达东京。
- 10 月 8 日，晤见驻日大使杨星垣，次日到日本外务省晤见岩村成允。
- 10 月 10 日，参观电话交换所，11 日和 12 日参观了东京养育院、美术学校和印刷局。
- 10 月 14 日，到农商务省晤见商工局局长田茂吉，询问日本近年来的进出口情况，又晤见了矿山局长田中隆三。
- 10 月 16 日，乘坐总武线火车至千叶县，换乘房总线火车至茂原。
- 10 月 17 日，参观农业学校，理化教师井上诚一认为学农必须学习理化，又需要经验，半知半解和独断经验均会误事。又参观了缫丝厂，晚上赴长生郡鹤枝小学。
- 10 月 18 日，再到农业学校，应邀发表演说，谈及中日实业与富国之间的关系，认为日本的发达在于教育，而教育又以实业为先，如果不广泛发展实业以扩充利润，那么发展教育便没有资金来源。下午前往郡役所。
- 10 月 19 日，返回千叶县，晤见三桥得三。三桥谈及千叶县之前仅有兵员

---

① 李保元，字勖初，家住海安镇东，曾被韩国钧聘为秘书。

千人，甲午战争后服兵役者已经达到了两万人。下午四点回到东京。

- 10 月 21 日，赴古河矿业公司和古河熔铜厂参观，了解该厂每日可以熔铜五万斤、伸铜一万斤、电气分铜五千斤。
- 10 月 22 日，乘坐上野线火车到达宇都宫后，赴日光拜谒德川将军墓。
- 10 月 23 日，赴足尾铜山参观大小矿洞、矿坑、选矿所和水力发电所。
- 10 月 26 日，归途中游览了落差七十丈的华严瀑布，又游览了中禅寺湖，夜宿寓所在湖边，湖又在山巅，如同一顶盂盆平置山顶，湖宽四十里，清澈见底，真是奇景。
- 10 月 27 日，游览了原浴温泉，经过西那须野。
- 10 月 28 日，返回东京。此行当中的风景以中禅寺最胜，但认为其红叶不及苏州天平寺。
- 11 月 1 日，下午地震，次日晚又地震。
- 11 月 2 日，赴小石川区实科学校，参观了无线电和 X 光实验室，又游览了植物园。
- 11 月 5 日，参加河南旅日同乡的欢迎会，并发表演讲，讲述河南铁路纵横对于我国利益关系很大，在路权已经不可挽回的情况下，矿权在怀庆以外的其他地方仍可振兴，民风未开亟待教育普及，这些都需要官民一心。
- 11 月 7 日，到朝海小学，校长笹野丰美谈及教育并无速成的办法，必须学习十年师范才能领悟其精神。又到月岛观看小学运动会。
- 11 月 9 日，参观高等女子师范学校。
- 11 月 11 日，到北丰岛郡的西原蚕业讲习所农业试验场，考察大麦和水稻的收成，其收成较之十年前一直增加，原因在于栽培改良、盐水选种和水利设施，而其中最大的原因在于利用了化肥，增收带来了三千五百余万的收益，而改良农事的费用据统计每年不过百万元而已。
- 11 月 12 日，游览了动物园和水族馆。
- 11 月 13 日，到振武学校。
- 11 月 14 日，到古河公司的炼炭所。

- 11月16日，参观盲哑学校和地方裁判所，下午再次地震。
- 11月18日，参观高等工业学校。
- 11月20日，再到地方裁判所。
- 11月21日，到法政大学，下午参观了巢鸭监狱。
- 11月22日，到华人聚居的区域拜谒孔庙。
- 11月24日，参观炮兵工厂。
- 11月25日，参观盐务局。
- 11月27日，参观中央幼儿学校。
- 11月28日，到帝国大学参观医、理、工三门学科。
- 11月29日，参观东京度量衡检查所和卫生试验所。
- 12月8日，参观王子造纸厂。
- 12月9日，参观荏原驹场农科大学。
- 12月14日，参观三菱公司。
- 12月16日，由东京乘坐火车抵达神户。
- 12月18日，到生野矿山，下到深度一千余尺的矿井考察。
- 12月19日，返回神户。
- 12月24日，乘坐德国公司的邮轮回国。
- 12月28日，返抵上海，韩国钧在日本三月余，归国之后写就《实业界之九十日》。①
- 盛京将军赵尔巽奏调赴奉天，因家事在身暂缓启行。

1906年（光绪三十二年丙午）50岁

- 4月14日，为三子韩宝瑄成婚。
- 4月29日，到新河边海滨渔场和盐场考察。
- 5月16日，到苏州查询本族家谱，26日归家。

---

① 韩国钧迫切希望学习先进国家的经验。从他在日本的考察经历来看，他已经深刻认识到了教育与实业对于国家的重要性。

- 6 月 9 日，由海安启行赴河南，17 日乘坐的船只到了清江闸，因涨水受阻停滞，24 日通过洪泽湖，27 日到五河县时受风阻，7 月 13 日在亳州登陆。
- 7 月 24 日，抵达开封，奉命担任河南陆军参谋处兼矿政调查局总办。同时，学部奏派二等咨议官，农工商部奏派河南矿务议员。
- 10—11 月间，赴彰德办理秋操，事成后偕同矿师张金生到武安县查勘煤矿，又至焦作修武县参观福公司及凭心公司的诸处煤矿。11 月 8 日到济源清虚宫，10 日到孙真人坟，11 日到青铜沟，12 日到芝麻腰，13 日到秦岭查勘矿源，但均不足开采，19 日返回开封。
- 11 月 22 日，盛京将军赵尔巽再次催促韩国钧赴奉天，河南巡抚张人骏上奏请仍留河南。
- 12 月 7 日，奉命赴信阳鸡公山查案，12 日晤见教士李立生与戴牧师，14 日至鸡公山查勘，18 日返回信阳。
- 12 月 29 日，返回开封。因张人骏的上奏未获准，在京为官的河南同乡马吉樟等九人拟联名呈请都察院让韩国钧仍留河南，但韩国钧因赵尔巽一再催促不得不前往奉天。

1907 年（光绪三十三年丁未）51 岁

- 2 月 24 日，由开封启行赴奉天。同官王仲培认为乱世无名，韩国钧此次调赴奉天必会为名所累。2 月 28 日由京汉铁路到达天津，3 月 9 日改乘京奉线火车，11 日到新民屯改乘日本窄轨小火车到奉天。赵尔巽委任其以奉天交涉局兼开埠局局长，又兼农工商局副局长、农工商部札派奉天同务议员。①
- 5 月，赵尔巽调离，因请辞职，仍回河南省候补。在奉天任上未满三个月，席未暇暖，但交涉事务繁杂，尤其是盖平渔业公司杀高进贤之事，

---

① 韩国钧在奉天任职尽管只有短短几个月的时间，但是处理了盖平渔业公司案、抚顺矿界案、本溪湖合办煤矿案等多项交涉案件，坚持原则地拒绝了英美公司的无理要求，捍卫了国家主权。

办理最为棘手，还有日本人从俄国人手中抢夺了抚顺一座矿山坚决不还。仅有南满铁路尚可容纳我国股份，请求赵尔巽让政府追加两千万元的投资，可惜未允施行。

- 6 月 8 日，由奉天启程，6 月 13 日抵达开封，充任河南陆军参谋处总办、交涉局会办，又兼任营务处总办。
- 8 月 16 日，河南巡抚张人骏升任两广总督，奏称韩国钧识得时务、处事协调、才气敏锐，请随调广东。
- 9 月 20 日，由开封起行。
- 10 月 16 日，抵广东，奉命担任督练公所参议兼兵备处总办。

1908 年（光绪三十四年戊申）52 岁

- 2 月后，办理征兵，力筹军事教育，扩充成协。
- 5 月 17 日，到虎门沙角各炮台试验射击，次日返回广州，并收到河南巡抚林绍年商调赴豫电报，推辞了这一请求。
- 6 月 21 日，又到虎门考试陆军毕业生。
- 6 月 23 日，返回广州，闽浙总督松寿奏保韩国钧才识深稳，器局和平，练达勤明，奉旨送部引见。
- 6 月 27 日，由广州启行，便道返回家乡。
- 8 月 22 日，抵达北京，赴京途中迂道开封谒见林绍年。
- 9 月 22 日，钦派大臣考验复奏，称其“博通经史，深谙时务，根底之学，迥非流俗，历办外交，能持正论，才长心细，体用兼赅，堪备远大之任”。
- 10 月 9 日，慈禧太后、光绪帝于颐和园仁寿殿召见，慈禧太后询问广东情形，称赞韩国钧“汝居官甚好，以后好为国家出力”。奉旨仍以道员发往广东，并交军机处存记。
- 10 月 26 日，离开北京，11 月 2 日返回家乡，是夜在姜堰船中梦见林绍年对自己说：“功名是由机会产生的，机会不常有，当人在追求机会时机会也会向自己赶来，谨求吾行吾素而已。”

- 11 月 18 日，听说两宫先后宾天。11 月 21 日，在家乡偕同地方官为两宫去世行哭临礼，事毕后赴南通晤面张謇和张謇，商谈面粉厂事。

1909 年（宣统元年己酉）53 岁

- 1 月 15 日，返回广州。
- 2 月 9 日，到黄埔陆军小学参加开学典礼。
- 3 月 29 日，写就《诫子书》二则，一则劝子女珍惜时间，一则劝子女多读书。
- 4 月 12 日，到沙河试验炮兵实弹射击。
- 5 月 11 日，东三省总督锡良来电请调往奉天，请辞未往。
- 5 月 15 日，赴黄埔陆军小学，18 日游览荔枝湾。
- 6 月 14 日，奉命与藩臬两司、劝业道会同审讯刘永福、蔡其铭、吴朱氏一案。
- 6 月 28 日，张人骏调任两江总督，奉命署广东劝业道。
- 7 月 3 日，云南总督李经羲又来电商调，仍然请辞未往。
- 8 月 11 日，接任，13 日到礼乐局观看乐舞，14 日参观农事试验场。
- 8 月 25 日，随长白春都统乘舟到珠江口海面上祭祀南海诸神，这是新君即位的例行礼仪，读《昌黎南海神碑》。
- 8 月 30 日，到广济医院商谈安置秘鲁归国华侨之事。
- 9 月 1 日，奉旨任奉天劝业道，10 日奉旨任奉天交涉使，10 月 25 日卸任广东劝业道职。
- 9 月 2 日，到白鹤潭迎接新任两广总督袁树勋。5 日奉命到香港迎接海军大臣载洵，随后陪同视察黄埔水雷局水师学堂。10 日送载洵到香港。
- 11 月 20 日，乘坐粤汉铁路火车到琶江口一观。
- 11 月 25 日，由广州出发。12 月 1 日抵达上海，2 日至杭州游览西湖，又偕同浙江好友陈汉第游览烟霞洞并议论了奉天交涉的事情。16 日乘坐日本邮轮西京丸抵达大连，换乘南满铁路火车 19 日抵达奉天，23 日在奉天接交涉司印务。

1910 年（宣统二年庚戌）54 岁

- 2—3 月间，奉命兼任葫芦岛商埠督办。葫芦岛是奉天省的不冻港，当时京奉铁路已经由锦州通车到该岛，将要在此地筑堤伸向海中作为码头，并在岛上辟建商埠，聘请秀思（Hughes）为工程师经营该岛，花费甚巨。
- 5—6 月间，哈尔滨俄国学校三十二名女生来奉天参观，特为招待。
- 6—7 月间，观看奉天学生运动会，又晤见为预备立宪被派往欧美调查司法简章的徐谦、许世俊和经过奉天的日本公使汪大燮等人。
- 7—8 月间，与日人大仓喜八郎签订合办本溪湖矿约。载涛赴美经过奉天，奉命招待。
- 8—9 月间，见孟森、蓝天蔚，与路过奉天的德国殖民地大臣晤面。锡良军督说中国地大，民众变法不可能像日本一样容易。8 月 22 日，日韩合并。
- 10—11 月间，昌图知府洪汝冲前来谒见，谈及昌图土地自嘉庆初年开始就由蒙古旗部收租，昌图府管辖人民而不收地租，可谓有人民而无土地，而辽东道府所属数十万韩侨却服从日本法律，可谓有土地而无人民，可谓怪事。
- 12 月，见杨度，又见郑孝胥、汤寿潜，讨论移民开垦之事；奉天代表赴京要求速开国会。
- 12 月，东省鼠疫大作，由满洲里传到哈尔滨。俄人想派兵围烧哈尔滨，日人又想派警察在奉天城内检查。于是奉锡良军督命令，会同民政司办理防疫事宜，防疫之事实属创举，繁难甚多，先遴选了中外医生分设数十处重病院、隔离所，政府专门派遣伍连德医生赴哈尔滨。疫情最严重的时候哈尔滨一日之内八百余人丧命，奉天一日之内也有三百人死去，人人自危。
- 本年，编辑《东三省交涉要览》。

1911 年（宣统三年辛亥）55 岁

- 2 月，英国医生嘉克森因感染疫情病故，为其开追悼会。何煜自黑龙江赴北京，因疫情严重，停驻奉天，与之晤谈。

- 2月4日，晤见日本医生川久保初。
- 2月7日，晤见奥匈帝国医生魏德。
- 2月11日，日本关东都督大岛与锡良军督商量中日联合防疫事宜，坚持要求设立委员会共同办理防疫。锡良军督对他的请求感到很为难，特令筹议。韩国钧认为中日委员不妨公派，但执行时必须有两国行政官员各自负责，可以相互交换意见，但是权限不可混淆。锡良采纳了他的建议，奏请实行。
- 2月19日，讨论隔断地方交通以控制疫情，尚有疑虑。21日，受日本中村总裁邀请到车站隔离所参观，25日偕英国医生司督阁到东门勘视新修的隔离所。
- 3月10日，泰晤士报馆英国人马利生来谈，下午与英国医生司督阁及其下属四人、张珍午司使会议商谈并积极筹备办理防疫等事。
- 3月17日，请锡良军督派祁观察使至山海关，禁止苦工出关。
- 3月23日，与英国稽查伊尔德、英国医生司督阁共同商讨在车站查验疫情的办法。
- 4月，筹办奉天万国鼠疫研究会。先是中日防疫会成立，后来疫情逐渐缓解，政府请各国派专门医生在奉天开万国鼠疫研究会，除中国外，共有十个国家的专家到会，公推俄国博士扎巴罗尼作为代表，日本百里博士也参加了该次会议。外务部特派施肇基到奉天招待各国代表，韩国钧负责会议筹备和供支，筹备工作持续了月余。防疫事竣后，锡良军督欲特保擢升嘉奖，韩国钧认为防疫之事耗费国家金钱，损害人民生命，若是为了自己升官，心有愧疚，于是力辞，后奉旨受嘉奖，日本赠送三等旭日勋章，经奏准佩戴。
- 5—6月间，锡良军督辞职，赵尔巽奉旨转督东三省。晤见了朱养田、赵小鲁、叶揆初、金仍珠，讨论奉天情形，众人认为时局极其危险。
- 7—8月间，张謇调查农垦路过奉天，许久香也来了。与汤觉顿[①]讨论

① 汤觉顿，原名叡，又名为刚，觉顿是其字。祖籍浙江诸暨，因父亲汤世雄一直在广东做官，故又称广东番禺（今广州）人。

国家财政问题，又与张君劢晤面，探讨了西方政治。

- 7 月 11 日，卸任奉天交涉使，13 日乘坐安奉线火车至本溪湖矿山，又到福金岭太子河视察。
- 8 月 29 日，由奉天乘坐南满铁路火车到达长春，换乘东清铁路火车到小城，又换乘轻便铁路火车到毕家店，登邮轮沿着松花江逆流而上，30 日抵达吉林，9 月 3 日接任吉林民政使。
- 9 月 16 日，与驻吉林的俄国领事谈及中国有数千年人民受教育的传统，虽然不尽开化，但因为有伦理道德的维系，仍然能够维持秩序，而欧洲人民动辄示威要挟，日本方兴未艾、气势凌人，恐怕也不可久恃。
- 9 月，奉赏头品顶戴。
- 10 月 14 日，随同吉林巡抚陈昭常到龙潭祭祀神树，这是清朝的传统仪式。
- 10 月 12 日，革命党人起事后掌控了武汉三镇。11 月，江苏巡抚程德全宣告独立。韩国钧以苏人名义发电报给程德全，谓："独创一格，以保全地方，苦心可仰，恐土匪乘机窃发，仍望力为镇压。"不久，革命党人先后攻克了九江、安庆，湖南、山西均有革命党人起事，请政府下罪己诏，并下令施行宪法、特赦革命党人、胄贵不任内阁，但凡此种种均未收拾人心，已无可为计。晤见韩登举，当时吉林学界争相请求独立，韩国钧认为吉林处在日、俄两大列强之间，与其他省份情形不同，不如仍旧坐观其变，竭力劝诫，最终获以无事。
- 11—12 月间，陈昭常辞职，密请韩国钧代领巡抚一职，韩国钧电请政府留陈。

1912 年（民国元年壬子）56 岁

- 元旦，中华民国成立，孙中山任临时大总统，政体改为共和制，制定了清室的优待条件，大局底定。
- 2 月 12 日，清帝宣告退位。13 日，孙中山迫于形势辞去临时大总统职。
- 2 月 19 日，蓝天蔚以关外都督的名义通电独立。

- 3月10日，袁世凯宣布就任临时大总统。韩国钧从是月起多次呈请辞职，并先遣送家眷返回家乡。
- 3月28日，吉林清乡局开会，自副都统以下协参领及五十六领催百余人皆到会，赵尔巽发电报来报告郭尔罗斯公旗为俄国人蛊惑，将要谋求独立，因请派裴协统前往侦察，并慰问农工商、教育各团体，要求加入諮议局以非法论定，须请政府核实。
- 4—5月间，磐石县兵变，电令双阳、伊通各县预为防范。
- 6月15日，呈请辞职未获批准，与被农商部派来磐石县勘查钢矿的张轶欧晤谈。
- 8月24日，奉天洮南府北的镇东、安广等县被蒙古人骚扰，郭尔罗斯公逃往他处，于是与陈昭常商量派遣裴协统及何雨人前往镇抚，叛乱很快便被镇压了下去。
- 9月7日，再次呈请辞职，未获批准。
- 10月，吉长铁路竣工通车。
- 10月23日，蒙古旗部郭公、阿王、齐公、色公等先后至吉林，代替陈昭常致辞欢迎，政府派马君武到吉林筹办警备。
- 11月4日，赵尔巽收到代日本关东都督电报曰："功成身退，为我公贺，为东省悲。"韩国钧觉得此事令人诧异。
- 11月5日，送阿王、齐公离开吉林。8日到奉天将赵尔巽送至沟帮子站返回。
- 11月29日，再次辞职，仍未获批准。30日各州县长官一律改为县知事。
- 12月8日，又请求辞职并请假十天，13日政府允许开缺，令韩国钧仍到京候职。与来吉林的筹边使章太炎晤谈。

1913年（民国二年癸丑）57岁

- 1月16日，卸任吉林民政使职，20日乘坐吉长铁路火车启行，晚上住在长春，21日换乘南满铁路火车到达奉天，22日改乘京奉铁路火车到达天津。

- 1 月 26 日，到达南京，晤见江苏民政长应德闳和江苏内务司司长马士杰，了解江苏军政、财政情形。1 月 27 日抵达上海，2 月 2 日返回家中，至此离开家乡已经六年了。
- 3 月 16 日，受金树棻邀请到上海，21 日由上海到南京，次日在上海火车站遇刺的宋教仁去世。
- 3 月 23 日，由南京赴苏州见程德全都督，请求谋取江苏军政的统一。
- 3 月 24 日，返回南京，为特别米捐之事①，等姜堰、海安两地商会代表到达后，乃与省政府磋商。晤见上海的沈恩孚、黄炎培，江宁的金鼎峙和武进的庄蕴宽。应德闳邀请韩国钧出任实业司司长，程德全都督邀请他出任参谋长，均推辞不任。3 月 30 日，由宁赴扬，晤见周树年、方泽山，也是为了取消特别米捐之事。
- 5 月 8 日，应德闳、程德全均发来电报邀请韩国钧到南京。12 日，国务院也来电传大总统谕令让韩国钧到北京。韩国钧不愿在纷乱时世中再度赴北京，于是前往南京，程德全欲以参谋长一职任命，仍未就允，留在程德全幕中襄办军事文牍。
- 5 月 18 日，偕马士杰到上海晤面黄以霖和丁宝铨，20 日返回南京。23 日徐宝山在扬州被炸死，程德全派中将朱志先前往吊唁并调查。
- 6 月 23 日，因病归乡，不久程德全再次派人邀请，7 月 15 日再次回到南京。7 月 12 日，“二次革命”爆发，14 日晚第一师和第八师已经合谋独立，挟持程德全宣告讨袁。15 日，黄兴就任江苏讨袁军总司令，知道韩国钧来南京后想将其留下相助，韩国钧拒绝了黄兴的请求，告以政治意见不同，倘若因此诉诸武力，地方人士难以苟同，此时应以保卫地方为要务，于是回到家乡。旋即应张謇电邀赴南通，听说北军南下徐州，南军战事不利，程德全和应德闳同时到上海，通电各省，讲述被逼情形。21 日回到家乡。

---

① 韩国钧通过努力，劝说驻扬州的军阀徐宝山取消了家乡的特别米捐，为家乡百姓减轻了经济负担。

- 7月22日，赴泰县开筹防会议，提议如皋、东台各县专筹地方保卫，获得一致同意。
- 7月28日，再次到上海，此时上海已经进入战争状态，上海两外国租界摆设障碍物并有士兵巡逻，晚上见到江南制造局炮击火光。次日，见到程德全和应德闳，听说张勋的部队已经越过古镇南进，黄兴和章木良均已离开南京，何海鸣又接踵而起。8月4日回到家乡。
- 8月9日，再次到泰县，提议设立筹防公所、收回宝带桥捐、设立清乡局，20日回到家乡。不久南京克复，张勋成为江苏都督，韩国钧派人测绘泰县城厢地图。
- 9月7日，中央政府命其出任江苏民政长，张謇电报邀至南通嘱咐不要拒绝此任命。韩国钧发电报给袁世凯，请其先确定军民权限和财政系统，9月15日收到回电声称已让张勋遵照办理。不久张勋再次发电报催促，于是16日启程，19日到上海，21日在苏州接任。
- 9月24日，到南京晤见张勋，恰逢张勋军队戕害日侨一案，袁世凯拟调任张勋为长江巡阅使而以冯国璋继任，并特别派阮忠枢、段芝贵先后到南京劝导。等到中央令下，张部气势汹汹，韩国钧百般设法消弭，又秘密与张文生司令商量负责维持治安。张勋索要百万“开拔费”，韩国钧好不容易筹措齐，张勋临行前又要索款，未果，竟计划派兵包围民署，经过段芝贵军长的力劝才作罢。于12月“礼送”张勋离开南京。
- 11月12日，中央命令各省临时议会一律关闭。
- 11月24日，江阴炮台兵变，抢掠武进焦垫及江阴月城桥等处，于是与军署商量派兵剿灭，并筹划抚恤南京城内受兵灾影响的群众，专门设置赈抚局委派士绅分区核查，又设公办典当以便抵押贷款，省城秩序这才稳定下来。

1914年（民国三年甲寅）58岁

- 1月14日，到上海晤见各国驻沪领事，16日到达苏州，次日返回南京。

- 1 月 26 日，春节假期，登紫金山、鸡鸣寺，远眺玄武湖。
- 2 月 7 日，到水西门勘视秦淮河，筹发七万元，即日开浚。是月，获颁二等嘉禾章。
- 3 月 15 日，到访半山亭故址及谢公墩，在明故宫遗址建立五间古物陈列所，保存南京古文物。
- 3 月 27 日，开江北运河会议，又筹办淮徐海赈款二十八万元，决定以工代赈。
- 4 月 1 日，请求入觐，本已允许，又让暂缓。
- 4 月 5 日，清明假期，同各司官员一起游览连山十二洞并登临燕子矶。
- 4 月 11 日，美国大使柔克义（William W. Rockhill，1854—1914）经过南京，与韩国钧晤面，称自己非常盼望中国的进步，并劝言不可以轻易借外债，说中国人在天津、上海、青岛各处存款在五千万元之上，如果借给政府，加上外国资本建立一个大银行，足以操盘全国金融而不至于被外商所控制，韩国钧认为他的建议可以采用。
- 5 月 2 日，赴常熟勘视白茆河工程，从支塘经归家市到江口周历而归，挑浚费用共计二十余万。归途经过焦山，夜宿自然庵，深夜赏阅了王文成等人的墨迹。6 日登四面佛，极目远眺后，旋即乘车返回南京。
- 5 月 24 日，中央政府命令改民政长为巡按使、观察为道尹，改教育、实业、财政各司为厅，于省署另设政务厅厅长。
- 6 月 23 日，到第一女子师范学校参观游艺会，7 月 14 日开司法会议。
- 6 月 17 日，调任安徽巡按使，以齐耀琳继任江苏民政长，于是在卸任江苏前，查明南京城内兵灾损失计一千余万元，经过四十余次会议以及分区确查，力请中央拨款一百八十万元供江苏赈灾使用，按户分级发放，越贫穷的人发得越多。任内因经办征收赋税、查验地契得力，获政府嘉奖，韩国钧电呈政府，表示人民税赋负担沉重，民众本身也有相当的权利，如果将搜刮民众的财富占为已有，则必会怨声载道，自己受到此次嘉奖心有愧疚。还提议重新审定赋税方法，将征收赋税中给长官的奖金充作地方公用经费，官员的考察与地方政绩相挂钩，由此才不至于开搜刮民脂民膏之风。韩国钧提到仅苏松常太四地的赋税就占到了全江苏省的70%、全国的14%，呈请中央不要再额外增加赋税。

- 9月5日，卸任安徽巡按使未获准，请假一月回家，7日回到家里，22日因家谱之事赴祖师庙村晤见族人韩仲年。
- 10月7日，假满，请求入觐。13日启程，18日到达北京，20日在北京"觐见"袁世凯、黎元洪，提议修正官制、发行内债。22日游玩了颐和园内的仁寿殿、乐寿堂、观澜阁、排云殿、佛香楼、石舫、后山、谐趣园、琴峡景点。26日行"觐见礼"。11月2日袁世凯传见，9日奉大总统令获颁狐裘一领、食物四事，13日离开北京，14日夜宿段芝贵衙署。
- 11月15日，到达安庆，17日接任安徽巡按使。接手安徽巡按使之初，难在财政，但也非不可为，只是军民权限划分不清，颇受掣肘。韩国钧也曾想在皖北改良农业、在皖南改良茶业，又在长江两岸建造森林，在民事方面则以了解隐情、平息诉讼为先，但最终建树寥寥。韩国钧认为皖北人民苦于滥刑苛罚，而安徽都督倪嗣冲手下的顽吏又鱼肉百姓，所以自己尽力而为但力所不逮，只能知难而退。倪嗣冲曾因韩国钧撤一寿县知事，发电报到北京说他太过苛刻精细。
- 12月20日，到芜湖，26日到大通，下午返回。

1915年（民国四年乙卯）59岁

- 1月18日，为四子宝琨成婚。2月28日宝琨从家乡来到安庆，3月2日仍让其赴同济学校。
- 3月19日，严范孙来晤，江谦来商谈安徽教育事业。
- 3月30日，黄以霖、余寿平来晤，袁希涛也来晤谈教育事业。
- 5月5日，农工商部司长田桂舫来商谈接收石门山事。美人裴义理（Joseph Baillie，1860—1935）来商谈皖北畜牧之事。
- 5月21日，参观安庆东北隅教会所设的同济医院和男女医学校，校中陈列有三千年前的埃及木乃伊标本。

- 6 月 22 日，渡江至东流县八都湖，大总统颁赠折扇、缣纱和福寿字，授职少卿。
- 8 月 1 日，被任命为湖南巡按使，次日请辞未获允。9 日，卸任安徽巡按使，请假归里。10 日启行，当天夜泊西梁山，江际夜寂，景物萧然。
- 9 月 21 日，假期届满，请辞湖南巡按使，获准。在此前后，筹安会成立、郑汝成被杀、袁世凯复辟，骚然事多，而当时在家的韩国钧“冷眼观世变”。

1916 年（民国五年丙辰）60 岁

- 3 月 22 日，袁世凯取消帝制和“洪宪”年号。但各省仍有纷争，江阴、靖江先后为革命军占领，南通又抓获了多名革命党人，泰县震动，很快事态便被平息。
- 4 月 6 日，六十大寿，避客乘小舟到安丰，在芦苇荡间游览，晚上才返回。
- 6 月 6 日，袁世凯去世，黎元洪继任总统。安徽人仍请韩国钧执掌皖政，遭拒绝。
- 12 月 7 日，午前浴时因煤气中毒昏迷，历经三十分钟才醒过来。

1917 年（民国六年丁巳）61 岁

- 2 月间，副总统冯国璋致政府欲委以奉天巡按使，总理段祺瑞又承张作霖意，欲委以黑龙江巡按使，均以衰老为由推辞。
- 3 月 22 日，江苏省议会推为参议院议员，赴省会力辞。
- 5 月 6 日，游览泰山，并登顶玉皇顶，到日观峰后返回，归途中迂道五河县，本来想视察洪湖老子山，因受风阻未果。
- 7 月，张勋入京拥护宣统帝复辟，段祺瑞组织讨逆军讨伐，张勋战败后，冯国璋代理大总统。
- 9 月，为三子宝瑄续娶王氏。水利协会推举为会长，推辞未准。
- 12 月 5 日，泰县张家坝忽然有土匪数十人聚集，将要攻打县城，警备队得到消息后将其迎头击散，抓获四人，泰县士绅邀请韩国钧晤商，于8日赴泰县，10日归乡。

1918年（民国七年戊午）62岁

- 2月13日，地震。
- 6月，苏人拟邀请入省议会，曾朴来商谈，力辞。
- 8月，再次请辞水利协会会长。
- 11月30日，赴扬州商谈经营安梁场盐垦事。归家途中视察了扬州樊汊斜丰堤、三洋河南北逍遥闸等处的水利工程，斜丰堤专门用于抵御西边来水，与家乡关系密切，所以特去视察。12月7日宿在兴化老阁村，9日返回家乡。

1919年（民国八年己未）63岁

- 3月20日，赴南通游狼山，参观盲哑学校，又到掘港镇考察大豫公司垦务。
- 4月21日，赴扬州商谈经营泰源盐垦公司事，29日归来。
- 5月15日至23日，先后到安丰、三仓、东弶、横河，为泰源公司考察盐垦事务。10月20日，再次到安丰考察垦务。
- 9月16日，到东台晤见知事胡为和，22日回到家乡。
- 10月28日，到扬州开泰源公司成立会。
- 是年冬，开始刊行《海陵丛刻》。

1920年（民国九年庚申）64岁

- 1月13日，到南通，1月25日和3月18日两次到安丰，为盐垦之事奔走。
- 3月24日，到达泰县，27日，由泰县到扬州与张謇开督办运河局成立会，奉命任运河局会办。
- 4月16日，安丰三仓灶民在垦区聚众滋事，邀请东台县胡为和知事一同前往弹压。

- 5月8日，赴南通开苏社①成立会议。
- 5月25日，赴扬州开泰源公司常会。
- 5月31日，偕同许鲁山、马士杰、徐锡丞、李和甫游玩焦山，小住三日。又偕马士杰特别到无锡游玩了梅园，便道去苏州拜访了郑士敬，到上海参观职业学校、南市救火会及慈善病院，6月13日回到家乡。
- 10月8日，偕同黄溯初、黄镜人到安丰，10日到达泰县。
- 10月13日，听说江苏督军李纯自杀，友人电邀到沪，21日回到家乡。
- 11月8日，赴泰县开修志局会议。
- 11月24日，赴三仓垦区。
- 12月13日，由沪到扬开运河局评议会。

1921年（民国十年辛酉）65岁

- 2月27日，偕马士杰赴三仓垦区视察。
- 3月8日，赴无锡开苏社常会。
- 5月9日，到安丰，14日到扬州开泰源公司常会。
- 9月，秋雨连绵，淮、沂两水同时大涨，运河一线长堤岌岌可危，连开三座堤坝，水势仍未缓解，高邮玉码头志椿一丈九尺有余，而1866年清水潭决口时志椿也才一丈八尺。高邮、宝应两县人士以身家性命所在，要求再开昭关坝②。而泰县、东台、兴化、盐城、阜宁等县人士因为利害相反，竭力阻止，彼此相持甚坚。韩国钧受张謇督办邀请，同

---

① 洪宪帝制后，军阀割据，国人开始对南北两政府和新旧两国会感到失望，以张謇、张一麐为核心的江苏省精英激发出强烈的地方意识，本着“专谋地方自治”的宗旨成立苏社，目的是发展以实业、教育、水利、交通为主的自治事业，欲通过自下而上的方式实现民治。

② 昭关坝，归海五坝之一，位于里运河东堤，当淮河发生洪水，由洪泽湖溢洪闸坝排入里运河，经这五座水坝入海。归海坝下泄洪水入里下河地区，没有相应的较大排水入海河道。里下河地区西有运河东堤，东有范公堤，中间低洼，实际成了滞洪区，常被淹没。到清中期以后，淮河不能出清口，全由归海五坝下泄洪水，里下河水灾更重，始终没有治理办法。直到1949年以后根治淮河，才消除了里下河水患。这就是当时里下河地区诸县百姓竭力阻止开昭关坝的原因。

到扬州晤商，认为昭关坝下引河全无，坝底和坝身能否坚持也毫无把握，贸然开坝的话，下游必为洪国。淮扬道尹胡海飙于9月22日在万寿寺召集会议，会场上争执不下并有责备之言，决定等实地勘察后再作决定。9月23日，会同勘察昭关坝，到高邮时突然麇集了许多人，人言嘈杂，多有挟制，强行要求开坝。韩国钧与张謇等人被围不得脱离，坚持不允，到午夜时分才得以返回，又乘舟周历宝应、兴化、东台，决议疏浚王家港以疏通入海通道，水势幸而也日渐退去。

- 12月10日，又到扬州开运河局评议会。
- 12月11日，与张謇督办同到王家港行疏浚入海水路开工礼。

1922年（民国十一年壬戌）66岁

- 2月1日，辞去运河局会办职务，国务院复电挽留。
- 4月4日，赴小海勘视王家港疏浚工程。
- 4月，中央政府特别聘任为山东省省长，韩国钧感到出乎意料，力辞不就。政府不允，山东巡阅使吴佩孚再三来电催促，并转达江苏督军齐燮元派人致意。韩国钧坦诚布公地回复吴佩孚，说自己从电文中既感到了爱国的热忱，又感到了劝慰从善之意，但当今国家纲纪崩坏、生灵涂炭，今日已极，拯救时局唯有先强固政府，才有民生可言，而当今政府势若赘疣，各省分崩离析，即使是封疆大吏也无事可为，时局多变而自己又孱弱多病，实在难堪重任。
- 4月17日，到达泰县，19日到扬州开泰源公司董事会。当时直奉战争爆发，不久奉军败退出关，徐世昌到了天津，黎元洪复任总统。
- 6月16日，中央政府改任为江苏省省长，电辞不允。21日，吴佩孚来电让韩国钧仍去山东，韩国钧表示拒绝，而齐燮元督军派高毓彤、江苏省省长王瑚派刘玲生科长来请韩国钧执掌苏政。很快吴佩孚又派王子铭将军和黄天行顾问来请韩国钧仍去山东，而刘君实中将又奉齐燮元的命令请韩国钧赴苏。吴佩孚想先请政府变更让韩国钧执掌苏政的命令，再催他去山东。韩国钧认为自己对于江苏省省长的任命不发表意见即可，假如发表了意见不去江苏而去山东掌政，江苏人该问自己什么原因，所以他始终谢绝。国务总理颜惠庆来电让韩国钧去北京商谈，韩国钧认为自己既然已经拒绝了苏鲁两省的任命，没有必要再去北京，因此始终谢绝。苏鲁两省议会来电责备，齐燮元再派高淞荃、刘君实来说已经告诉了中央催韩国钧执掌苏政，国务院也不允许推辞，不得已之下，7 月 15 日到南京就任。

- 7 月 16 日，参加省议会茶话会，23 日到汤山。
- 8 月 3 日，开财政会议，议定发行新公债七百万。①6 日赴东南大学欢迎会。15 日奉黎元洪大总统之命代为祭奠齐燮元父亲。18 日赴科学研究社出席开幕礼。
- 9 月 23 日，赴青年会欢迎会。
- 10 月 1 日，到宝山、太仓视察海塘工程，便道过上海时谒见松沪护军使何丰林及英国、美国、法国、意大利、比利时、荷兰、日本、丹麦、瑞典、挪威各国驻沪领事。又到江湾参观游民工厂及妇孺救济会。
- 10 月 22 日，到东南大学参观棉作展览会。
- 10 月 25 日，邀请张君劢一同宴请来南京的德国哲学家杜里舒及其夫人。
- 11 月 16 日，到第一农校参加十周年纪念会。次日，会同齐燮元督军一起邀请省议员百余人在省署公宴。
- 12 月 9 日，各校长开谈话会，与省议员因经费问题产生龃龉。②
- 12 月 14 日、15 日两日，在水利协会开运河局评议会。

---

① 为解决江苏省的财政困难，韩国钧一到任就推行新公债七百万，但此举招致旅京苏人的强烈反对，以致发行决议迟迟不能通过国会会议，不得已韩国钧一度以辞职相逼，后来张謇不得不出面调停、劝说，这笔公债才得以发行完毕。

② 韩国钧非常重视教育。江苏省议员削减教育经费，引起了教育界的不满，因此各校长请负责拟定教育预算的刘文辂来参加谈话会，在会上双方产生了龃龉，刘议员被殴打，双方闹到了法院，各执一词，而各校学生也上街游行，与议员发生了冲突。韩国钧严令各校约束学生，并令警察加大警力保护议员，各项案件交由检厅依法侦查公办，此事才算告一段落。

1923 年（民国十二年癸亥）67 岁

- 1 月 21 日，开教育实业联合会，任会长，教育厅、实业厅两厅长为副会长，会员多专门人才，讨论事物均实事求是。
- 1 月 28 日，到地方公会参加金峙生的追悼会，又到日本“对马”号军舰上参加茶话会。
- 3 月 3 日，到公共演讲厅开江苏义务教育期成会。
- 3 月 21 日，长孙韩忠训出生。
- 4 月 6 日，清明节，到朝阳门外造林场参加植树典礼，顺道游玩了紫霞洞。
- 4 月 8 日，开教育实业联合会，邀请当时正在南京的章士钊在会上演讲。
- 4 月 28 日，赴法政专门学校，出席户籍专员开学礼，发表演讲，讲述了中国无人口调查、人口管理的危害，认为全国四亿人和全江苏三千万人不精确；即使精确，其数据也不是永恒不变之理。并与张君劢商定设立自治学院。
- 5 月 3 日，接到电报称侄子韩鸿藻在家去世，闻之悲痛。
- 6 月 1 日，赴东南大学出席德国哲学家杜里舒的博士学位授予典礼。
- 6 月 11 日，黎元洪总统被迫去天津，当晚齐燮元督军来署中商谈应付时局的对策。
- 6 月 23 日，到金陵大学参观新蚕室与刈麦机，8 月 10 日再到金陵大学参加追悼美国总统哈定（Warren G. Harding，1865—1923）的仪式。
- 7 月 14 日，脚部患病，不便行走，直到 8 月 6 日才痊愈。
- 8 月 17 日，签订《江浙和平公约》。
- 8 月 28 日，到秀山公园出席落成典礼，9 月 6 日又到秀山公园开日本赈灾捐款会。
- 9 月 8 日午后四时，妻子王夫人病逝。
- 9 月 11 日，黎元洪总统忽然由天津到上海，韩国钧恰在丧假中，害怕产生纠纷，发电报给张一麐和张謇商讨应对办法。

- 10月6日，北京国会大选揭晓，直鲁豫巡阅使曹锟当选为大总统。各项问题因之而起，当天晚上，偕张一麐在军署密商，加以平息。
- 10月28日，到东南大学参观植棉展览会。
- 11月10日，上海警察厅厅长徐国樑于晚上六点被人狙杀，害怕酿成江浙战争导火线，赶紧派申振刚前往勘察案情。
- 11月18日，赴演讲厅，出席平民教育第一次毕业礼。
- 11月29日，到“对马”号军舰上与日本提督共进午餐，晚上与齐燮元一起宴请日本提督。
- 12月2日，到第一中学参加童子军授旗一事。
- 12月9—11日，请本省士绅开财政会议。
- 当年，如皋的宗孝忱加入韩国钧的幕府，宗孝忱是沙元炳门下的学生。

1924年（民国十三年甲子）68岁

- 1月2日，参加美术学校的欢迎会。
- 1月7日，到扬州运河局开评议会，11日返回南京。
- 2月29日，英国领事来晤谈，谈及中国政治，称中国当局者多不负责任，以至于时局如此。韩国钧说当政者必有权力，而有权力的人才识不足以负责。英国领事则说欧洲没有才识的人断然不会让他们有权力，而中国人以家为重、以国为重。
- 4月12日，开教育实业联合会。15日，开公债委员会。
- 4月27日，到雨花台参谒方正学祠，见到学祠荒凉、墓址坍圮，打算兴修。
- 5月1日，参加省立学校运动会，17日观看童子军会操。6月3日到大胜关参观东南大学农场，25日到东南大学科学馆出席奠基礼。
- 6月29日至7月1日，召开财政会议。
- 7月2日，到科学社开十周年纪念会。
- 7月3日，参加中华教育改进社开会典礼。
- 7月6日，到东南大学参观全民教育展览会，晚八时又参加中华教育改进社毕业典礼。

- 7 月 7 日，到法政大学参观本省师范学校展览会。
- 7 月 8 日，在秀山公园宴请中华教育改进社的男女社员，与会者计百余人。
- 8 月 10 日，到镇江出席瓜镇轮渡落成礼，顺道游玩了行竹寺。
- 8 月 18 日，因江浙间谣言四起，两军眼看就要接触，对齐燮元苦口陈说，劝其不要争夺天下，20 日又邀周孝仪一同去劝，无奈齐燮元相信先入之言，最终调停无望。
- 8 月 26 日，江浙战争爆发。9 月 1 日，齐燮元到昆山，2 日沪宁线铁路暂停运行，两军已有接触，在黄渡、浏河间相持，到 10 月 11 日、12 日孙馨远攻占松江后，齐燮元挥师前进占领上海。10 月 13 日卢永祥逃亡日本，江浙战争暂告结束。战事四十天内，韩国钧居中维持调停，以救济战地人民为第一要务，因而邀请美国教会中加入红十字会的人分赴前线救济妇孺，前后共计四千余人，费款四千元。
- 10 月 12 日，到方正学祠参加落成仪式。
- 10 月 19 日，到河海工程学校出席毕业典礼，发表演讲，称中国有河海而没有工程，有工程而没有专门学术，江苏与浙江共同拥有太湖、江苏与安徽共同拥有洪湖、江苏与山东共同拥有微山湖，都应该施工，但工程无一筹备。苏南苏北同样滨海，同样的盐碱地，苏南有高大的海塘，苏北则仅剩残缺的范公堤，这就是有工程和没有工程的区别。工程的好坏则取决于学术的深浅，那么就可以知道专门研究河海工程的学校的重要性了。
- 11 月 7 日，到美国领事馆祝贺美国新总统上任，又到下关接齐燮元返回官署晤谈，才知道有联络八省互保之事，并建议应当尊崇段祺瑞，此时各方均主张拥护段祺瑞以定中枢。10 日，开兵灾善后会议。
- 11 月 15 日，吴佩孚经过南京，韩国钧登船与其使者晤谈，吴佩孚的使者但言纲纪崩坏是由于人心先坏，是平等自由的教育产生的后果。当天晚上，吴佩孚乘船行驶到湖北，发表“筱电”，拥护曹锟，拟组织护宪军政府，长江流域再次陷入政治旋涡。韩国钧有针对性地发出“皓电”，先是称赞吴佩孚刚正直毅，群伦钦仰，再说自己以国家为重，不忍再看见军阀纷争；称“筱电”的发布无不让天下人惊疑，如果组织联合会机关，辅助段祺瑞收拾残局，则情感易通，方针易定，有利于大局；自己作为江苏人也不愿地方承受牺牲，呼吁各派军阀停止纷争，服从中枢，以济民生。齐燮元、孙传芳等直系督军回电赞成，吴佩孚护宪军政府的计划因而破产。26 日接到通电，段祺瑞就任中华民国临时政府执政。

- 11 月 21 日，黄任之、史量才两人特地从上海来南京与齐燮元晤谈和平解决的方法，未得要领。27 日，陈调元来劝齐燮元辞职，齐燮元仍未作决定。
- 12 月 11 日，中央免去齐燮元督军职务，命令韩国钧暂时兼任督办江苏军务善后事宜，辞未获允。12 日，卢永祥任苏皖宣抚使的命令下达，韩国钧当即发电报给中央力争不可。
- 12 月 14 日，邀请军政商学各界在军署开茶话会，齐燮元自述战事经过与解职情由，韩国钧也表明心迹。等众宾客散去后，韩国钧出军署时遇到伤兵请求抚恤。当晚伤兵两千余人集中在军署外哗噪，便筹措了二十余万元送去备用。当时秩序很乱，韩国钧责令各师旅长及警务处长各负责任，并命令警察特别戒严，事态才平息下去。
- 12 月 16 日，从北京电报得知何丰林充任十九师师长，张允明为松沪护军使，这又是启衅之端。韩国钧让张一麐北上面告卢永祥不要南下，19 日又与齐燮元商谈，齐燮元提出两点要求：一是卢永祥不来，二是要在江苏诸将内选择一人帮办，帮办之事已经与中央商量过了，只是不让卢永祥南下实属难办。21 日晚与卢永祥使者杜枚叔晤谈。22 日邀请参谋长刘鸣銮、秘书李丹荪及刘聿新师长、宋玉峰等裨将转劝齐燮元，仍无效。23 日答谒挪威、英国、德国领事。
- 12 月 25 日，驻扎苏州的第二师某营忽然驱逐走了其旅长，韩国钧通电指出齐燮元下野前曾下令服从新任督军的命令，不服从其他人的命令。另外，驻扎松江的之前收编的浙军第四师忽然被卢永祥旧部陈乐山掠去。

- 12 月 26 日，形势愈发凶险，在南京的各支军队有不稳的迹象，上海友人纷纷致函邀请其到上海，韩国钧坚决不去，同人惴惴不安，韩国钧即引述瞿式耜的名言“变故当前，总办得一死字”来平息众人的恐惧。齐燮元知道事不可为，便于当天晚上到上海。27 日，韩国钧派中将吴晋等人到各支军队间宣慰，传令中级军官各负责任，又集合卫队亲自训话，仍令警察厅特别戒严，28 日才回到军署办理事务。
- 12 月 29 日，收到奉军南下的消息，起先才到徐州，后来又听说已过蚌埠到了滁州，事先没有接洽，各支部队未免惶恐，于是一面询问卢永祥，一面派尹伯韩中将前往。卢永祥回复说奉军到滁州就停止，等到商量完毕再南下，当下可以避免两军接触。不料当天晚上，第六师留在南京的一支小队忽然哗变，抢劫了数十家商店，省署外枪声四起、火光烛天，一小时后才结束。

1925 年（民国十四年乙丑）69 岁

- 1 月 1 日，元旦，南京城内商铺因有兵灾未敢开市，人心愈加惶恐。
- 1 月 2 日，卢永祥派参谋长程其祥来，让他与在南京的诸位将领面商和平协调的方法，决定先将驻省军队移防，然后卢永祥再率领第十师到南京。1 月 4 日，补充旅、一团卫队、二营炮兵移防，5 日，二营继续移防，当天晚上，奉军军长张宗昌来晤谈。
- 1 月 3 日，请求辞去本兼各职，13 日该请求未被允许。
- 1 月 10 日，卢永祥到达南京。11 日，昆山与武进横林的铁道被破坏，齐燮元在上海率领第六师旧部击败了张允明的军队。13 日，奉军过江，分四路进发，齐燮元的部队也集中在镇江，17 日两军在龙潭、高资之间接触，到午后五时，奉军已进驻镇江车站。
- 1 月 18 日，中央命令卢永祥督办江苏军务，韩国钧急切地希望辞职，而卢永祥发电给中央请其不准。奉军已经越过了丹阳进至武进，此时无锡和常州已经被溃兵劫掠，无锡新市场焚掠惨烈。韩国钧以连月操劳、寝食俱废、力不能支，乃请病假。

- 1 月 24 日，春节例假，韩国钧虽患病在身，仍勤劳无暇。
- 1 月 26 日，安徽督办王揖唐及镇守使王慈深先后来拜，听闻奉军已经到了江阴、无锡，江阴城中也受严重劫掠。
- 1 月 28 日，直、奉两军在丹阳、苏州之间激战，溃兵大队到沪。韩国钧提前密令孙少江、朱叔源二人及前师长宫邦铎在沪收集遣散溃兵，以免扰及沪上，得以无事。等到奉军抵沪，江浙签订上海两不驻兵之约，江南制造局交由商会接收，战事暂时平息。
- 2 月 4 日，委任刘君实中将为水警厅厅长。
- 2 月 7 日，张学良经过南京到上海，此行有关东南大局。中央来电报称段祺瑞仍然想留任韩国钧，但韩国钧去意已决。8 日，前浙江省省长张暄初来晤面，得到中央电报允许辞职，以郑谦继任，不胜欣慰。
- 2 月 12 日，与卢永祥谈论江浙两省的情形，不忍再度兵戎相见。卢永祥意欲两省都不设军事长官，所有国军移驻要地，省军均由省长主持，裁撤督办和宣抚使，即日通电发表此意见。
- 2 月 13 日，会见浙江代表褚慧僧和云南、贵州各代表，意欲趁中央召集国民会议之际，到京提议组织临时政府，并致电江苏代表。
- 3 月 4 日，选择陈漱六执掌江苏省财政厅。此时，奉军驻扎在沪宁一线者越来越多，地方供应不赀，武人对县知事与税所多加干涉。松江则在浙军势力范围内，江苏不能驻兵和征饷。中央政府对此也无可奈何。韩国钧如芒刺在背，亟于求退，而继任者又迟迟未到。蚕业临近收获，假如奉军撤退，尚可获收蚕利。于是，韩国钧与张宗昌商谈，并派刘君实、杜绍唐两位中将去请奉系撤兵。本来已谈拢，而张宗昌再索要撤兵费四十万。韩国钧不得已与袁观澜、恽与九等人竭力商筹，责成武进、无锡、宝山、吴县、上海、昆山各县限日分别筹款，幸能集齐。
- 3 月 17 日，偕卢永祥到南城道院举行祈雨仪式。
- 3 月 27 日，韩国钧 69 岁生辰，避客到燕子矶乡村小学考察。

- 3月30日，中央命令卢永祥兼任督办江苏军务善后事宜，于是商定在31日交任督办职。4月2日，卢永祥延请江苏士绅召开善后会议，韩国钧虽已辞职，不能不列席。善后会议开到了4月10日才闭幕。
- 4月3日，日本舰队司令来谒见，与卢永祥一起邀请他共进晚餐。次日，又到日本军舰答谒，晚上赴青年会。
- 4月5日，清明节，到造林场参加植树典礼，这是韩国钧第三次参加这个仪式。
- 4月12日，简任王其康执掌江苏省财政厅，邓邦造执掌江苏省政务厅。
- 4月18日，受日本驻南京总领事林出的邀请共同观赏樱花。
- 4月20日，中央命令姜登选出任徐州剿匪总司令，22日答谒姜司令。
- 4月21日，在秀山公园参加追悼孙中山先生的仪式。
- 4月24日，参加美国教会司徒华林（Warren H. Stuart，1879—1961）的宴请。25日，参加青年会的奠基仪式。29日，渡江接班禅。30日以后，闲散军官索要薪水、监算委员会的为难相继而起，韩国钧听任其事。
- 5月8日，新省长郑谦到任，韩国钧到浦口车站迎接并与之晤谈，即日卸去江苏省省长职，畅游焦山，如脱笼之鸟，欣悦无已。晚上在船上夜宿，江声山色，若送若迎，胸怀畅适，不可言喻。同行者有袁伯庸、庞甸材、张矫尘。晚上十时后解开绳索任船下行，一直睡到过了江阴才醒来，起床眺望南北两岸，一碧无际。
- 5月9日，中午十一时停泊在吴淞，改乘火车晚上到达苏州，张一麐、费仲深与当地官员均到城外晤谈。次日游览虎丘，11日参观造纸厂，12日赴常熟，13日游览曾朴故居虚廓园，14日又游览白鸽峰，在松禅老人庐小坐，又游玩了大小石洞、三峰寺、拂水岩、剑门及兴福寺而返。15日到福山港探寻张士诚渡江遗迹，未获。16日由常熟坐船到昆山，阅览顾炎武《天下郡国利病书》原稿，17日经过黄渡登岸后观览战壕遗迹，晚上抵达上海。19日乘坐“大庆”号邮轮，21日午后抵达南通，晚上八时回到家中，距离上次回家已有三年，晚上睡觉甚为舒适。

- 6月26日，乘舟到已经过世的王夫人墓前祭奠。
- 7月4日，到电灯厂、通俗教育馆观览，这都是家乡海安新创办的事业。
- 9月4日，偕田鲁屿及马隽卿、黄溯初三人同赴三仓视察垦区。
- 10月12日，为已故的泰东兴警备队管带陈兆祥开追悼会。
- 10月18日，浙军进入江苏，杨宇霆督军北退，郑谦省长也离开江苏，江苏人民再次陷入恐慌之中。20日，受同乡沈秉乾等人的邀请到泰县商讨维持地方治安的对策。不久，鲁军袭击徐州、海州，靖江发生战事，幸而浙军不久到达江北，局势转危为安。
- 12月16日，是亡妻王夫人的冥诞，诵读老子“死而不亡者寿”等，为王夫人祝寿。陈调元移任安徽督军，陈陶遗代领江苏省省长。

1926年（民国十五年丙寅）70岁

- 1月12日，为《北辕录》作跋。
- 2月13日，春节，早起静坐，想到去年此时齐燮元与张宗昌的奉军正在丹阳、苏州之间激战，如在惊涛骇浪中安然度过。读欧阳修《归田录》序言，感同身受。
- 3月，张作霖、吴佩孚两方军队在天津以西对峙了很久，到3月23日，冯玉祥军队撤至库伦、奉天一线，李景林军队进占天津，王聘卿、赵次珊、熊秉三、孙慕韩、汪伯唐等人发电报约韩国钧列名呼吁双方停战，韩国钧约张一麐共同列名其中。4月7日，奉军飞机轰炸北京。
- 4月7日，海安平民工厂开幕，出席发表演说，表示我国是农业大国，而家乡一直是米业的集合商场。据沈赤然《寒夜丛谈》的记载，1756年（乾隆二十一年）江浙米价每石才两千，1804年（嘉庆九年）米价涨至每石四千八百，而现在米价高昂，每石价格达到了三万，转而依赖于西贡米的接济。又据董时进博士所讲的我国粮食问题，我国面积比美国大四分之一，人口比美国多三倍，美国耕地有三十亿亩，而我国只有十六亿亩，美国供给一人的耕地在我国要供给八人食用，所以不得不借用工艺来改良农业。今天平民工厂的开幕看似璀璨，但是其力量薄弱，恐难持久，自己在奉天曾经主办过资本七十余万元的农场、在广东主办过资本五十余万元的农场和工厂，现今均已化为废墟，所以今天开幕的平民工厂还有赖于各方的帮助。

- 4 月 15 日，七十寿辰，各地友人前来祝寿，酬接甚烦。庄子说“莫寿乎殇子，而彭祖为夭”，又说“无所可用，故能若是之寿”，韩国钧自觉虚度岁月，于国于民无所裨益，无事可用来祝贺。卢绍刘等人提议将得来的八千元寿仪捐入平民工厂，购地一百三十亩，交由工厂作为永久基金。北京冯玉祥和张作霖的争斗未已，段祺瑞已经逃入使馆内，全国陷入无政府状态。张作霖进入北京，通电力言专制独裁有碍民主政治。吴佩孚力倡护宪，张作霖则说宪法偏执甚多，如果任由吴佩孚再议论宪法，必横行于世。
- 6 月 6 日，四孙女韩忠俊出生。
- 6 月 17 日，山东李升屯黄河南决，列席运工局会议，以决口不堵则江苏危急为由，请省政府拨款二十万金筑堤堵塞。堤成之后，山东即命名此堤为江苏堤。
- 7 月 2 日，盼望下雨甚切，回想 1913 年、1921 年也是在与此相近的时间下雨，均成灾。
- 8 月 3 日，阅读《翁同龢日记》，日记中说 1867 年（同治五年）翁同龢在上书房时，皇太后曾很详细地询问江浙的赋税数额，翁同龢因而力陈江浙百姓苦于苛重的赋税。1725 年（雍正三年）朝廷减去苏州、松江两府的赋税四十五万两，1727 年减去嘉兴和湖州的赋税八万七千余两，1737 年（乾隆二年）减去苏州和松江赋税二十万两，1865 年（同治四年）减去松江、常熟、镇江、太仓等地的米豆五十四万三千一百二十六石，合计数目非常庞大，但赋税仍然比其他省重。1914 年韩国钧曾请中央永远不再增加江苏的赋税，奉准施行。
- 8 月 8 日，天热如煮，闲坐家中挥扇，仍热不可耐，思索南北互相争斗的士兵不惜生命，究竟是为了何人何事呢？

- 8 月 19 日，河北东明县黄河南决，直灌曹州济宁一带，江苏徐州、海州又陷入危机。
- 9 月 13 日，赴南通吊唁张謇。韩国钧在南京时，曾经得到两幅翁同龢的画作，认为他精于书法，画作仅是偶然为之的，此时阅读他的日记，才知道他曾经临摹三王，实则他的绘画水平只是被书法成就掩盖了而已。
- 10 月 26 日，同马士杰、田鲁屿到三仓垦区集议，又周历各组，冒风雨犯霜露，往返四五日，相当疲劳。

1927 年（民国十六年丁卯）71 岁

- 3 月，张宗昌自南京来书邀请出山，复书谢绝。
- 3 月 6 日中午，地震三分钟，到下午一时再次地震了一次，不足一分钟。25 日早上六点又地震了一次，大约两分钟。
- 3 月 24 日，北伐军已进抵南京和扬州。4 月 1 日，前福建督军周荫人从如皋到海安，毕庶澄军八千人由上海退却，渡至江北，经过海安。5 月 6 日，泰县发生战事，城中受劫掠，其状惨烈，袁康侯、王慎之被害。
- 5 月 23 日，孙传芳军由扬州退至淮阴，24 日，白宝山军与第九师冯宋各旅集中海安，不下四万人，无地可容，只能坐卧街巷，道路因之闭塞，周荫人于当天北去，地方支应所各人均计划解散，韩国钧坚决要求他们留下，直至自己亲去供应才作罢。25 日早上，先与白宝山商量派一支机枪队驻在支应所镇压，方便粮草陆续供应，又与白宝山商量留到下午等到士兵退去后再启行，当天晚上命令保安队与警察彻夜巡逻，整夜寂静无哗，只听到被抓去充当夫役的百姓家中有哭声。26 日下午，已有一营北伐军抵达海安。
- 6 月 27 日，与国民革命军李明扬旅长晤谈北伐之事，意见相合。
- 6 月 30 日，计划乘船到南通，再过江到上海。7 月 1 日晚在如皋县丁堰镇，忽然有人拿着如皋县县长乐济安的名刺邀请韩国钧到县署商量公事，韩国钧感到惊异，即随之前行。晚上见到乐县长，才知道有人将他控诉到了中央党部，乐县长请他稍留片刻，并说已经发电报给中央请示，等复电到了再让他走。韩国钧于是留在县署，发电报给省主席沈惕生告知前情，并称假如控诉属实，自己愿听法律制裁。到 2 日晚上，驻如皋的团长杜芝芳奉南通伍文渊师长的命令将韩国钧请出县署，并对乐县长晓以大义，韩国钧于是与杜团长宿在团部。次日清晨到南通谒谢伍师长，这才知道是张孝若出面为自己打抱不平，就近让伍师长发电报给杜团长，自己才可以如此快地得以脱身。3 日，如皋县政府奉省政府命令派人护送韩国钧到南京，并令其沿途不可无礼，当天晚上宿芦泾港。5 日早晨等候的船没来，仍返回家乡。7 日，沈惕生命令韩国钧的旧下属陆菊人用“钧和”号军舰送其到南京，韩国钧让陆菊人先返回，表示自己将从上海到南京。军事委员会的刘君实又派吴惠范、陈绍武来迎接，而韩国钧已经到了上海，从 7 月 13 日抵达上海到 11 月 15 日返回家乡，旅居上海四个月，客居大不易。

- 12 月 17 日，二孙韩忠诰出生。

1928 年（民国十七年戊辰）72 岁

- 息影林泉，以读书为乐。读欧阳修的《新五代史》，感叹最近时局之乱与当时无异。读到《冯道传》中欧阳修斥冯道不知廉耻，73 岁时去世，当时人认为他跟孔子同寿，何其荒谬！读李清所写的《三垣笔记》，说到曹化淳建成卢沟桥，将桥门一个命名为永昌，一个命名为顺治，永昌是李自成的年号，顺治则是清朝皇帝的年号，无意中的预兆真是令人惊奇！又说到王铎的书法笔走龙蛇，都为当时的走卒挥毫，所以传世之作特别多。
- 8 月 12 日，族兄韩厚安病故。读《曾国藩日记》，书中说“养生之道，不外视、息、眠、食，息必归海，视必垂帘，食必淡节，眠必虚恬”，又说“神明如日之升，身体如鼎之镇，心到静极时，所谓未发之中，寂然不动之体”。但究竟应如何，韩国钧自己也没有体验到。但韩国钧认为，阳气在至阴之时已经在静静萌发，并且持之以恒，所以才能被称为起点，这才是曾国藩所说的“静极生阳，盖一点生物之仁心也”。若不然的话，“深闭固拒，心如死灰，自以为静，而生理或几乎息矣”，这哪里是“静极”的工夫呢?！韩国钧一直在修炼“因是子静坐法”，自称要以此为戒。他又看到严君平所说的“婴儿以不知益，高年以多事损”，认为这是箴言。可惜事务纷扰，韩国钧没能很好地参悟养生之道。又看了白崇禧给政府发去的电报，强调西北边防重要性，电文称：“新疆人口三百余万，而回族居四之三以上。”韩国钧感叹：“我国土地总面积三千四百九十余万方里，占亚洲四分之一，而东三省、蒙古、新疆、西藏，较十八省超过一倍有半。以新疆论，较江苏大至六倍，幅员如此之广阔，谋国者不可不知。”

1929 年（民国十八年己巳）73 岁

- 当年，靖江、如皋、泰兴、泰县四地边境农村出现不安定的态势，延续一年没有宁日。
- 8 月 30 日，苦于旱情，家乡百姓聚集到城隍庙前祈雨，道路为之闭塞，公安分局长范俊祥持枪制止，当场击毙两人，部下对范局长所为听之任之，群众躲避韩国钧家中，到次日众人才散去。

1930 年（民国十九年庚午）74 岁

- 1 月 20 日，阅读《汉书》，对于自己已经知道的事情，读了感觉像遇到了老朋友；对于自己不知道的事情，读了感觉像结识了新朋友，颇有兴趣，感叹自己已经衰老，不能多读一些新书。读到《佛经 · 贤首五教仪》“人身一切皆不净之物，口出唾，鼻出涕，眼出眦泪，身出垢腻，前后阴出尿屎，身出脓血，五脏杂秽充满，更有微细诸虫，何乐乎？有此身愚者，不知与厕虫甘粪无异”，他颇为感慨，不禁有出家的想法。
- 4 月 8 日，赴扬州，参加泰源公司董监会议。
- 7 月 30 日，读到《宋史》里讲韩侂胄禁绝朱熹理学，但又请抚恤岳飞家属，感叹一个人的言行怎么可以如此前后不符。有人说他毅然北伐难能可贵，谁知他不度德量力兴师讨伐失败，加速了南宋的灭亡。

- 8 月 22 日，三孙韩忠谏出生。

1931 年（民国二十年辛未）75 岁

- 韩国钧计划重游北京已然久矣，恰巧张学良、刘君实来邀请，便于 6 月 18 日到 9 月 28 日在北京游览。三个月间，得以观看了杨继盛参劾严嵩的奏本、刘泽清与吴三桂往来信件和洪承畴请消灭永历政权的奏折。听说万松老人“以儒治国，以佛治心”的思想后觉得精妙，称其不愧是耶律楚材的老师。故宫的古书画收藏，开阔了他的眼界。又应熊秉三的邀请去香山游览了一番。
- 9 月 28 日，接高邮电告运河大决口的消息后迅速回乡。30 日经过南京，江边的马路已经被淹。与龚维疆叔侄二人同到镇江大华旅馆，很多同乡来晤谈，都是为了运河决口之事。
- 10 月 3 日，赴扬州。4 日到邵伯、高邮一带视察水情，极目汪洋，渺无边际，挡军楼决口最大，波涛澎湃，声传数里。5 日，视察宝应后返回高邮。6 日到泰县换乘轮船到兴化一带，看见房屋倒塌甚多，死尸累累挂在树上，与兴化人士在城内开会，无不痛哭流涕。8 日返回家乡，恰逢大风，船只颠簸如在大海之中，直到晚上七时才回到家里。
- 10 月 16 日，江苏省主席叶楚伧邀请商谈复堤工事，内政部也来函邀请参加宝应一带还田的会议，请沈豹君代为出席。
- 10 月 28 日，导淮委员会副会长庄松甫到达扬州。30 日，在扬州参与水灾善后会议。
- 10 月 31 日，与江北同乡三十余人同去镇江见叶楚伧，与同乡们一起陈述了关于水灾后重建大堤的建议。
- 11 月 1 日，在扬州参加水利协会，被众人推举为主席。6 日应叶朱熹邀请，与同人商谈修复运堤的经济材料与工程人员等事，一一议定。
- 11 月 14 日，和朱石僧一同到海安勘察灾情。26 日与马士杰一起到高邮，29 日到南京邀请王叔相来晤谈。
- 12 月 2 日，在省府参加善后会议，任善后工程处副主任委员。15 日，江苏省主席换为顾祝同。30日在省府参加善后委员会，工款尚无着落。31日财政厅厅长舒厚德因急需用款，拟借三年丁漕，不知是否可行，韩国钧百般着急。

1932年（民国二十一年壬申）76岁

- 1月3日，到扬州。5日晤面赈灾委员会委员席鸣九，由上海赴运河勘察灾情。
- 1月8日，赴苏州、无锡、常州晤见张仲仁、费仲深、杨翰西、荣德生、钱琳叔、冯小青、陈寅生、庄思缄等人，商谈舒厚德借三年丁漕以赈灾之事，诸人均允赞助。
- 1月21日，到省府，参加运河工程善后委员会会议，到下午五时才结束，没来得及登船过江，而这班渡轮忽然遭到了抢劫，韩国钧幸而避免。28日回到家乡。
- 2月5日，扬州人士来商谈减省工程的速成计划，只是决口二十六处，合计八百余丈，无处可减省，颇费踌躇。当天正值除夕，专门到如皋商谈筹款之事。7日，在扬州晤见省建设厅厅长董修甲。12日，在家中开水利协会会议，同人主张不同产生龃龉。
- 2月16日，来圣庵临时所筑的堤坝又溃决，前去视察，决口宽三丈，韩国钧决定在运河上修筑上下两道拦河坝便于施工。22日，参加省府召开的救济委员会会议。24日，列席农民银行监理委员会会议。
- 3月9日，偕朱干臣、任馨山等赴昭关坝、荷花塘、二十里铺、三十里铺及庙巷口、七公殿、挡军楼等决口处视察工程。工程进展很快，只有新修成的挡军楼西堤工程有裂痕，深以为虑，要求筹商补救方法。15日返回扬州，顺道察看了荷花塘、昭关坝、邵伯及瓮家营等地的工程。20日又与顾祝同、赵启騄、董修甲、韩楚箴等人同去各工地视察。21日又专门去视察挡军楼工程。25—26日到省府参加救济委员会会议。27日参加农民银行监理会会议，陈陶遗、李印泉、赵厚生莅会。
- 3月28日，晤见水利专家李仪祉，李仪祉谈论了自己在关中想把八道渠修复成汉唐规模的计划，并说自己已经修成了泾惠渠工程。

- 4 月 27 日，受英国军舰舰长施高德邀请，共同进餐。
- 4 月 30 日，淞沪抗战仍在进行中，到省府参加保卫委员会会议，次日到焦山游览了一天即返回家乡。
- 5 月 9 日，偕马士杰、朱石僧、王梦周同至高邮视察，挡军楼工程已经平稳。16 日又到镇江参加救济委员会会议。21 日在省府参加运河工程善后委员会会议，叶楚伧也列席，当时复堤工程将要竣工，顾祝同决定仍设运河局，让韩国钧任职，力辞。
- 6 月 2 日，运河工程款项不足，与银行商量借款救急。11 日请马士杰到上海与水灾会商量拨款之事，前后往返三次，由史量才出面让宋子文发放二十万元赈灾，统计费用共计三百五十万元，收支款项均有会计师刘某证明。
- 7 月 14 日，到省府商量验收复堤工程之事，验收委员何海樵、沈宾颜、陈伯萌、董伯纯、庄松甫，庄未到而让沈豹君代替，建设厅派徐德称、戈涵楼、王梦周为代表。
- 7 月 17 日抵达淮阴，各委员分往验收。20 日下午到达淮安北河，到湖心寺聚餐，当天验收了东西两堤的工程。21 日验收了宝应的工程。23 日观赏了乔石林的《纵权图》和射阳的汉代石刻。24 日、25 日验收了汜水和界首的工程。26 日验收了马棚湾的工程，看到一尊镇水铁牛，上面铭刻着“维金克木，维土制水，铸屏作镇，降福延祉”，午后乘坐人力车到高邮，在清水潭遇雨。27 日验收了挡军楼、庙巷口、七公殿的工程，又到车逻坝和五里坝视察，游玩了高邮公园的柳堤和荷榭，清风徐来，顿时扫去了心中烦热。30 日验收高邮临城的工程。31 日验收三十里铺的工程。
- 8 月 1 日，与同人作别，由邵伯返回扬州，7 日到焦山商量再次验收工程之事，8 日由扬州返回家乡。
- 8 月 26 日，财政厅和建设厅来电报称，奉顾祝同的命令，来圣庵新筑的堤坝下矬，责令工程人员赔偿修理，韩国钧身为督工，提出应该自认赔修，不应该只责怪施工人员。

- 9月1日，省府召开运河工程善后委员会会议，韩国钧让沈豹君代为说明自己作为督工愿意负赔修责任。会议议决，之后建设厅再派人另行评估，有人提议应有保固年限，众人认为这是聘请来施工的，而不是包干的，这事就此作罢。
- 9月25日，到扬州，晚上到泰县，赴县府商谈堤工石驳岸款项之事，无意中摔跤跌伤了面部，血流满面。请来医生王子骏诊视，医生说面部伤情不用担心，但要提防年老中风。当天晚上睡眠如常，李保元专门从海安过来慰问，宝瑄、宝琨两个儿子也过来探视，到10月2日才痊愈。
- 10月3日，到扬州。22日二次验收复堤工程，赴省府参加验收会议。23日到来圣庵视察，新改的挖槽填石工程并无变化。24日又到挡军楼、梢龙湾视察，工程一律平稳。31日返回家乡。
- 11月11日，实业厅厅长何梦麟、实业部代表皮作琼、实业厅视察员张蓬舟、建设厅科员项开梯、南通大学农科李鹭宾、大生纺织公司技师孙恩麟、如皋农行主任许汉绶、如皋党部黄士元赴各垦区考察，计划模仿苏俄集体农场的办法，与他们晤谈。
- 12月18日，扬州举行复堤工程落成典礼，邀请韩国钧参加，他回复说工程虽然勉强告成，但是延期交付、浪费工款，遗憾很多，深感自责，于是谢绝没去。

1933年（民国二十二年癸酉）77岁

- 1月3日，晚上胞侄韩宝球逝世。26日，四孙韩忠谦出生。
- 2月18日，赴扬州召开泰源公司董事会。
- 6月13日，建设厅厅长沈百先寄来导淮水利工程的计划书，潜心阅读后，将其中疑点一一列出，以便讨论。淮河流域与江北地区的利害关系紧密，稍一不慎，则利害相转，不得不详细研究。
- 6月14日，偕戈涵楼、陈石琴等人到高邮视察东西堤修补石驳岸的工程。

- 8 月 19 日，顾祝同以河南兰封黄河南决为由，邀请韩国钧 19 日到省府参加会议，会上韩国钧大谈黄河决口的危害，请立即派人前往勘察。
- 9 月 13 日，会见东台多名士绅，询商通遂公司庙学荡与地方时隔多年才结讼的案件。19 日，又会见朱警辞，仍商谈庙学荡的案件。
- 9 月 16 日午后，韩国钧行走不慎摔跤，胸口阵痛，晚上睡觉不安，十多天才痊愈。
- 12 月 2 日，民政厅厅长余井塘邀请韩国钧赴省府商讨导淮入海之事。5 日，韩国钧谒见陈果夫，请他在导淮入海一事上多加重视。

1934 年（民国二十三年甲戌）78 岁

- 1 月 20 日，得到从南京发来的江苏银行的电报，说侄孙韩忠诒病危，立即派人前去探视，28 日来电说已经在医院病故。
- 3 月 24 日，罹患疟疾，疟疾治好又患上了头痛，很久不能痊愈。4 月 23 日到泰县基督医院，拔去蛀牙后疼痛就减去了。吕怡笙从南京来与他商谈，数日后离去。
- 5 月 30 日，省府邀请韩国钧列席禁烟委员会会议。
- 5 月 31 日，偕程寿卿乘火车到开封视察黄河。6 月 2 日视察黑冈口，自从 1905 年离开开封后，韩国钧已经有近三十年没有到过黄河，河流如故，黑冈口的风景与许多车夫在等待渡河的情形也与之前一样，只是韩已衰老。下午晤见了陈禹臣、周世臣两位在开封的七十多岁的老朋友。黄河南岸工程以荥泽、郑州、中牟、开封之黑冈口，兰封之铜瓦厢最为险要，兰封就是 1933 年黄河南决的地方。
- 6 月 4 日，到开封河防局，晤见陈汝珍局长。5 日，黄河委员会的顾逵陆科长和蔡亮之、陆丹右两位技正都来晤面，下午到黄河委员会用餐并参观。
- 6 月 6 日，仍乘坐火车南返，途中宿在徐州，次日到达南京。8 日早上与程寿卿一起到中山陵和谭延闿墓拜谒，晚上到达扬州。9 日返回家乡，

17 日晚上地震。

- 7 月 17 日，听说河北省长垣县黄河南决。
- 9 月 9 日，偕马隽卿到安丰商讨泰源公司垦务之事。
- 9 月 14 日，赴镇江。22 日上、下午先后参加省府禁烟委员会会议、农民银行监理委员会会议。
- 9 月 23 日，恰逢中秋节，偕马士杰到汤山泡温泉。
- 10 月 14 日，被南京国民政府全国经济委员会聘为全国水利委员会委员。
- 10 月 18 日，赴新河边外甥王伯均家致奠。
- 11 月 11 日，到扬州参加运河局评议会，16 日到宜兴游玩了善卷洞和庚桑洞，18 日返回镇江与李仪祉晤面，25 日在扬州召开泰源公司股东会议，27 日到省府参加监督公债用途委员会会议，28 日被行政院聘为江苏苛捐杂税监理委员会主席委员。
- 11 月 24 日，五孙韩忠鋆出生。
- 12 月 1 日，到高邮邵伯参观船闸工程。2 日到淮阴参观导淮入海工程，同时到涟水考察泰县、高邮的应征民夫，亲自到民夫食宿的席篷中去。4 日参观杨庄船闸工程。5 日到淮安丁宝铨家致奠。8 日返回家乡。

1935 年（民国二十四年乙亥）79 岁

- 1 月 5 日，到如皋。
- 1 月 22 日，受财政部邀请到南京参加全国水利委员会会议，25 日返回扬州，27 日到运河局衙署商议，结讼东台庙学荡的案件。
- 2 月 15 日，赴镇江开苛捐杂税监理委员会会议。
- 3 月 9 日，在农民银行参加监理会，陆伯鸿从上海来晤商海安慈善事业之事。
- 4 月 6 日，高邮的夏宗彝、马士杰，泰县的徐曦伯到海安为韩国钧庆祝 79 岁生日，夏宗彝、徐曦伯二人都已经年过 80，马士杰也已经是快 70 岁的老朋友，远道而来，尽兴作欢。
- 4 月 16 日，长孙女韩忠云与李堡的仲兆栋成亲。同日，到泰县时敏中学开董事会议。

- 5月22日，到如皋、泰县查减苛捐杂税。
- 6月8日，到苏州为费仲深致奠，并与苏州的张云博、金松岑，无锡的杨翰西、钱孙卿，昆山的蔡望之和常熟的庞甸材晤谈地方财政之事。
- 7月13日，赴南京参加水利委员会会议，直到16日会议才闭幕。
- 7月18日，因黄河在山东郓城南决，在省府参加防黄筹赈委员会会议。
- 8月9日，又在省府开会，被推举与张云博、马士杰一起去财政部请孔祥熙拨款赈灾。
- 12月2日，赴南通吊唁张孝若，随即到扬州和镇江商讨防黄诸事。

1936年（民国二十五年丙子）80岁

- 1月，因徐州、海州一带黄河泛滥成灾，发起劝募赈捐，共收五千元交省府转发。
- 1月14日，到南京开水利会议，会议决议竭力进行山东堵口工程。
- 3月上旬，本来计划在八十寿辰前，赴西安参阅李仪祉主持兴修的泾惠渠与渭惠渠等水利计划，既为开阔眼界，也为考察未来治黄的办法。本来已与程寿卿约好时间启行，结果因舌头剧痛，不得已作罢，于是到李保元居住的乡下避寿，赋诗八律《感怀》，分发给海内知交。
- 5月24日，赴镇江，吕怡笙来看望，二人虽分别才几个月，吕的精神大不如前。
- 7月14日，赴南京开水利委员会会议。
- 7月26日，陆伯鸿再度来海安考察育婴堂，韩国钧考虑筹措款项为之改良。
- 10月11日，三子韩宝瑄病危，到13日竟然病逝，年仅46岁。
- 12月12日，发生西安事变，韩国钧大为震惊。

1937年（民国二十六年丁丑）81岁

- 1月28日，与泰县县长张维明同赴如皋商谈开浚焦港之事。

- 2月10日，听说吕怡笙去世，回忆起前两年春天在海安和镇江时，他曾专门来看望自己，韩宝瑄在一旁陪同，谈论甚快，未曾想两人皆已离世，感叹人事不可预知。
- 2月18日，致函运河局局长徐锡丞，请派人来评估孔家涵的修复工程。孔家涵是仙女庙以东淮河西流汇入里下河地区的第一孔道，其流量占到了总流量的55%，现在却已坍废。
- 2月23日，与泰县县长张维明、如皋县县长张渊扬等人同赴省府建设厅商谈开浚焦港之事。3月30日，视察焦港第一阶段工程。
- 4月19日，河南浚县士绅王韵笙、韩文轩因为韩国钧曾任浚县知县，来商谈修理浚县长丰渠之事，于是致函朱庆澜将军。
- 4月24日，赴海门龚芑荪家，为其太夫人行成主礼。又赴长乐镇，探访张謇旧居，出席张謇新祠落成礼，并发表演说，说道：张謇虽然已经死去，但是其实并没有死，因为他生前所创办的各种事业今天仍在照常发展，号召后人继续经营并试图扩大，不让它们半途而废，否则无脸面对张謇泉下之灵。30日由南通返回海安，途中大雨如织，受寒呕吐，回到家就卧床养病，李保元来诊视，服用一剂麻黄后才痊愈。
- 6月28日，因为开浚焦港的计划将要完成，计划在张黄港江口建设水闸，让韩宝琨赴如皋商谈。
- 7月2日，赴南京开水利会，与郑权伯一起参观水工试验所，看到其试验马当江分流的模型以决定存废。参观了三河坝模型。又到清凉山参观建筑水工试验所工程。晚上郑权伯邀请共同进餐，座中有国联派来的水利专家。
- 7月5日，刘君实宴请，座中有军人讨论中日之间的紧张情形，不料两天后卢沟桥事变就爆发了。6日与建设厅厅长沈百先商谈瓜洲以东六圩的坍岸如何防范。
- 8月10日，虹桥机场事件爆发，13日上海发生战事，19日日军猛攻南口，20日日机飞掠海安上空，人心惶惶，23日上海杨树浦百老汇路、公勤路、塘山路一带发生大火。25日，吴斯千从南京到海安避难，当天晚上将韩宝瑄的灵柩浮厝郊外。8 月 27 日，日本宣布封锁我国各个港口。

- 9 月 4 日，宝山失守，13 日张家口沦陷，14 日中国军队由上海退至江湾，15 日大同战事不利，归绥后路已被截断，20 日日机空袭南京。
- 9 月 24 日，接救国公债委员会议决案，当时签字交回，并捐款一千元，即日解出。吴斯千病故在旅居的寓所，为他筹办丧事。
- 11 月 5 日，日军占领闸北，8 日山西省会迁到临汾，15 日昆山失守，苏州发生兵变，21 日，日军先锋已到无锡，苏州、常熟均沦陷。
- 12 月 2 日，晚上睡觉酣熟，以前晚上很少能够酣睡，酣睡时一切生死哀乐的事情均不放在心中，不禁感叹如果能够一直处在这种如梦如醉的世界就好了。
- 12 月 4 日，江阴失守，日军先锋已经进抵丹阳。8 日日军已经到了麒麟门，汤山、明孝陵、中山陵一带的房屋均已起火，14 日南京失陷，前后仅七天，竟未能守住！16 日，扬州失守，日军东进仙女庙和邵伯，26 日杭州和济南均失守。陈石琴从坂伦派小船来接韩国钧前往，韩国钧孑然一人在家，暂时可以安居，写信谢绝。
- 12 月 31 日，从八一三淞沪抗战起未满五个月，失陷的城市不知多少，为之叹息！

1938 年（民国二十七年戊寅）82 岁

- 1 月 3 日，陆伯鸿在上海被人狙杀，陆伯鸿热心慈善，每年都筹款数十万元，救济了很多贫民。
- 1 月 9 日，运河局徐锡丞局长偕沈豹君来商讨修复运堤之事，顾子方被邀请同来。运堤因战事原因被挖掘战壕百余处，昭关坝一段又逼近日军，受损严重，倘若不力筹修补，如果涨水恐有溃决风险，因而嘱咐蒋永清前往运堤绘具草图分告各地政府。
- 2 月 25 日，省政府令调遣各县警察保安队悉数编入军团。
- 2 月 28 日，四区专员、六区专员、如皋县县长、泰县县长等均集中海安，开四、六分区救济委员会会议。翌日，接着开常务委员会会议。

- 3月7日，让人送二孙女到南通女子师范。17日日军已到南通，19日日军已到如皋，次日日机轰炸海安凤山附近，很快听到了机关枪和大炮的声音，派人前去视察，称炸伤了凤山门外一名和尚的脚，机枪射杀了几人，韩国钧家宅已被日军进驻，于是移居到李保元家中。21日听到贲集炮声四作，于是登船计划迁居杨裕恒家中，到马舍时因受逆风返回。听说泰县收容难民，分遣周边饥民前往，李保元约请各乡有力的人家分散粮食赈济饥民。26日，韩宝琨赴东弶、李堡等处询问各地情形，到新河边靠近二直的地方，遇到附近的游击队与敌军遭遇，展开枪战，宝琨一家数人逃奔幸免，只有5岁的孙子也徒步随行。
- 4月8日，泰县县长张燡致函崇锡珩，陈石琴奉省政府命令，考虑到韩国钧的安全，计划派川军护送他到武汉。韩国钧以在野为由不想去湖北，但顾忌到与陈石琴感情深笃，决定在10日到坂伦。这处水乡距离泰县四十五里，地方僻静可以安然居住，康熙初年孔尚任奉命疏浚海口，在此驻节，《桃花扇》就是在此成书，书中有“家在哪里，国在哪里”两句话，不幸一语成谶。5月2日，李保元也到这里，10日到周家庄区公所。14日听说家乡盗匪横行，致函张燡县长，说海安虽然已经沦陷，但下属各个乡镇仍在版图之中，不可置之不理。21日到潘王庄晤见浙江老友沈祖棉，24日程鲁斋又来到这里，张燡县长执意以韩国钧安全为重，已经准备了川军欲护送他到上海，韩国钧婉言谢绝。
- 6月18日，蒋介石下令炸开河南郑州花园口黄河大堤，试图“以水代兵”阻止日军，韩国钧联想到1887年郑州黄河的决堤，为之惴惴不安。当时省府将要为此召开会议，韩国钧因身在战区，故而未往，但仍提议划分缓冲地区，方可堵塞。
- 6月28日，海安道士桥一带土匪日渐猖狂，由镇上迁居下乡的几乎没有一家不因此受苦，与张燡县长商量让朱毓贵分队长前往。
- 7月10日，李师广指挥来晤谈。15日，一同寓居乡下的钱又东突然生病，李保元诊视发现他手脚冰凉，已病入膏肓，16日中午就去世了。钱又东博闻强识，任事认真，如此早逝，韩国钧悲痛异常。

- 7 月 27 日，东台、海安的日军退去，前后占领海安四个多月，自古未有。
- 8 月 13 日，与张燡县长一同去淮阴，见江苏省主席韩德勤，畅述防水计划与救济地方各事，夜宿杨庄船闸。15 日早上视察 1934 年新造的船闸与活动坝，中午韩德勤约请开会，因胃痛未吃饭。16 日，韩德勤与李师广共同到河边为韩国钧送行，晚上住在高邮，玉码头志桩已经到了一丈五尺九寸。17 日从高邮乘船返回，顺路经过三垛与马士杰晤谈事情，又经过小纪与徐锡丞晤谈。21 日听说海安又有飞机投掷炸弹，幸好没有太大损失。24 日处暑，高邮的志桩已经到了一丈七尺五寸。26 日，水位一丈七尺七寸，于是开启车逻坝。
- 8 月 28 日，发热，神志昏迷，黄河已夺溜南行。29 日寒热间作，似乎是疟疾但热度更高，30 日早上九时发恶寒，又大呕吐，少顷体热发作，昏迷不知人事，经过八个小时热度才退去，专门延请李保元前来诊视。9 月 7 日，疟疾不再发作，此后仅需专心调养。
- 9 月 4 日，新坝的底部已经被冲毁，对于有运河工程经验的人来说，新坝靠近五里坝，应该先开五里坝防水后再开新坝，新坝的坝底就不至于被冲刷得如此严重。
- 9 月 25 日，赴泰县晤见李明扬指挥，并为张燡县长升任专员致贺。
- 9 月 27 日，成静生来商谈救济之事。
- 10 月 3 日，韩德勤致韩国钧防汛委员的三千元薪水，韩国钧觉得中央正在筹集款项用于作战、各地踊跃给国家捐献金钱，自己正羞愧力量单薄，不能多有贡献，省府却用这样急需的资金让自己接受无功之禄，实在不敢当，一再力辞。李明扬又受韩德勤命坚持让韩国钧接受，韩国钧不得已接受了一千元并将此款捐助地方赈济。
- 10 月 9 日，自 4 月 11 日赴坂伦已经六个多月，感慨于陈石琴的深情厚谊，实业保安队的张指挥官派专船来迎接，于是与陈石琴告别，晚上宿在东台。
- 10 月 10 日，双十节，因为海盗猖獗，到大中集，与盐城、阜宁、泰县、东台各县的县长和垦区、渔会的各代表均汇集在一起商量召开海警委员会会议。11日参加常务会议，12日返回东台，15日归途中经过徐庄晤见了徐海楼，17日返回家乡，在外避居至今八个多月。连日来张芷青自大中集、翟仲龙自东台、邱梦麟县长自泰县先后莅临。

- 10月27日，仍返回徐庄乡居，31日侄子韩叔和将要赴任靖江县县长，前来晤谈。11月1日，孙女韩忠英来见面，讲述了去年春天在南通女子师范学校逃难时的情形，一群青年女子徒步逃难数十里，没有死于兵灾实属幸运。从电报得知运河局局长徐锡丞病死，家中一贫如洗，无法收殓，为此发电报给韩德勤请他抚恤，得到允许的回复。
- 11月12日，仍赴徐庄。16日派王队长专门去盱眙查勘打石山林场及滩地的损失，21日返回海安，检查沦陷时的各种损失。当晚，受何季厚师长的邀请共进晚餐，韩国钧先回家，而四子韩宝琨醉酒后在自家坠楼摔伤，到23日下午竟然亡故，这是韩国钧家中大不幸之事。韩宝琨受伤当日，韩国钧晚上起来前往探望，到23日他去世之前时常去慰问，但他神志昏迷，始终不能说话。韩国钧不忍心在家中见到这种悲剧，于是仓促移居凤山禅院，整夜无眠，连日从远处赶来慰问的人很多，没能全部晤见，27日就和徐海楼一起去徐庄。

1939年（民国二十八年己卯）83岁

- 1月，新四军挺进纵队攻占扬中。
- 8月，新四军一支队司令陈毅亲赴泰县，会见鲁苏皖边区游击总指挥李明扬、副总指挥李长江，进行统战工作，争取李明扬、李长江在新四军东进苏中时中立。
- 夏，辞去苏北黄灾救济委员会主任委员职。
- 秋，国民党政府邀请韩国钧去重庆，婉拒未往。

1940年（民国二十九年庚辰）84岁

- 春，陈毅与韩国钧取得联系，请求他支持新四军抗日，韩在复信中表达了对陈毅及新四军抗日救国的同情与拥护。

- 6月，见韩德勤等欲消灭在郭村的新四军，写信给李明扬、李长江，要求他们从利于抗战的立场出发，停止向新四军进攻。
- 9月，韩德勤与驻扎黄桥的新四军摩擦升级。韩国钧居中调解，力求和谈。9月中旬，他于海安旧宅主持召开“停止苏北内战，一致团结抗日协商会议”(即“联合抗日座谈会”)。会后，领衔苏北各界士绅、名流，向重庆方面发出三封函电，呼吁停止内战，一致抗日。
- 10月初，韩德勤违背民意，再次向新四军大举进攻，新四军被迫反击，取得了黄桥战役的完全胜利。此役后，新四军进驻海安，陈毅与韩国钧接触频繁。10月中旬，他在陈毅邀请各界召开的茶话会上发表讲话，支持新四军东进抗日。
- 10月31日，与李明扬等在曲塘主持召开“苏北抗敌和平会议”(即“曲塘和会”)。
- 11月初，胡服（即刘少奇）到达海安，在陈毅的陪同下拜访韩国钧。
- 11月15日，中共苏北临时参议会在海安召开，被推选为名誉议长。
- 本年自订《止叟年谱》。

1941年（民国三十年辛巳）85岁

- 2月19日，又携家人到海安东乡徐庄避难。
- 3月16日，由于新四军在皖南事变后北进盐城，日军又占海安。
- 5月，为自著《永忆录》作序。
- 秋，国民党政府邀请韩国钧到重庆担任全国经济委员会要职，他以年老体衰、行动不便，婉拒。陈毅为了他的安全着想，曾请他移居盐城，并有将他转移到香港的想法，但未能成功。
- 9月，日伪探知并包围徐庄住所。9月13日，严词拒绝日伪威逼其出任伪江苏省省长的要求，日伪无奈，将其长孙带到泰县做人质，仍坚不从命，随后日伪开始秘密监视并软禁他。

1942 年（民国三十一年壬午）86 岁

- 1 月 23 日，因遭日伪软禁，忧愤成疾，病况日深，告谓家人："抗日胜利之日，移家海安，始为余开吊，违此者不孝。"晚八时，溘然长逝。
- 5 月，新四军军部和盐阜各界在阜宁为其举行隆重的追悼会。

附录

附录一

韩国钧遗电一则

韩国钧溘然离世之前，留有遗电一则，现藏在中国台湾“国史馆”内。电文表明，紫老在弥留之际都不忘记治理水利对于中国人民生命安宁的重要意义，督促政府治理黄河，以固民本，其爱国爱民之情，浸透纸背。其文曰：

江苏省政府韩主席，请转重庆国民政府主席林、行政院长蒋、副院长孔钧鉴：

国钧衰病之躯，不能驰赴国难，淹留致祸，遂至于斯。年逾八十，死复何惜？特中兴大业，旦夕垂成，风烛余生，不复睹太平之盛，斯为憾耳！钧座稷饥禹溺，宵旰忧勤，弥留之身，所以续扰，惟念黄流不塞，苏民其鱼，天幸未可久邀，万祈予以注意，苏省处境绝艰，被祸极惨，虽政府抵死撑拒，尤恳格外助扶，早予底定，则国钧虽死之日，尤生之年。

临电流涕，伏维矜察。

韩国钧叩。江苏省政府主席韩德勤叩。淮秘真印。

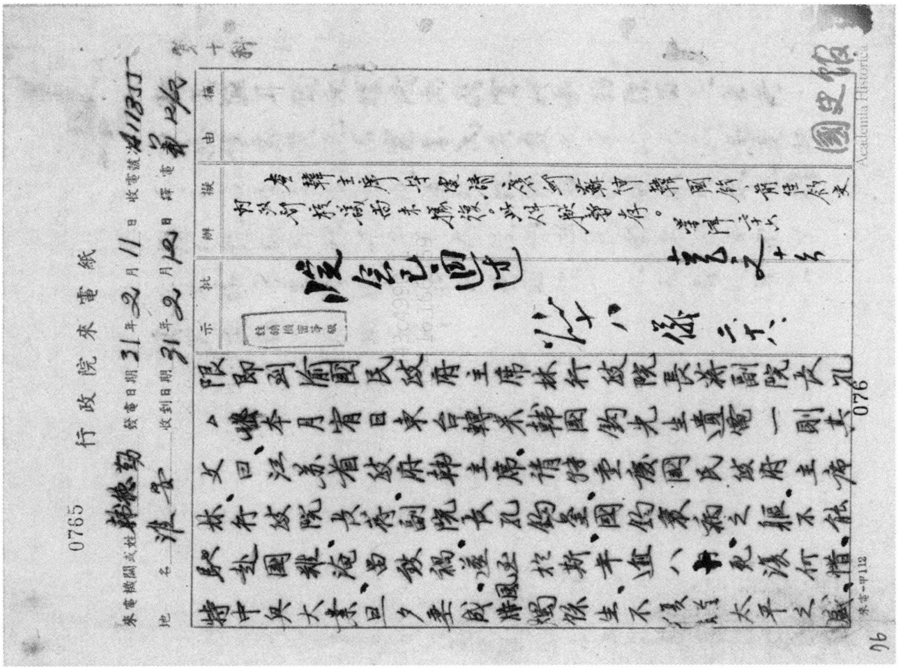

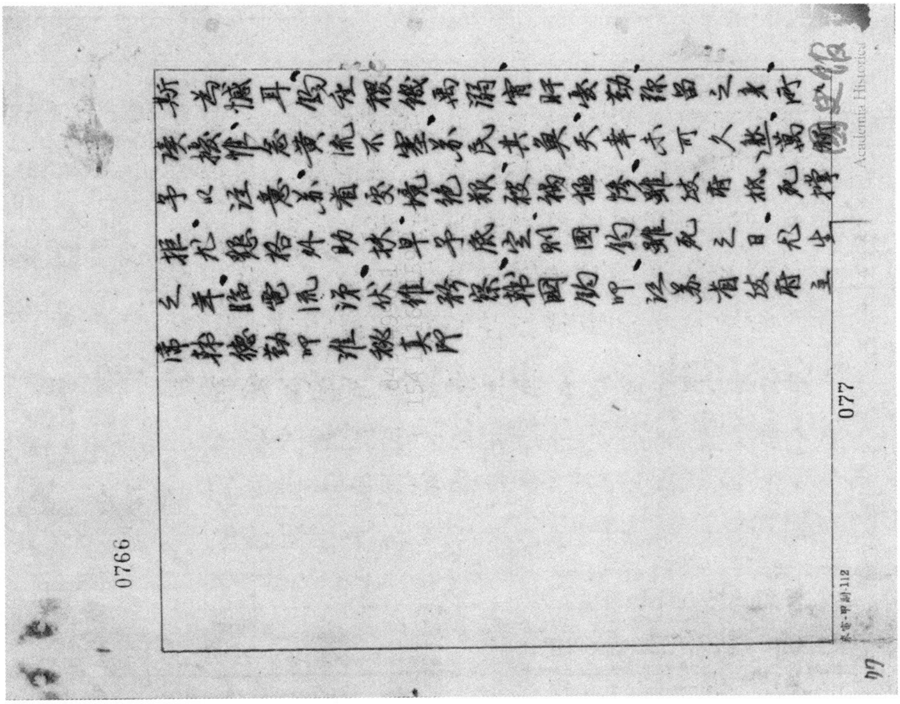

中国台湾“国史馆”所藏韩国钧遗电

附录二

上海行政沿革

上海行政沿革表

时代	区域	郡	县
禹贡	扬州之域		
春秋	吴越		
战国	楚		相传为春申君黄歇封邑
秦		会稽郡［公元前222年（秦王政二十五年），王翦定荆江南地，降越君置。］	疁县
西汉	扬州［公元前106年（汉元封五年），置刺史，巡行郡国。置会稽郡。］	会稽郡［前201年（汉高祖六年）为荆国，前195年更名吴国。前154年（汉景帝三年），吴王濞反，国除，以其他封江都王，是为江都国。前121年（汉元狩二年），江都王刘建有罪国除，会稽始入汉为郡。］	娄县（移治于娄江之阴，更名属会稽郡。王莽时曰娄，治有华亭谷。）
东汉	扬州	吴郡［公元129年（汉永建四年），分浙东为会稽郡，浙西为吴郡。］	娄县
三国吴	扬州	吴郡	娄县

续表

时代	区域	郡	县
晋	扬州	吴郡	娄县
宋	扬州［459年（大明三年）废，464年复置。］	吴郡（463年更属南徐州，464年仍属扬州。）	娄县
齐	扬州	吴郡	娄县
梁	扬州； 吴州［549年（太清三年）分扬州吴郡置，550年（大宝元年）废。］	吴郡（549年分属吴州，550年仍属扬州。）； 信义郡［507年（天监六年）分吴郡置。］	信义县（507年，以娄县地改属信义郡。）； 昆山县［535年（大同元年）析信义置，属信义郡。］
陈	扬州； 吴州［587年（祯明元年）复分置，寻废。］	吴郡； 信义郡	信义县； 昆山县
隋	扬州（行台。）	吴郡［589年（开皇九年）废吴郡，改吴州为苏州，属扬州行台。605年（大业元年）复为吴州，607年又改吴郡。］	信义县（589年省入常熟）；昆山县（589年省入常熟，598年复置，属苏州。）
唐	江南东道［627年（贞观元年）为江南道，733年（开元二十一年）为江南东道。］	苏州［621年（武德四年）改吴郡曰苏州，626年属润州，635年分属江南道，708年（景龙二年）隶扬州都督，733年分属江南东道，742年（天宝元年）更曰吴郡，757年（至德二载）复曰苏州，次年改属浙西道，781年（建中二年）置镇海军。］	华亭县［751年（天宝十载），太守赵居贞请析昆山南境、海盐北境、嘉兴东境地置，属吴郡。］
五代十国	吴越［907年（梁开平元年）封钱镠为吴越王，后建国设官，世奉正朔。978年（宋太平兴国三年），钱俶归京师，国除。］	苏州［917年（梁贞明三年），吴越王自称中吴府。924年（唐同光二年），升中吴军。］；秀州［924年，吴越王分苏州置，931年（唐长兴二年）废，939年（晋天福四年）复置。］	华亭县（924年属中吴军，939年又分属秀州。）
宋	浙西路［997年（至道三年）为两浙路，1074年（熙宁七年）分为浙东、西两路，寻合为一，1076年复分，次年复合，1127年（建炎元年）复分。］	嘉兴府［1117年（政和七年）改秀州为嘉禾郡，1121年（宣和三年）复为秀州，1195年（庆元元年）升秀州为嘉兴府，1208年（嘉定元年）赐为嘉兴军，隶浙西路。］	华亭县（属嘉兴府。）
元	江浙行省［1276年（至元十三年）置江淮行省，1285年改为江浙行省。］	松江府［1277年升华亭县为府，隶嘉兴路，路隶江淮行省，1278年更名为松江府。1326年（泰定三年）废为都水庸田使司，1328年（天历元年）复置府罢司。］	上海县（1292年，知府仆散翰文请析华亭县东北之长人、高昌、北亭、新江、海隅五乡置，属松江府。1326年并属嘉兴路，1328年复分属松江府。）

续表

时代	区域	郡	县
明	直隶南京	松江府	上海县［1542年（嘉靖二十一年），巡抚都御史夏邦谟等请析县西北之北亭、新江、海隅三乡，置青浦县。1553年废所析复故。1573年（万历元年），给事中蔡汝贤请复置，从之。1577年，又析北亭、新江二乡未尽者益之。］
清	江苏布政使司	松江府	上海县［1726年（雍正四年），总督查弼纳请析县西南之长人乡，置南汇县。1805年（嘉庆十年），总督陈大文又请以县东之高昌乡滨海地分隶川沙厅。］
中华民国	江苏省	沪海道（1914年置。）	上海县（初为江苏省之辖，1914年隶沪海道。）
	1925年韩国钧命李平书等人筹备淞沪特别市。1926年淞沪商埠督办公署成立，所辖区域除上海全县外，益以宝山县之吴淞、江湾、殷行、彭浦、真如、高桥等一市五乡之地。一切行政事务，悉受公署管辖，不属省行政范围。		
	上海特别市（1927年，国民革命军夺取上海，定为特别市，直隶南京国民政府。市区范围，除淞沪商埠原有辖境外，更益以宝山县之大场、杨行二乡，松江、青浦两县所属七宝乡一部，松江县属莘庄乡一部，南汇县属周浦乡一部。）		
	上海市（1930年5月，南京国民政府公布《市组织法》，改各特别市为市，直隶行政院。7月，改称上海市，辖境仍旧。）		

续表

时代	区域	郡	县
中华人民共和国	上海直辖市（1958年，原江苏省宝山、嘉定、上海、川沙、南汇、奉贤、松江、金山、青浦、崇明10个县划归上海。1960年，浙江省嵊泗列岛划入上海，1961年复归浙江省。1992年，浦东开发开放后，川沙撤县，新设浦东新区。2009年，南汇县并入浦东新区。20世纪末21世纪初，宝山、嘉定、金山、松江、青浦等郊县相继改为市辖区，2016年最后一县崇明撤县改区。如今，上海全市共下辖16个区。）		

附录三

《淞沪特别市公约》

淞沪各市乡人民，为保卫地方安宁，修明地方政治，增进公共幸福起见，组织特别市，制定本公约而共守之：

第一章　总则

第一条，特别市为自治团体按照本公约统治理本市一切事宜。

第二条，特别市区域如左：

“上海”县属：上海市、蒲淞市、法华乡、引翔乡、漕河泾乡、闵行乡、颛桥乡、北桥乡、马桥乡、曹行乡、塘湾乡、陈行乡、三林乡、杨思乡、塘桥乡、洋泾乡、高行乡、陆行乡；

“宝山”县属：宝山市、罗店市、吴淞乡、殷行乡、江湾乡、杨行乡、刘行乡、彭浦乡、大场乡、真茹乡、高桥乡、月浦乡、盛桥乡、广福乡；

“上海宝山”县属：闸北市；

“川沙”县属：川沙市、长人乡、高昌乡、八团乡、九团乡；

“南汇”县属：远北市；

"太仓"县属：浏河乡；

特别市区域，如因邻近市乡愿意加入本市，得经本市议决陈请官厅备案。

各市乡区域内有划入租界者，得以其市民之志愿，为特别市之特别区域。

第三条，特别市居民，立于本市管辖之下，并按照本公约及市规则享受利益，负担义务，其市民对于各该市乡之权利义务，仍各如其旧。

特别区域对于特别市之代表名额，及其他权利义务，除可适用本公约明定各条外，但因国际条约关系得由该区域市民推定临时代表，与本特别市市长协商后，交市议会议决，作为本公约附件。

第四条，特别市按照本公约，得由本市议定市规则，及违犯市公约或市规则之罚则。

第五条，特别市职掌为明晓计，举其重要者如左：

㈠保卫地方治安；㈡发展市乡交通；㈢改进市乡自治；㈣助长市民卫生；㈤发达市民智识；㈥举办模范事业。

以上列举之法，不作为限制本市职权之解释。

第六条，特别市之办公处名市政厅。

特别市应议定市徽、市印，并陈报官厅备案。

第二章　特别市公民

第七条，居民具备左列资格者，为特别市公民：

㈠有本国国籍者；㈡年满二十一岁者；㈢识文字能读本公约者；㈣现居市内继续二年以上者；㈤年纳直接税二元以上者。

其有不具第五款之资格，而曾毕业初级小学确有固定职业独立营生者，得由本市以市规则规定，认为特别市公民。

第八条，有左列事情之一者，其特别市公民资格当然取消：

㈠丧失前条之资格者；㈡宣告破产未经复权者；㈢褫夺公权未经复权

者；㈣宣告禁治产准禁治产未经复权者；㈤吸食鸦片者。

第九条，特别市公民依照本公约第五十七条注册者，为特别市选民。

第一〇条，特别市公民年满二十五岁，并继续住居本市九年以上者，得有被选举权。

第一一条，左列人等无选举权及被选举权：

㈠现任行政官吏及法官；㈡现充军人或警察；㈢现任本市非民选之有给公务员者；㈣僧道及宗教师。

第一二条，特别市公民非有左列事情之者，不得谢绝公职之担任，或于任期内告退：

㈠确有疾病者；㈡确因职业关系不能常居境内者；㈢年在八十岁以上者；㈣担任本市公职在六年以上者；㈤其他事由经本市议会议决者。

第一三条，特别市公民无前条所列事由之一，而谢绝公职之担任者，得以本市议会之议决停止其公民权三年以上、六年以下。

第三章　组织

第一节　特别市议会

第一四条，特别市设市议会为立法机关。

第一五条，特别市市议会以左列各项代表组织之：

（甲）市乡代表

不满二万人之市乡，一人；二万人至不满五万人之市乡，二人；满五万人之市乡，三人；五万人以上之市，除其基本额三人外，每加五万人递增代表一人；

（乙）县代表

全县加入特别市之各县，以每田地二十万亩选出代表一人；其不满二十万亩者，亦选出一人；非全县加入者，每满二十万亩选出一人。

以上各市乡应选之代表数，暂据现时报告之户口数为准。县范围应选之代表数，以田亩数为标准。各列为一表，为本公约之附件。

因第三条第二项所发生之变更，及因户口数田亩数增改之变更，其代表数可不经修改公约之手续，随之变更。

第一六条，特别市议会之议员，由各市乡各县范围之法定职业团体，各如其议员名额，依照第十条所定资格，就各该市乡各该县公民中推定候选人。

市乡代表由各该市乡选民选举之，县代表由各该县所属市乡选民选举之。

已注册之选民，得以百人以上之联署，推定候选人一人；但每一选民不得为两次之联署。

第一七条，特别市议会议员任期三年，每年改选三分之一。

新旧议员之更替，在每年七月一日。

第二年任满之三分之一之议员，以抽签定之；若全数不能以三分尽时，其溢出之数，应归往第一年中，改选之。

第一八条，特别市议会设议长一人，副议长二人，由议员每年改选后互选之。

第一九条，特别市议会，每年开会两次，一次为三月，次为九月，每会期以二十日为限，于必要时得延长十日以内，此外特别市市长得召集临时市议会或议员三分一之联署，由议长召集之。

第二〇条，特别市议会议事规则，及其他内部规则，由议会自定。

第二节　特别市董事会

第二一条，特别市设董事会为市长执行事务之辅佐机关，以六人为定额，由市议会就议员或非议员中选举之。

凡议员被选为董事者，应解议员之职。

第二二条，特别市董事任期三年，每年改选三分之一。第一二年任满之三分之一之董事，以抽签定之。

董事为常任职，如有中途解职者，市长应即召集市议会补选之。

前项补缺董事，其任期以补足前任之任期为限。

第二三条，特别市董事每星期开会一次，由市长出席。

市长应将开会以前经过各事报告各董事。

第二四条，特别市议会议决事件之执行细则，及市长提交市议会之案件，均须经董事会之同意。

第二五条，董事得受市长之委托，分任一部分之职务。

第三节　特别市市长

第二六条，特别市设市长一人，主持本市行政，由市议会就议员或非议员中选举之。

第二一条第二项之规定，于市长适用之。

第二七条，市长任期三年。

第二八条，市长或董事应随时出席市议会，说明一切议案。

第二九条，市长对于市议会所议决之市规则，或其他议决案，认为不适当者，得于五日内提交市议会重议。如市议会以全体议员三分二之出席，出席议员三分二之重行通过，则此项案件即为定案，由市长公布执行。

关于预算案，市长认为不适当者，亦得于五日内提交市议会重议，但重议时如不达前项规定之人数，除争执之款目应否照议决案公布，由市长酌定外，其余全部预算应即公布执行。

第三〇条，市长因病或其他事故不能行其职务时，得由董事会公推董事一人，代行其职务，但至多不得过三个月。市长如中途解职时，应由市议长即行召集市议会补选之。补缺者之任期，以补足前任之任期为限。

第三一条，市长董事均为有给职，其额由市议会定之。

第四节　各局处

第三二条，为执行本市行政之便利，市长之下，分设各局处如左：

（甲）公卫局，掌管防卫公安及卫生事项；

（乙）工程局，掌管工程事项；

（丙）财政处，掌管收入支出及市有财产事项；

（丁）总务处，掌管文书及不属于他局处之事项。

市长因本市事业之发展，得依市议会之同意，增设局处。

第三三条，各局处内部组织及其详细办法，以市规则定之。

第三四条，各局处长由市长经董事会之同意任免之。

各局处所属各科主任，由局处长荐陈市长任免之。

前两项人员，均应以专门人才或有相当经验者充任。

其他办事人员，应由市长督同各该局处长，按考试方法选用之。

第三五条，前条各人员任用之后，非有充分理由，不得更换。其任职满十年以上者，解职之后，给予养老金。其详以市规则定之。

第四章　财政

第一节　收入、财产、公债

第三六条，特别市对于各市乡土地，依其价格，得征收土地附税；其额以地价千分之五为限。但在地价未经估计以前，每亩征收一角至二元。其等次及征收方法，由特别市议会按照各该市乡现况规定之。

各市乡地价，应组织估计地价委员会估计之。其组织及细则，由特别市议会定之。

前项估计，除第一次外，每三年估计一次。

第三七条，特别市因地价之增加，得征收地价税。其税率以每三年估计时增加之地价额百分之十为限。

第三八条，特别市得以个人或团体之志愿，收受特捐。

第三九条，特别市因市民之请求为执行事务时，得征收手续费。

第四〇条，特别市得自行办理公用事业，或将此等事业特许商人承办，或委托商人经理。

第四一条，特别市公产，非经市议会之议决，不得处分。

第四二条，特别市为公用事业，或其他工程，得以土地公用征收法，收用土地。

第四三条，特别市于其公用事业，或公共营造物上，得征收使用费。

第四四条，特别市得由市议会制定规则，管理码头堆栈之使用，并得就江海沿岸自行创办码头堆栈。

第四五条，特别市得由市议会议决，发行市公债。

第二节　预算、决算

第四六条，特别市市长，应在市议会开会前两个月，将经费收支编成预算案，提交市议会议决。

提交预算案时，市长应将市公产编成表册，注明价目，或息金，一律提交市议会。

第四七条，特别市经费之出入，应严格按照预算执行。

其有预算外之支出，应先得市议会之同意。

第四八条，预算中之款目或数目，市议会不得增加。

第四九条，特别市经费出入，应由市议会于开会时推定代表五人，每月检查一次。

其推定方法，由市议会定之。

第五〇条，特别市长在会计年度终了后两个月之内，应将上年度经费出入，编成决算案，连同细账，提交市议会审查。

议决审查时，市议会得另请会计专家帮同检查。

第五章　其他行政

第五一条，特别市为保证地方治安，得以统一方法，组织保卫队，就各市乡有职业之市民中征募之。

其征募方法，由特别市与各市乡协商后，以市规则定之。

第五二条，特别市为保障行政之尊严与效力，得自办警察。

第五三条，特别市为和解市民之争执，得设民事公断处。其组织方法，由市议会定之。

公断处之公断程序，依现行民事公断条例行之。

第五四条，特别市为执行罚则得设置惩罚委员会。其组织方法，由市议会定之。

第六章　选举

第五五条，特别市议会议员之选举，应于每年五月一日行之。

第五六条，特别市每年应调查合格市公民一次，制成市公民册，公布之。

第五七条，特别市公民应于选举期前三个月内、两个月前，向市政厅选民注册处，或各市乡分处，自行填写姓名、年龄、职业、住址于登记册。

第五八条，特别市应由市长组织候选人资格审查会。候选人名单，应在选举期前一个月，提交该会审查公布。如有认为不合资格者，得以书函质问，由该会声叙理由决定之。

第五九条，关于选举方法及选举舞弊之处理，另行规定为本公约之附件。其规定方法及修改方法，与本公约同。

第七章　附则

第六〇条，特别市区域内各市乡之现行组织，得由特别市依市规则成立之方法决定后，并经关系市乡之同意变更之。

第六一条，特别市为内外人杂居之便利计，得举办特种市村，其区域及组织另定之。

第六二条，本公约由临时市议会议决后发生效力，并陈报官厅备案。

第六三条，本公约之修改，须由特别市议会议员过半数之提议，经议员全额三分二之通过，方得成立修改案。修改案成立后，应由特别市董事会组织市公约修改会。

市公约修改会之组织法，由特别市议会定之。但修改会会员中，特别市议会议员不得过全额三分之一。

第六四条，特别市公民第一次之调查，自本公约议决之日起，至迟应于十五年一月三十一日终了。在调查未竣以前，应由临时市议会选举临时市长，及临时董事。

临时市议会之任期，以正式市议会成立之日为止。临时议长及临时董事之任期，以正式市议会选出正式市长及董事之日为止。

后　记

此书成书付梓，历经三年，亦有三重意义。

其一，以此书致敬紫老。

与紫老结缘竟因文旅融合。2021 年，我受邀主持推进海安市博物馆・韩国钧故居创建国家 4A 级旅游景区，初始之时，尚不识紫老之丰功伟绩，遂邀同学兼同事徐涛研究员梳理紫老一生事迹。初读不知书中意，再读已是书中人。伴随研究深入，更受教于熊月之先生，方才知晓紫老之难、紫老之节与紫老之烈，与张謇应并称“南通双钜子”。紫老一生历经晚清、北洋、民国三个历史时期，确系“三千年未有之大变局”。于此大变局中，紫老不坠读书人之志，为官则获青天之名，为一省之长则拼尽全力护佑一方百姓，退隐后又遭遇日本侵华，拒任伪职，以死明志。今日我辈亦面临“百年未有之大变局”，读书人何以自持？何以利民利国？紫老实为我辈楷模，故以此书致敬。

其二，以此书献礼上海建市百年。

1925 年，时任江苏省省长的紫老为上海这座新兴城市免遭江浙战争的兵火，向段祺瑞执政府提出将上海建立为“特别市”，并电令李平书等士绅着手筹备建市事宜。2 月 1 日，上海特别市筹备会第一次会议在上海市公所召开，讨论特别市之组织、区域等问题，形成公议，由此拉开建市之大幕。大到行政区划，小到一个组织的设置，为慎重起见，都以筹备委员会先行，治史者通常会以其筹备委员会成立作为历史溯源的起点，此乃国际惯例。紫老推动上海建市之功，于上海建市百年之际，当为后世追认，更应为上海这座城市所铭记。

其三，以此书致谢诸君，成书路上凝聚众多师长与贤明之智慧。

此书发乎于文旅项目的文史资料深度挖掘，感谢江苏省文旅厅，海安市政府、文旅局与博物馆的资助与鼎力支持，亦是文旅融合的创新尝试。研究过程中，幸得熊月之先生高屋建瓴的指导，深得吉光老部长、吉加明馆长、谢静老师等海安诸位贤明的全力相助，亦有幸结识紫老嫡长曾孙女韩莉华女士等紫老后人，以家族记忆为研究做出诸多支撑。徐涛研究员身先士卒，参与全程，费尽心力，在病榻之上仍抱书稿进行最后审定。课题团队如赵婧、严斌林、崔正秋、褚晓琦等人，全面搜寻分散在世界各地的资料，终于形成这份对紫老较为全面的研究。此书得益于各方对紫老研究的支持与资助，得益于诸多前辈与同仁对紫老的研究，更得益于诸多师友的共同努力，在此一并致谢。

此书虽为这一研究的最终成果，但更应该作为未来更多紫老研究的引玉之砖，以彰紫老之功绩！

是以为后记。

郑世卿

2024 年 9 月于笈觞居

图书在版编目(CIP)数据

韩国钧研究新获 / 郑世卿主编 ；徐涛等著.
上海 ：上海辞书出版社，2025. -- ISBN 978-7-5326
-6253-1

Ⅰ. K827=52

中国国家版本馆 CIP 数据核字第 2024W11E90 号

韩国钧研究新获

郑世卿　主编　徐涛 等　著

责任编辑　王厚朴
装帧设计　黄　骏
责任印制　曹洪玲

出版发行　上海世纪出版集团
上海辞书出版社®(www.cishu.com.cn)
地　　址　上海市闵行区号景路 159 弄 B 座(邮政编码:201101)
印　　刷　上海盛通时代印刷有限公司
开　　本　720 毫米×1000 毫米　1/16
印　　张　17.25
字　　数　255 000
版　　次　2025 年 1 月第 1 版　2025 年 1 月第 1 次印刷
书　　号　ISBN 978-7-5326-6253-1/K·1270
定　　价　85.00 元